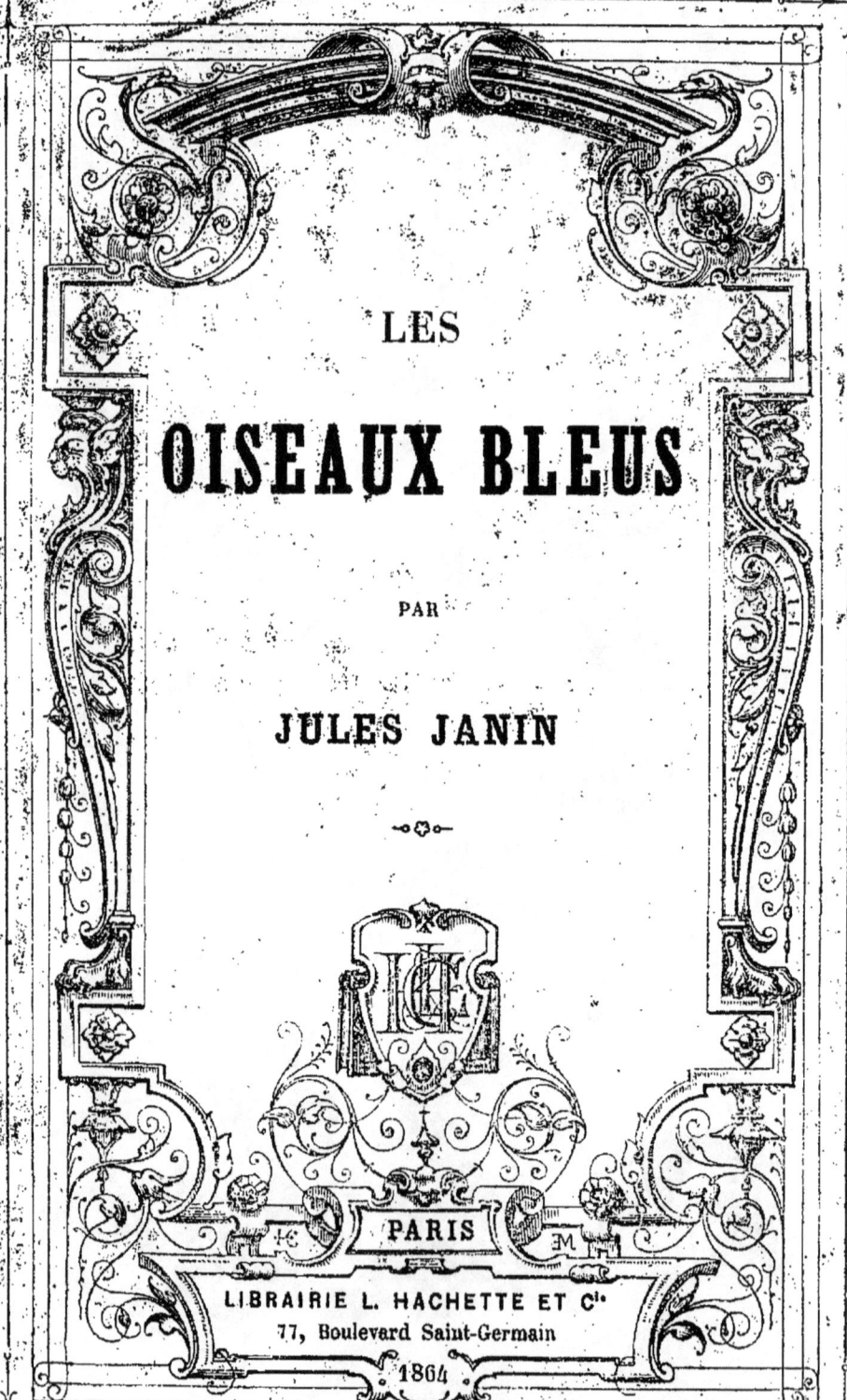

LES
OISEAUX BLEUS

PARIS. — IMPRIMERIE GÉNÉRALE DE CH. LAHURE
Rue de Fleurus, 9

LES
OISEAUX BLEUS

PAR

JULES JANIN

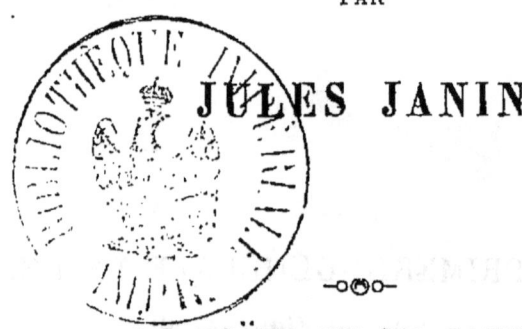

—o✿o—

LE POËTE ET LE CAPUCIN
LA PEINE DU TALION — LES HARPAGONS
THÉODORA — LE TREIZIÈME ARRONDISSEMENT
LES FAUSSES CONFIDENCES
LES INSOMNIES D'EUTYPHRON

—o✿o—

PARIS
LIBRAIRIE DE L. HACHETTE ET Cie
BOULEVARD SAINT-GERMAIN, N° 77
—
1864
Droit de traduction réservé

LES

OISEAUX BLEUS

LE POËTE ET LE CAPUCIN

LES OISEAUX BLEUS.

LE POËTE ET LE CAPUCIN.

Après avoir cherché, avec plus de soin qu'on ne saurait dire, un bon titre à ces nouveaux contes, et ne pouvant plus nous servir des titres anciens : *Contes littéraires, Contes fantastiques, Contes nouveaux, les Contes du chalet*, et, dernièrement encore : *les Contes non estampillés* (mais la prudence et la justice d'un véritable magistrat, M. le comte Treilhard, a voulu, et nous l'en remercions, que les contes non estampillés fussent estampillés), il nous a semblé qu'un nouveau titre irait bien à ces historiettes du printemps de l'année, écrites dans le coin du petit jardin, aux sifflements des merles, aux gazouillis des linots, des mésanges et de la fauvette à tête noire; pendant que le moineau piaule et s'ébat dans les clématites du grand mur. Voilà pourquoi nous avons appelé ces innocentes nouvelles : *les Oiseaux bleus*, implorant d'avance le pardon du lecteur pour les surprises du faux titre, auxquelles, du reste, il est habitué.

Que si quelqu'un demandait à l'auteur de ces contes, si futiles et si légers que rien n'en reste aussitôt qu'on les a lus, pourquoi donc il les veut réunir dans le présent tome? Il répondra tout simplement : C'est Son Altesse ma vanité qui le veut ainsi. Je crois bien que le lecteur indulgent se contenterait de ce motif, qui est le grand fond de tous les caractères et de toutes les œuvres d'ici-bas.

Que le lecteur me permette, à ce propos, de lui raconter deux histoires, qui rentrent tout à fait dans mon excuse, et qui remplaceront volontiers toutes les dissertations.

Le dernier jour de la Saint-Jean, qui est encore un grand jour, dans une belle et bonne compagnie, on causait de toutes choses, et, entre autres, de la vanité des poëtes, et de l'orgueil des capucins.

« Les capucins ne sont que de la Saint-Jean, comparés aux poëtes, disait un des interlocuteurs.

— Hum! disait l'autre, il y a des capucins qui sont bien forts sur le chapitre de la vanité. »

Et, comme on semblait lui demander ses preuves, il raconta l'anecdote que voici :

« Dans les dernières années du siècle passé, le

jour même de la Saint-Jean, sur les sept heures du soir, entrait dans Paris, par la barrière d'Italie, un révérend père, accolé de deux frères capucins, et ce révérend père n'était rien moins que le général des capucins, venu de Rome uniquement pour conférer des affaires de son ordre avec S. Ex. Mgr le cardinal de Bernis, qui fut ministre un instant de S. M. Louis XV, par la grâce de Mme la marquise de Pompadour. Le temps était superbe en cette saison ravissante, et la verdure et le chant des oiseaux semblaient saluer le révérend général. A quelques lieues de Paris, déjà tous les villages étaient en fête. Le carillon dans tous les clochers, les cantiques dans toutes les églises ; de chaque maison sortait la savoureuse fumée d'un dîner cuit à point ; autour du village endimanché, la procession allait et venait, toutes bannières déployées, les jeunes filles en robes blanches, les vieillards un bouquet au côté, les jeunes gens le fusil sur l'épaule ; enfin des cris de joie et des chansons, puis bientôt des danses sous l'ormeau, au bruit excitant de la flûte et du tambourin.

Bref, tout était joie et tout était fête ; et le général des capucins, à chaque pas qu'il faisait dans cette campagne heureuse :

« Ah ! mon Dieu ! disait-il, c'est trop d'honneur pour un homme tel que moi. »

Puis se tournant vers ses deux acolytes émerveillés :

« Auriez-vous jamais pensé, mes frères, que ce pays de France, excommunié au Vatican, ce pays qui a produit des monstres tels que Voltaire et Diderot, enfanté l'*Encyclopédie* et l'*Essai sur les mœurs* aurait conservé tant de grâces et de croyances, qu'il se mettrait en de telles fêtes à l'occasion d'un humble serviteur de Dieu tel que je suis? Et pourtant, j'affirme ici que je n'ai dit mon secret à personne, et que le roi lui-même n'est point prévenu de mon départ. »

Puis se tournant vers ces groupes, qu'il regardait tout joyeux, il leur donnait sa bénédiction, et poursuivait son chemin. Ils arrivèrent ainsi, le général et ses deux aides encapuchonnés, jusqu'aux barrières de Paris, où ils rencontrèrent une foule, en grand habit, qui semblait en quête de leur arrivée. A chaque instant l'on disait : « Les voilà! les voilà! » La rue était jonchée de fleurs; sur les murailles étaient tendues les plus riches tapisseries des Gobelins, dans une confusion charmante.

Ici, la belle Esther, Assuérus, les prophètes, la divine histoire de Joseph repoussant les avances de la belle Mme Putiphar; plus loin les aventures joyeuses de don Quichotte, amoureux de la Dulcinée; il allait, suivi de Sancho Pança, son digne écuyer, à travers les grandes aventures. Un tableau tout entier représentait les noces du riche Gamache. Ah! comme on riait, comme on buvait! si bien que vous auriez eu grand'peine à dire : Où donc la joie est-elle la plus vive? Était-ce dans ce tableau, dont Coypel avait fait le dessin? était-ce dans la rue où tourbillonnait tout ce peuple émerveillé?

« Ah! c'est trop, beaucoup trop! » s'écriait le général des capucins.

Il arriva, doublement poussé par la joie et par la foule, en certain carrefour où l'on voyait une fontaine monumentale, copiée sur la fontaine Navone, à Rome, et d'une dimension fabuleuse : on avait posé pour couronne, à ce monument éphémère, les armes de France unies aux armes pontificales, la tiare alternant avec la couronne, et le chiffre honoré du souverain pontife entrelacé dans les deux LL du roi de France.

« Ah! cette fois, c'est trop d'honneur! s'écriait le général des capucins, vraiment beaucoup trop d'honneur! »

Et, comme il s'approchait de la fontaine, il découvrit que le bassin, à sa droite, se remplissait de vin de Bourgogne, pendant que la conque en marbre, à sa gauche, était petillante de l'écume et de la séve du vin d'Aï. Une jeune fille du faubourg, dont les beaux cheveux formaient un épais chignon, la gorge à demi nue et les bras nus, en vraie naïade, offrit à Sa Révérence une coupe d'or à l'antique : au préalable, elle l'avait plongée dans la fontaine et portée galamment à ses lèvres empourprées.

« Ah! que d'honneur, quel bonheur! » répétait le bon père.

Il rit de bon cœur en saluant la naïade, ainsi firent ses deux acolytes. On dit même qu'ils se permirent plus d'une rasade, en saluant, en s'inclinant, en bénissant.

Cependant la foule allait toujours; et ces nouveaux venus, tout remplis d'étonnement et de vin de Champagne, obéirent au mouvement universel. A la fin, ils arrivèrent justement au rond-point où la fête était dans toute sa splendeur : l'hôtel de ville resplendissait de lumières; sur le vaste balcon se tenaient assises, en grand habit, les plus belles dames de Paris et de Versailles; la ville et la cour étalaient à l'infini leurs diamants, leurs dentelles, toutes leurs parures; gentilshommes et bourgeois luttaient de magnificence. A quatre orchestres différents retentissaient des harmonies toutes-puissantes. Au-dessous de ce balcon des féeries, MM. les mousquetaires noirs, MM. les gardes du corps du roi, MM. les échevins attendaient quelqu'un qui allait venir. Dans une tribune à part, Mgr l'archevêque de Paris, entouré de son clergé, promenait au loin ses grands yeux, qui voyaient toutes choses. Ah! magnificences, éblouissements, majestés, trompettes d'or, toutes remplies du souffle éclatant de l'archange! Au milieu de la nue éclairée, on voyait briller les deux tours de Notre-

Dame, comme un phare à travers les brouillards de l'Océan.

Juste au moment où le général des capucins pénétrait dans cette foule attentive, il entendit retentir de nouveau à ses oreilles charmées : « Le voilà ! le voilà ! » puis le canon retentit d'une façon formidable, et, pendant que le feu d'artifice remplissait ces divines hauteurs de ses mille visions, on vit descendre un ange aux ailes enflammées, qui, de sa main toute-puissante, et la torche à la main, mit le feu à ce bûcher de cèdres, d'aromates et d'encens qu'on appelait le feu de la Saint-Jean. Alors les cris de retentir de plus belle, et les cantiques jusqu'au plus haut des cieux.

« Ah ! pour le coup, s'écriait le général des capucins, c'en est trop, je succombe ; ils ont poussé trop loin la gloire humaine. »

Au même instant tout se taisait, s'effaçait, disparaissait ; le roi rentrait à Versailles, l'ange rentrait dans son nuage, et le général des capucins dans la grande capucinière de Paris, où il s'étonnait un peu mais sans mot dire de voir que pas un capucin ne l'attendait. »

Cette histoire de la Saint-Jean, étant bien racontée, eut un certain succès dans toute la compagnie, à cette heure où l'on met en question tant de grandes choses, où le livre de M. Renan sur la vie de Notre-Seigneur Jésus-Christ est lu avec autant d'ardeur que, l'an passé, le roman des *Misérables*, par M. Victor Hugo. Ce général des capucins, qui s'imagine que c'est pour lui seul que les fontaines versent le vin à longs flots, pour lui que la cité s'illumine et que les aromates vont brûler, était en effet un drôle de corps, sur lequel nos esprits forts s'amusaient à dauber.

Mais, quand on eut bien ri, un vieillard de la compagnie, homme honoré pour toutes les grâces de sa repartie :

« Il est vrai, dit-il, que j'aime assez ce général des capucins, et qu'il est bien ridicule. Voulez-vous cependant me permettre de raconter une histoire, dans laquelle un général des beaux esprits français joue à peu près le même rôle ? Alors vous comprendrez, messieurs, que la vanité d'un poëte soit aussi féroce et puisse aller aussi loin que l'orgueil d'un capucin. »

Et l'auditoire ayant répondu par un assentiment unanime :

« Il s'agit, cette fois, reprit le vieillard, d'un rare et charmant esprit, très-railleur de son naturel, un vrai *pince-sans-rire*, et dont les mots étaient si piquants, d'un si bon sel, que Voltaire lui-même en avait peur. Mon héros n'était rien moins que l'auteur de *la Métromanie*, et s'appelait Piron. Il était donc, vous le voyez, aux antipodes de notre général des capucins.

Il avait été très-malade ; il avait passé cruellement un mauvais hiver loin du café Procope et de ses batailles de chaque jour. On était à la fin du mois de mars ; le doux avril amenait déjà son beau feuillage et les primevères ; tout respirait le printemps. Donc, un beau matin, notre ami Piron commanda son plus bel habit, sa perruque neuve et ses manchettes brodées. Bas de soie et souliers vernis à boucles d'or ; le jonc à pomme d'ivoire et la cravate en dentelle ; on l'eût pris, à son air grave, à son regard calme et posé, pour M. le prévôt des marchands. Ainsi vêtu et paré, il prit un fiacre et se fit conduire au bois de Boulogne, où il se proposait de faire à pied une assez longue promenade. En effet, il marcha plus d'une heure. Arrivé non loin de la mare d'Auteuil et se sentant fatigué, il s'assit sur un banc de gazon, et, poussant un grand soupir d'allégeance, il se mit à contempler le paysage d'alentour. En ces sortes d'instants, les gens qui font de leur esprit une profession redeviennent volontiers de bonnes gens ; nul ne les regarde. Ils oublient de jouer un rôle. Ils donneraient volontiers leur gloire et leur renommée pour une prise de tabac. Tel était en ce moment le bonhomme Piron.

« Que c'est bon, se disait-il, d'être un simple inconnu, de respirer librement l'air frais du matin, d'être tout à soi-même et délivré des feuilles de Fréron, de l'abbé Desfontaines, de Nonotte et de

Patouillet ! Même en ce moment, je tiendrais pour importune une lettre de Voltaire : il est si rempli de sa fumée, il est si content de lui-même ! et comme il serait étonné s'il me voyait, moi Piron, assis tout bonnement sur ce banc de gazon, à l'ombre naissante de ce hêtre et semblable aux bergers de Virgile, oubliant le monde, oublié de tous ! »

Puis il murmurait le premier vers de la première églogue :

Tityre, tu patulæ....

Il n'avait pas achevé l'hexamètre qu'un fermier des environs, un rustre en bouracan, passe et profondément salue....

« Oh! oh! se dit Piron, je ne suis donc pas un inconnu pour cet homme?... Il rend le salut et rentre en ses contemplations. — Certes, se disait-il, j'étais fait pour mener, à l'ombre, une vie obscure, et c'est un grand malheur que j'aie apporté avec moi les rayonnements de ma gloire. Un petit abri au milieu d'un petit domaine, une centaine de bons livres, rien à faire et le sommeil à volonté, puis enfin quelque humble tombeau dans le cimetière du village, avec cette simple inscription : « Ici « repose un bon villageois : priez pour lui. » J'étais heureux, j'étais content. »

Comme il était en train de s'apitoyer sur son petit tombeau, notre homme vit venir à lui une belle et vaillante paysanne à la grande encolure. Elle accourait des hauteurs de Suresnes à Paris, où sans doute elle allait chercher un nourrisson ; elle tenait à la main un bouquet d'aubépines fraîchement cueilli. En passant, elle déposa son bouquet sur le banc où Piron était assis, et sa grâce rustique enchanta le bonhomme.

« Il faut, se disait-il, que cette villageoise ait un grand cœur. Comment donc, à peine elle me jette un coup d'œil en passant, et soudain, venant à songer aux amertumes de ma vie, aux cruautés du public pour mon *Fils naturel,* aux injustices des comédiens pour mon *Gustave,* aux froideurs même de ce peuple ingrat pour mon chef-d'œuvre la *Métromanie,* aux mépris de l'Académie, aux répulsions du roi pour un poëte honnête homme et qui vaut mieux que lui, cette aimable femme a pris pitié de ma misère, et la voilà qui me console à sa façon. » En même temps il s'emparait du bouquet et le portait à ses lèvres reconnaissantes. « Au fait, se disait-il encore, j'ai tort de calomnier la gloire, j'ai tort de méconnaître ici les bienfaits de la gloire. Elle est obéissante, elle est fidèle, elle me suit, docile, en tous mes sentiers. En vain je la répudie, elle ne veut pas me quitter même une heure, la voilà, dans ces champs déserts, qui me signale aux esprits les plus incultes. Enfin, quelles grandes leçons cette rustique et ce rustique ont donné aux grandes et belles dames dédaigneuses qui passent devant moi aux Tuileries, au cours la Reine, au Palais-Royal, et qui tout au plus disent en passant : « Voilà « Piron ; » dédaigneuses de le regarder. »

Sur l'entrefaite, et comme pour donner un démenti sérieux à ces opinions de Piron sur les belles Parisiennes, passèrent justement dans un char verni par Martin, à leurs armes (deux colombes se becquetant dans un nid de roses), les deux célèbres demoiselles Verrière, habitantes d'Auteuil. L'une était l'épouse morganatique du chevalier Bertin, grand ennemi de Piron; l'autre avait pour son esclave M. Dorat, qui lui avait dédié son poëme des *Baisers*. Ces deux péronnelles, que leurs vices avaient mises à la mode autant pour le moins que leur beauté, attiraient dans leur maison d'Auteuil les dames les plus galantes et les plus galants messieurs de la cour. Elles avaient fait construire au milieu de leur jardin un vrai théâtre, où ces dames jouaient, en fait de comédie, toutes les obscénités du théâtre de la foire, dont Piron était le Molière et le Regnard.

Un jour même, en l'honneur de Mme de Lalive et de la comtesse d'Houdetot, elles avaient fait demander à Piron un opéra-comique intitulé : *la Cruche cassée !* avec toutes les allusions que le sujet pouvait comporter ; mais Piron leur avait répondu par une mordante épigramme à propos de

leur propre cruche, et l'épigramme avait eu le plus
grand succès chez Mlle Guimard, chez M. de Beaujon, chez M. Bertin *des parties casuelles*, et chez sa
maîtresse, la petite Hus. « Si celles-là me saluent,
se disait Piron en reconnaissant la grande et la petite Verrière, je serai bien étonné.... » Pensez donc
à son étonnement quand, la calèche de ces dames
s'étant arrêtée à ses pieds, il les vit qui se levaient
droites comme les deux vierges du portail de Saint-
Sulpice, et qui firent dévotement le signe de la
croix. « Ces gredines-là se moquent de moi, se disait le poëte, épouvanté de leur piété, et, tout au
moins, faut-il que ces vieilles âmes soient remplies
d'un grand repentir. » Puis il reprenait sa conversation interrompue avec soi-même : « Ah ! vraiment, je suis bien ici, sur ce banc de gazon. L'air
est tiède et les oiseaux chantent doucement ; les
paysans sont polis ; les bergères me jettent leurs
bouquets. J'en vois encore une là-bas, au petit trot
de son âne, et qui me jette en passant.... un baiser
de sa belle main, que l'on prendrait pour la main
de la duchesse de Châteauroux ! Chacun me jette
en passant, même les plus indifférents, un regard
tendre, ou me lève son chapeau. Conviens-en,
Piron, te voilà content, bien aimé, glorieux ; pas un
plus que toi n'est le maître en ces beaux domaines,
où Mme la Dauphine aime à promener incognito
sa grâce et sa beauté. »

Comme il était à s'extasier sur sa fortune, il entendit au loin les accords d'une musique guerrière : un régiment des gardes françaises venait de Saint-Cloud, enseigne déployée, sous la conduite d'un jeune colonel de vingt ans, qui s'appelait le comte de Vaudreuil. Il était fait comme l'Amour ; son casque était d'or ; en guise de crinière il portait une tresse énorme d'épais cheveux noirs, que Mlle la Guerre avait coupés de sa tête pour en faire un ornement à son chevalier ; son baudrier de pourpre et d'or avait été brodé naguère par Mlle de Thévenin ; Mlle de Croissy avait fourni les perles, et Mlle la Prairie avait donné les diamants. Ce beau chevalier de la belle figure montait le cheval le plus fougueux de la grande écurie, et ce bel animal, se sentant dompté, rongeait son frein d'or teint d'écume. Ils étaient là, montés comme Castor et Pollux, deux cents jeunes gens des plus grands noms de France, à la suite de leur digne colonel ; les uns et les autres, ils allaient relever la garde à la Muette, un jour de bal, attendus qu'ils étaient par toutes les beautés de la cour ; pensez donc à la beauté des armes, des équipages, des livrées, des musiques, à l'éclat de ces merveilleux soldats, fils de lieutenants généraux.

« Ceux-là, se disait Piron, ne me connaissent guère. Plusieurs chantent mes chansons, mais sans savoir que c'est moi qui les ai faites. Ah ! que d'insolence, et quels éclairs dans leurs regards! la fière attitude! on dirait autant de porte-foudre. Ils descendraient de l'Olympe, ils n'auraient pas plus de jeunesse et de majesté. »

Parlant ainsi, il portait la main à son chapeau pour saluer cet escadron volant de la maison du roi.

Mais, dieux du ciel et de la terre! O divinités des campagnes, Muses, Apollon, nymphes des bois! qui fut bien étonné, qui resta donc émerveillé de soi-même et se contemplant dans sa propre apothéose? O Jupiter, ce fut Piron lui-même! Qui l'eût dit? ce beau colonel des salons de Trianon, ce chérubin de la Muette et de Saint-Cloud, cria à sa petite armée : « Halte! et Portez armes! » et l'escadron tout entier disparut comme un éclair.

Piron, les bras croisés, finissait par n'y rien comprendre. Il venait de recevoir un hommage qui n'est dû, en bonne hiérarchie militaire, qu'aux princes du sang royal, et tout au plus aux maréchaux de France. « On me dirait (c'était sa pensée), en rentrant chez moi, que M. d'Alembert est venu, au nom des deux académies dont il est le président, pour me supplier d'être deux fois son confrère; on me dirait que M. de Voltaire a demandé mon portrait à la Tour pour sa galerie; on me dirait que M. le Kain, Mlle Dangeville et Mlle Clairon sont venus me supplier de leur donner une de mes comédies; on me dirait : Marmontel n'est pas un sot, Jean-Baptiste Rousseau n'est pas un traître, et Diderot n'est pas un fou ; on me démontrerait l'innocence de Mme Dubarry, la vertu de Mlle Raucourt et l'utilité de la Bastille, que vraiment je ne m'en étonnerais pas.

« Rien ne peut désormais étonner, après ce qui m'arrive aujourd'hui. »

Aussi bien Piron ne s'étonna pas lorsqu'il vit un chevalier de Saint-Louis en cheveux blancs, tête nue et le front couvert de cicatrices, s'agenouiller devant lui. Piron confondu se leva, salua et disparut.

Il avait vraiment vu toutes ces choses. Seulement il n'avait pas vu, au sommet du vieux hêtre, et dans une niche naturelle que la pluie et le temps avaient creusée, une image de Notre-Dame d'Auteuil, une sainte image, apportée de Rome à sa sœur la chanoinesse, par le cardinal de Tencin, et qui faisait des miracles.

Assis au pied de l'image, il avait pris pour lui toutes ces dévotions. »

Quand le conteur eut achevé son conte, il prit congé de l'auditoire, en disant avec un doux rire :
Et tout est vanité.

LA
PEINE DU TALION

LA PEINE DU TALION.

I

La salle des ventes où les œuvres les plus précieuses de la plus haute curiosité sont exposées à l'hôtel des commissaires-priseurs, offrait, le jour dont je parle, un spectacle intéressant. Une cinquantaine de petits tableaux signés par des maîtres hollandais et par des peintres français du siècle passé, étaient rangés sur la muraille, en bon ordre, et déjà, deux heures avant la vente, attiraient les amateurs sérieux et riches que Paris renferme. Or sitôt que ces amis des belles choses apparaissent dans une exposition, par leur seule présence, ils en chassent ces hideux brocanteurs des deux sexes, qui changeraient le Louvre en synagogue. Ces misérables aiment les tableaux, les gravures, les fragments précieux, à la façon des Harpies. Si par malheur, une toile a subi leur souffle empesté, et le contact affreux de ces mains malhonnêtes, elle en est souillée, ou tout au moins diminuée. A jamais soit préservé le chef-d'œuvre immortel de l'attention de ces vampires! Toujours est-il que la peu nombreuse et très-rare galerie exposée en cette salle à part, avait amené la meilleure compagnie en hommes et en femmes; plusieurs femmes semblant attirées en ce lieu, plus encore par le nom du vendeur, que par la parfaite beauté de ces merveilles, qui annonçaient tout ensemble une assez grande fortune, et un goût excellent. D'abord, tout fit silence autour de ces murailles splendides, rien ne poussant au recueillement comme une de ces rares beautés que l'on voit pour la première et souvent pour la dernière fois. Bientôt cependant la première ardeur étant satisfaite, les curieux commencèrent à tout juger à haute voix, louant ou dénigrant à dire d'expert, à vol d'oiseau.

Retirés dans un coin de la salle, deux jeunes gens de bonne apparence, après avoir regardé l'un après l'autre les tableaux de cette galerie :

« Hélas! quel malheur, dit l'un d'eux à son camarade, que le baron soit obligé de se défaire de si belles choses! Savez-vous pourquoi? Serait-ce le jeu? Est-ce au moins l'amour qui le dépouille? Il passait cependant pour un homme assez rangé, très-sérieux, et peu disposé à ces renoncements.

— Je ne crois pas, reprit l'autre jeune homme, qu'une passion galante, ou toute autre mauvaise aventure, soit intervenue en cette vente inattendue. On n'a jamais mal parlé du baron, que je sache ; il menait la vie élégante, mais il vivait régulièrement, dans un monde choisi, et s'il était affable à beaucoup, il se montrait accessible à peu de gens. Sa maison était célèbre à bon droit par le choix, l'arrangement, la recherche et l'ordre ; mais il restait volontiers son maître, et ne dépassait guère le prix légitime du tableau qui lui faisait envie. Ce grand empressement qu'il avait pour les belles choses lui venait de sa fréquentation assidue avec quelques-uns des grands artistes de ces temps-ci : Paul Delaroche, Eugène Delacroix, Decamps, et surtout Ary Scheffer, qu'il entourait d'une tendresse filiale A moins d'un accident que nous ne savons pas, cette vente est donc tout simplement le fait d'un galant homme, ennuyé du monde et fatigué de contempler toujours les mêmes miracles, qui se retire en quelque retraite. Êtes-vous en argent comptant, vicomte, et me disputerez-vous ce beau Cuypp, ou cet admirable Gérard Dow?

Cette conversation finissait à peine, que M. le commissaire-priseur, précédé de ses deux aboyeurs, et suivi de l'expert, entrait d'un pas solennel dans cette salle, dont il devait être au moins le demi-dieu, pendant quatre heures. Quelle joie intime à se dire en effet : « C'est moi-même et moi seul, qui vais proclamer les nouveaux propriétaires de ces frais paysages, de ces ruines, de ces jardins, de ces petits drames domestiques, de ces doux visages, où brille en son plus vif éclat la fleur de la seizième année! Vous m'appartenez encore, ô chefs-d'œuvre ! et c'est moi qui vais désigner le propriétaire heureux de ces moutons de Van der Does, de ces baigneuses de Poelemburg, de cette agreste maison de Weenix!... » A l'aspect imposant de ce grand homme, armé du marteau d'ivoire, aussitôt chacun fit silence, et l'on n'entendit plus que le bruit des enchères, suivi du coup de marteau traditionnel.

Tout fut crié, tout fut vendu, avec les joies, les surprises et les déceptions accoutumées, tel maître allant jusqu'aux nues, et tel autre obtenant à peine un regard. Bref, tout alla vite et bien, acheteur et vendeur marchant, d'un pas égal, à la conclusion de cette affaire. En moins de quatre heures, les cinquante tableaux furent vendus, emportés et payés au prix de cent soixante mille francs, plus les frais. C'était bien vendu ; c'était bien payé. Un seul tableau restait, le plus joli du monde, il est vrai, mais écrasé par l'entourage. Allez donc vous poser, quand vous vous appelez Boucher, entre un paysage de Ruysdaël, une kermesse de Téniers, ou tout simplement une bacchanale de Jean Steen! Donc ce tableau de Boucher avait été quelque peu dédaigné, grâce à tant de voisinages dangereux, bien qu'il représentât Flore elle-même, une Flore aux cheveux blonds, au sein nu, enguirlandée à miracle, et toute belle et toute charmante, avec un sourire et des regards qui la faisaient adorer! Maintenant qu'elle était seule et sans concurrence, elle apparaissait dans toute sa grâce, un peu mignarde il est vrai, mais irrésistible, et comme, en ce moment de la vente, les grands amateurs avaient vidé leur bourse, ou dépassé leur crédit, le coureur de chefs-d'œuvre à bon marché espérait enfin se dédommager du spectacle douloureux de ces merveilles qu'il ne devait plus revoir, peut-être. « A cent écus la Flore?... A cinq cents livres.... A mille francs.... » Chaque enchère n'allant guère au delà de deux louis; puis tout d'un coup l'ardeur s'arrêta.... Il y eut un moment où cette aimable toile allait être adjugée aux brocanteurs pour quinze cents francs.

Ce fut alors que l'on vit entrer dans cette salle à demi vide, et qui renfermait naguère tant de passions, un homme à la fleur de l'âge; il venait en toute hâte; il s'assura d'un coup d'œil que la Flore n'était pas vendue encore, et tout de suite, il la poussa comme un amateur que rien n'arrête, et qui la veut absolument. Donc, tout recommença, et la *Flore* en fin de compte, fut adjugée au très-grand prix de quinze mille francs, justement le prix de l'Hobbema et du Paul Potter de cette même vente. A quinze mille francs! Chacun s'étonna, les uns par le silence, et les autres par de grands cris. Plus d'un vieil amateur qui était déjà sorti, en grommelant quelque inutile comparaison des prix d'autrefois avec les prix d'aujourd'hui, rentra dans la salle afin de contempler l'insensé qui poussait si haut un tableau de l'École française? Cet insensé, c'était le vendeur lui-même! Un remords l'avait pris de cette Flore abandonnée, et tout courant, il était revenu pour rentrer, à tout prix, dans la possession de cette image à laquelle il rattachait sans doute un grand souvenir.

« C'est le baron, murmura l'assemblée, et le voilà qui se fait concurrence à lui-même. Ah le drôle de corps! »

Lui cependant il n'entendait rien de ces murmures; il ne voyait pas ces sourires; et très-content de sa journée, il emportait la belle toile, oublieux de toutes celles qui s'étaient vendues, il n'y avait qu'un instant.

Cette Flore de Boucher, livrée à quinze mille francs, fut pendant vingt-quatre heures le bruit de la ville entière; il en fut question au Temple et dans l'hôtel de M. Rothschild, au faubourg Saint-Antoine et dans le faubourg Saint-Germain; la *corbeille* de la Bourse en retentit, non moins que les arcades populaires du palais des Quatre-Nations, espèce de Louvre en plein vent, incessamment ouvert à tous les *Raphaël* de la rue, aux *Titien* du carrefour.

II

Ceci étant tout bonnement une histoire, exempte de toute surprise, et non pas un conte écrit à plaisir et recherchant, de préférence aux grands chemins, les sentiers non frayés, nous vous dirons tout de suite, et sans détour, quel homme était ce vendeur et cet acheteur de ses propres tableaux. Il appartenait par son père et par sa mère à deux bonnes maisons du royaume ; on l'appelait le baron Charles de Fromont ; il était encore du beau côté de quarante ans ; il avait fait la guerre avec nos princes en Afrique, et tels étaient sa justice et son grand souci de tenir la balance, égale entre tous les hommes qu'il commandait, qu'à l'armée on l'appelait « Cincinnatus. » Dans ces guerres d'Afrique, il apprit de bonne heure à guider la charrue, à défricher une terre ingrate, à commander aux bergers, aux laboureurs. Il bâtissait une ferme avec autant d'ardeur qu'il eût creusé le fossé d'un campement.

Ainsi il se servait également de la bêche et de l'épée, et très-volontiers il aurait pris pour sa devise, ces quatre mots de Cicéron : « Que la terre est contente d'une charrue ornée de lauriers : » *Gaudet tellus vomere laureato*.... Puis, quand il eut bien conquis, et bien labouré cette Afrique ainsi conquise, il revint à Paris, où le sang-froid de sa parole et son aimable urbanité, mêlés au plus profond respect de soi-même et à l'horreur du plus léger mensonge, lui méritèrent le surnom « d'Alceste. »

Il en avait la tournure et l'accent. Si parfois il courtisait les coquettes de profession, il avait le grand art de les élever jusqu'à lui, sans jamais descendre à leur niveau. Ce n'est pas celui-là, non certes, que les comédiennes infimes auraient appelé, de son petit nom dans la foule, ou que les danseuses auraient tutoyé dans les coulisses. A peine si ces dames osaient le saluer quand elles le rencontraient dans la rue; en revanche, il était avec elles de la plus extrême politesse. Il les payait exactement, sans profusion, beaucoup moins qu'elles ne s'estimaient sans doute, et beaucoup plus certes qu'elles ne valaient. S'il était superbe avec ces dames, il était passablement dédaigneux avec les hommes de leur entourage, et même au jeu, les cartes à la main, il savait les tenir à distance. En même temps fort discret sur toutes ses amours, très-caché si la dame en valait la peine ; une conduite exacte, un zèle infini à ne pas donner prise à la médisance; un grand soin de courir sus à la calomnie, et de la châtier comme il convient.

Tel était cet homme, également propre aux grandes et aux petites passions. Du reste un beau cavalier, de tournure martiale, un peu trop peut-être, mais l'élégance et le bon goût du gentilhomme avaient modéré bien vite les vivacités du soldat. Esprit solide, il méprisait les ambitions vulgaires : il avait grand soin de ne pas accepter les petites dignités qui vous font descendre au niveau le plus misérable ; il fuyait de toutes ses forces les honneurs qui rapetissent un honnête homme. En un mot, il avait la prudence, et quand il eut parcouru raisonnablement le cercle accoutumé des honnêtes folies, il se dit à lui-même, un beau matin, qu'il fallait en finir avec les aventures. Il en avait assez de la joie et de la fête vulgaires, il avait eu sa part des bonnes fortunes du grand monde, et porté tant qu'il avait voulu, les chaînes dorées. Il avait donné et reçu de la plus galante façon, sa bonne part de coups d'épée ; il était las jusqu'au dégoût, du monde interlope, et des Célimène du bois de Boulogne. Seulement il s'était appliqué à laisser parmi ces demoiselles la renommée intègre d'un galant homme, au-dessus de l'avarice et des lâches complaisances ; il donnait volontiers sa bourse à Phryné, il ne lui eût pas donné le bras, pour un empire. Si donc elles l'estimaient fort, elles ne l'aimaient guère, et le perdirent sans peine et sans regret.

Quand il fut bien décidé à quitter cette vie absurde, où le plus profond ennui payait soudain un fugitif et misérable plaisir, il se recueillit durant plusieurs jours dans la solitude et le silence de sa maison. Il se fit à lui-même sa confession générale; il compta son bien par *doit* et *avoir*, et il ne fut pas très-étonné de découvrir que, malgré sa réserve habituelle et son penchant médiocre à éblouir le vulgaire, il était à découvert d'une somme assez ronde. Il avait même perdu quelque argent à se mêler à des industries par actions, qui lui avaient été proposées par des financiers de salon. Somme toute, en vendant sa galerie (et ce ne fut pas sans tristesse), en se défaisant de quelques meubles précieux, il payait facilement toutes ses dettes, et restait le propriétaire affranchi d'une vingtaine de mille livres de rente, en trois pour cent, sur le grand-livre, et d'une ferme considérable sur les frontières de la Normandie, assez loin de l'Océan pour ne pas l'entendre, assez près cependant pour le contempler dans sa splendeur, quand le soleil a dissipé la nue, et que le flot bleuâtre arrive en se jouant au pied des falaises menaçantes. Ce que valait sa ferme? il ne le savait pas au juste; il savait que la contenance en dépassait mille arpents de bonnes terres et de terres médiocres; que son fermier le payait assez mal, et toujours avec des plaintes insupportables, et des menaces de résilier le fermage. A telles enseignes, que sur l'entrefaite, il apprit la déconfiture et la fuite de son dernier fermier. Le brave homme avait laissé, comme on dit, la clef sous la porte, après avoir vendu jusqu'aux semailles, emporté les fumiers, abattu les bœufs et tué les moutons. — « Voilà qui va bien, se dit-il, cet accident me décide, et je redeviendrai comme autrefois dans le Sétif, Cincinnatus le laboureur. »

Son projet fut donc vite arrêté : livrer au feu des enchères ses tableaux et ses meubles précieux, payer ses dettes, emporter ce qui lui restait de mobilier dans ces déserts qu'il voulait habiter désormais; enfin s'attacher à sa terre, et devenir tout simplement un gentilhomme fermier, réparant, ensemençant, récoltant, améliorant, vendant sa récolte, et chassant son gibier, de façon à retrouver lièvres et perdreaux l'année suivante. Ayant pris cette résolution, le baron se sentit tout à l'aise et ne songea plus qu'à réaliser ces beaux projets, qui le faisaient riche, indépendant, maître absolu de soi-même, avec le plus légitime emploi de sa santé, de son intelligence et de sa force. Il n'en dit rien à personne ; il méprisait les conseils du premier venu, enfin il ne voulait pas s'exposer à la pitié des oisifs.

Comme il était à préparer sa vente et sa retraite,

et qu'il n'avait rien changé à sa vie accoutumée, il fut invité par une vieille amie à lui, Mme de Pernon, à un bal que la bonne dame avait promis depuis longtemps à sa petite-fille, Anna de Pernon, la fille de son fils. Le fils était mort après sa femme, et la belle Anna avait été élevée en province chez sa grand'mère maternelle, un mois ou deux étant réservés chaque année à la bonne Mme de Pernon. On était aux premiers jours du carnaval, dans un temps pacifique, en pleine prospérité des hommes et des choses. La ville entière était en fête, et les plus jeunes et les plus belles, mêlées incessamment avec les jeunes gens de leur âge, étaient heureuses, Dieu le sait, d'obéir à la belle déesse de la Jeunesse.

Il y eut donc, au bal de Mme de Pernon, qui était le premier de la saison, un grand zèle à qui s'y montrerait la mieux parée ; une élégance exquise, une lutte à armes courtoises de gaze et de fleurs, de cheveux blonds, de cheveux bruns, de grands yeux pleins de feu, de tendres sourires. Ajoutez à ces enivrements l'ardeur de la danse et le bruit de la musique, mêlés à l'éclat des fleurs, aux clartés de mille bougies, puis dans les coins, la causerie ingénieuse, où le bel esprit des anciens remplaçait le bonheur des plus jeunes. Enfin pour les plus âgés, revenus, les malheureux ! de toute hallucination printanière, il y avait le jeu, le va-et-vient de l'or qui s'échange et les passions du roi de pique ou de la dame de carreau.

Le baron, qui déjà se croyait revenu du monde, et ne rêvait plus que drainage et charrue à vapeur, se rendit à cette fête, uniquement pour obéir à la vieille amitié que lui portait Mme de Pernon. Telle était la disposition de son esprit, qu'il s'était bien promis de saluer la dame ici présente, et de s'en revenir tout de suite en son logis, pour s'inquiéter du prix de l'avoine et du bétail; mais à peine il eut franchi le seuil de ces salons, hier encore si calmes, pleins de fête aujourd'hui, qu'il fut saisi par une irrésistible envie, une passion sans frein de se mêler, pour la dernière fois, à ces joies splendides que sans doute il ne devait plus revoir. Ce fut comme une fièvre imprévue et subite; il ne s'était jamais senti si jeune, avec un plus vif désir de plaire aux dames sérieuses pour en obtenir une louange, aux jeunes femmes pour un sourire, aux jeunes filles pour un regard. Quoi de plus facile ? Il était le bienvenu dans cette foule, où chacun l'aimait et le considérait comme un galant homme, un bon parti, convenable également aux jeunes veuves et aux demoiselles de vingt ans.

Bref, s'il n'était plus un jeune homme, il était dans ce bel âge envié des pères ambitieux, des mères prudentes, qui ne sont pas fâchés, leur fille étant mariée enfin, de dormir sur l'une et l'autre oreille, sans nul souci du lendemain. Même en jetant par hasard un coup d'œil sur la glace, il vit sans trop d'étonnement, que le soir dont je parle, il était en jeunesse, et pour ainsi dire en beauté : la moustache épaisse et les cheveux touffus, la taille élégante et le regard martial. Pour tout dire, en ce moment il était de défaite, et pouvait lutter sans désavantage avec les cavaliers les plus brillants et les plus jeunes. S'ils avaient vingt ans de moins, pour leur part, il avait, lui, son nom, sa fortune et sa bonne renommée, avec ce vernis d'élégance et de courage, ornement naturel d'un vrai porteur d'épée, habile à la guerre, écouté dans la paix. Voilà ce que lui disaient tout haut et tout bas, les yeux de toutes les femmes, pendant que les hommes l'entouraient de leurs déférences méritées.

Quand il eut salué les dames de sa connaissance intime, il se mêla à la conversation des jeunes gens qui l'écoutaient en oracle. Il conquit tous les suffrages des causeurs de l'âge mûr, tant son esprit libéral et fin, sceptique et bienséant, était habile à découvrir les vœux, les ambitions, les rancunes, les espérances que chaque homme apporte avec soi dans le monde, oublieux de les laisser dans l'antichambre avec son manteau. Il causait encore.... un des joueurs lui demanda s'il voulait tenir la banque au lansquenet? Il tint la banque ; il gagna tout ce qu'il voulut gagner, et les perdants mêmes, se récrièrent en disant qu'ils n'avaient jamais rencontré plus beau joueur. Il y a comme cela des instants dans la vie où tout vous réussit, Dieu sait pourquoi. « Voir, venir et vaincre.... » et voilà tout le secret!

Quand il eut ainsi dépensé deux heures, au moment où la fête était dans tout son éclat, dans ces folles minutes qui ne reviennent guère pour personne, où l'âme et le corps s'abandonnent à mille enivrements, notre homme aperçut au milieu de la valse une admirable danseuse, en grande parure, élégante et jolie et svelte à l'avenant, les bras de la Nymphe et le front de la Muse.... Un nuage assez léger, mais enfin un nuage, errait sur ce front charmant. Le baron, qui savait tant de choses, eut compris bien vite à quel malheur tenaient l'inquiétude et le souci de cette beauté sans égale. Hélas! l'infortunée, elle était tombée, en ce tourbillon de belles valseuses étoilées, sur un valseur misérable, un petit jeune homme élevé Dieu sait comment par des cuistres, et lui-même un vrai cuistre, encuirassé de cuistrerie, un grand niais sans forme et sans goût; il portait un très-grand nom, mais il le traînait après soi comme une charrette embourbée. — Et pendant que la valse à deux temps, rapide et bruyante à la façon de l'incendie, emportait toutes ces âmes au troisième ciel, et que tous ces cœurs de vingt ans battaient à l'unisson dans une étreinte ineffable, il n'y avait que ce petit jeune homme aux larges mains, aux grands pieds, qui restât cloué sur le parquet de malheur, haletant, pantelant, n'en pouvant plus.

Pensez donc si M. de Fromont eut en pitié cette beauté mal partagée! Enfin, comme elle passait, pour la seconde fois, la belle enfant, sous ses yeux éblouis, lui jetant un regard de détresse, il posa son pied de façon que le jeune homme en perdit l'équilibre, et pendant qu'il tombait sur les genoux de sa mère effrayée.... ô dieux de l'Olympe et des trois Grâces peu vêtues! voici le baron qui s'empare en maître absolu de la valseuse affairée, et qui l'emporte, heureuse et triomphante, au milieu de la danse, où soudain, elle et lui, ils furent reconnus la reine et le roi de la fête. Ils dansaient à ravir l'un et l'autre; ils étaient de la plus belle taille, et tout glorieux de leur conquête. Enivrement d'une minute heureuse, passion, orgueil, triomphe aussi! Puis, quand ils eurent fait le tour du salon, et qu'il fallut, par une porte assez étroite, entrer dans une pièce à côté, comment il se fit que leurs lèvres se rencontrèrent, et que la valseuse en frissonnant se serra près de son danseur, voilà ce que je vous demande, à vous autres, les dignes enfants du mois d'avril?

Seule en cette foule, où chacun combattait pour ses propres foyers, où le ciel pouvait tomber, sans que pas une…. et pas un, courbât la tête, Mme de Pernon la douairière avait suivi nos deux danseurs d'un regard inquiet et jaloux. Elle avait été jeune, elle avait été belle, on disait qu'elle avait beaucoup aimé, trois motifs pour que la dame ait fait signe à l'orchestre de se taire. A regret l'orchestre obéit; la valse, un peu brusquement, s'arrêta. Alors le baron et sa danseuse étonnés se regardèrent, au sortir de ce songe enchanteur, et véritablement réveillés en sursaut.

III

Je vous ai dit que dans le monde on l'appelait *Alceste*; il en avait la brusquerie et l'honneur. Dans ses amours les plus violentes, s'il s'était adressé souvent à des femmes bien posées, il avait laissé en repos les vertueuses, les innocentes, et il se rendait cette justice à bon droit, que pas une femme n'avait été, par lui, mise hors de sa voie.

Il les avait trouvées toutes perdues, du moins égarées. C'est pourquoi, ce soir-là, rentré chez lui, quand il se rendit un compte exact de sa tentative, et de cette enfant entraînée à son insu sur une pente dangereuse, il trouva qu'il était coupable, et qu'il devait réparation immédiate, complète à Mlle de Pernon, réparation de son audace et de sa mauvaise action. Sans hésiter, sans aucun doute, il se condamna lui-même, et justice étant faite, il attendit impatiemment l'heure où il porterait à sa vieille amie et sa réparation et ses repentirs.

Donc, sur les deux heures, le lendemain de cette fête, il se présenta chez la dame, où il trouva, à son grand étonnement, la grâce et l'accueil de tous les jours. Toutefois la honte et le chagrin de sa méchante action le tinrent d'abord en grand silence; à la fin cependant il expliqua sa faute, il montra sa peine, il raconta ce baiser imprudent qu'il avait donné à cette beauté trop confiante, et comme elle était en droit de se plaindre et de l'accuser, il venait demander sa main à sa grand'mère. Il savait d'ailleurs que Mlle de Pernon était peu riche; il proposait de lui reconnaître en mariage une part de son bien; seulement il la priait et la suppliait de ne pas exiger qu'il restât à la ville; outre que sa fortune était désormais, et jusqu'à nouvel ordre, insuffisante à tenir ce qui s'appelle une bonne maison, il devait songer à la refaire, à préparer l'avenir de ses futurs enfants.

A l'accomplissement de ce devoir envers lui-même, envers les siens, il ne savait plus qu'un moyen : c'était de se retirer lui et sa femme à la campagne, et d'y mener une vie agreste, au milieu d'une grande abondance, avec la certitude et la prévision d'une fortune assurée. Or il disait ces choses-là très-bien, sans emphase et dans l'accent vrai. La bonne dame en l'écoutant fut toute rajeunie, et quand il fut à la fin de son idylle :

« Oh ! là, dit-elle, on vous reconnaît bien à tous vos scrupules, et voilà maintenant, par vertu, que vous voulez vous mettre une corde au cou. Allons, croyez-moi, rassurez-vous, Alceste, et vous remettez d'une si chaude alarme ; il n'y a pas, Dieu soit loué, tant de périls en ma demeure, et votre crime est un de ceux qu'on oublie et qu'on pardonne. Ah ! la valse à deux temps ! c'est un vrai danger, mais tant pis pour qui s'expose ! Apprenez cependant que ce matin même, en prenant congé de ma petite-fille qui tombait de sommeil, et vous connaissant comme je vous connais, je lui ai demandé si elle était contente de son valseur ?

« — Oui, maman, il valse à merveille, et quel malheur qu'il ne soit pas un jeune homme ! »

« Alors, très-ingénue, elle m'a raconté que vous lui aviez fait une déclaration d'amour, et que vous l'épouseriez sans doute.

« — Eh bien, ma fille ?

« — Eh bien, grand'maman, j'en voudrais un moins rustique. Il m'a dit qu'il voulait vivre à la campagne, et pensez, bonne maman, ce que je deviendrais, s'il me fallait retourner d'où je viens, pour y vivre éternellement? Il n'est plus qu'un fermier, je serais donc une fermière. Ah! maman, ma chère maman!...» Disant ces mots, elle s'est endormie, en défaisant sa couronne, et nous l'avons mise au lit où elle dort du frais sommeil de l'innocence, et pas une rougeur à sa joue; ainsi mon cher Alceste, ce n'était pas la peine, en vérité, d'avoir tant de remords. Croyez-moi, rassurez-vous, calmez-vous, revenez paisiblement à vos moutons, à vos charrues; soyez, tout à votre aise, un rustre, un paysan, un fermier de Normandie, et laissez-nous chercher, aux alentours du conseil d'État, quelque enfant de Paris, très-riche, et très-ambitieux, qui fasse de ma fille une Parisienne. Adieu; soyez heureux, mon ami, n'oubliez pas votre vieille amie, et surtout.... partez sans nous revoir. »

IV

Sur quoi M. de Fromont bien rassuré, bien pardonné, s'en revint, plus léger qu'il n'était venu. Certes ce mariage à l'improviste, avec une enfant qu'il connaissait si peu, dérangeait ses combinaisons les plus sérieuses, mais ce mariage étant rompu, lui rendait sa liberté dont il avait si grand besoin. Que dirons-nous? si profonde est la vanité de l'esprit humain, que notre chevalier de la triste figure se trouva quelque peu humilié d'avoir été renvoyé si vite. Au fait, le mouvement, le délire et l'agitation de cette valse à deux temps, ce doux visage et ces beaux yeux pleins d'un feu tendre et mouillé, le poursuivaient, non plus d'un remords, mais d'un regret aussi vif que le remords.

A force de penser à son prétendu crime, et d'en goûter toute la douceur, maintenant qu'il se sentait pardonné, il en vint à se rappeler de son mieux l'image éclatante de sa belle valseuse ; il la voyait apparaître au fond de son cerveau doucement réjoui, dans sa robe de gaze, l'épaule nue et les bras nus, des fleurs sur la tête, et le sourire à sa lèvre entr'ouverte. Il lui semblait même en ce moment qu'il avait vu (où l'avait-il vue?) une image ressemblante à cette exquise et parfaite beauté.

« Ah! se dit-il, qu'allais-je faire ? et suis-je assez maladroit! J'ai mis en vente le portrait de mon innocente maîtresse. »

Et tout courant, il s'en fut dans cette même salle des commissaires-priseurs. Il arriva, nous l'avons dit, juste au moment où le crieur proposait la *Flore* de Boucher. La *Flore*, en effet, ressemblait à la belle valseuse; elle avait un peu de sa grâce et de son charme et tout le sourire. Ah! oui! c'était-elle à vingt-cinq ans, dans tout l'éclat de la beauté, de la jeunesse et du triomphe.... Et voilà comme il se fit adjuger, au prix de quinze mille livres, ce charmant tableau contre lequel il n'eût pas échangé maintenant tout le reste de sa collection.

Huit jours après ce dernier signe de vie, il était parti pour ses domaines qu'il pouvait cultiver lui-même, emmenant avec le reste de son mobilier, ses deux chevaux anglais, son poney, une des célébrités de la Marche, et même une grande tante, bonne et bienveillante créature qui suivait librement son beau neveu dans ces nouveaux hasards. Son domestique aussi l'avait suivi, ne voulant pas quitter son maître. En un mot, ce libre départ, pour de si lointains rivages, avec tout ce qui pouvait peupler la solitude et charmer le désert, n'eut rien de triste. On en parla vingt-quatre-heures ; trois jours après, à peine si l'on savait dans les grands salons du faubourg Saint-Honoré, et dans les petites maisons de la Chaussée-d'Antin, qu'il y avait eu jadis dans Paris sur Seine, un capitaine africain, riche et beau, bien disant, grand ami de la belle compagnie et fervent amateur des belles choses, le baron Charles de Fromont.... Ce que c'est que de nous!

V

Ce fut ainsi que le baron de Fromont quitta la ville, avec tous les honneurs de la guerre et de la paix. De son installation aux Bordes (c'était le nom de sa ferme), on composerait toute une histoire à la Robinson Crusoé. Il trouva la maison en grand désordre, une terre inculte et des bâtiments mal tenus. Pas un épi dans les granges, un bêlement dans les bergeries, une poule aux basses-cours. Quelques pigeons fidèles à leur berceau roucoulaient encore au sommet du colombier féodal; une vieille femme était restée à garder tout ce délabrement. Quatre petits enfants perdus, trois garçons de belle taille et de cinq ou six ans, deux fillettes qui en avaient quatre ou cinq à elles deux, avaient fait comme les pigeons de la ferme : ils étaient restés, attendant le maître. « O mon Dieu! les jolis enfants, s'écria Mlle de Verrières, la grand'tante, en les baisant. Voici déjà ma compagnie! » Et la tante et le neveu se logèrent de leur mieux dans cette maison dévastée. Il était sincère, elle était patiente; ils eurent bientôt fait connaissance, elle avec la maison, la basse-cour et le jardin, lui avec la prairie et le champ de blé. Si bien qu'en deux automnes fécondes, et deux printemps laborieux, la vie et le mouvement avaient reparu dans la ferme. On entendait tout au loin le hennissement des chevaux, le chant du coq, les mugissements de l'étable; enfin la vie était partout, sous les toits, sur les toits, dans l'étang, au bord du ruisseau, dans le jardin, dans les sillons, dans le sentier, sur tous les seuils. L'abondance encombrait les granges, le fumier remplissait les cours ; la charrue et le chariot allaient incessamment dans les terres réjouies; les laboureurs étaient revenus avec les labours; serviteurs et servantes, bien commandés, accomplissaient joyeusement, chacun sa tâche. Ainsi, d'un bout à l'autre de ce vaste domaine si longtemps négligé, se faisait sentir une intelligence attentive au moindre détail, une volonté ferme, une prudence active, une justice inépuisable. Chaque saison, dans son cours régulier, ajoutait une amélioration notable aux changements déjà faits; désormais pas un laboureur de ces contrées ne doutait plus que cette terre eût retrouvé son maître, un maître absolu, laborieux, qui se levait avant le soleil, qui travaillait tout le jour, et se reposait le dernier.

Voilà ce que M. le commandant avait appris dans ses campements de l'Afrique, à côté du général Bugeaud qui l'aimait comme on aime un fils, — et voilà ce qu'il mettait en œuvre aujourd'hui, dans ses mille arpents de chaumes, de verdure, de feuillages, de sables mouvants, d'eaux vives et d'étangs, de montagnes et de vallons. Grande était l'entreprise, et glorieuse était la tâche. Il s'en acquittait à merveille et sans peine, avec joie et sans bruit, simplement, militairement; toute chose à son heure, à son ordre, et le travail de la veille amenant, d'un pas régulier, le travail du lendemain.

De ces grands succès, toute la contrée avait été le témoin, d'abord ironique et peu bienveillant. Que de gausseries et de bons rires de nos seigneurs les paysans, à l'aspect de ce fermier nouveau venu, qui avait fait poser des tapis dans sa maison, que servait un valet de chambre en habit noir, et qui deux fois par jour, se lavait les mains dans un bassin d'argent! Comme ils se moquaient, mais tout bas, de son cheval anglais, de ses bottines vernies et de sa blouse enjolivée que retient un ceinturon de cuir verni! « Ça, un paysan, disaient-ils, ça, un fermier! » Ils se moquaient aussi des chevaux de charrue, harnachés à l'anglaise et dont on cirait les sabots chaque matin. Ils avaient visité par curiosité ces longues étables, où chaque bête était à l'aise, et dont les rigoles emportaient le *purin* au milieu des champs, si bien que rien n'était perdu sur cette terre assez froide. Ils riaient aussi des cochons, pour qui l'on avait creusé des baignoires, de vraies baignoires, et qui se vautraient dans l'eau fraîche!

A ces gaietés, le baron répondit par des coups d'épaule; il les laissa rire et se gausser à leur aise. Oui, mais après s'être gaussé tout à leur aise, nos paysans reconnurent que les champs de ce monsieur de la ville produisaient de belles récoltes; que le *baron* savait acheter et vendre à propos, et que pas un ne lui en remontrait dans le prix des denrées. Surtout il savait le prix du temps. Sur le champ de foire, il ne disait pas une parole inutile; une fois qu'il avait annoncé son prix, c'était chose dite, il n'y avait pas à marchander, pas à revenir. Il ne se laissait guère approcher que par les anciens de la contrée; envers ceux-là il était affable, il les consultait volontiers, il les écoutait patiemment; il était bonhomme aux pauvres gens, aumônier aux infirmes, et quiconque avait besoin de travail, en trouvait sur sa ferme. A dix lieues à la ronde, il finit par conquérir, à force de constance et d'habileté, une grande estime, un profond respect. Les plus opposés à son administration se rendirent, l'un après l'autre, à la tutelle de ce galant homme, et s'il rencontra quelque insolent sur sa route, il le châtia si vigoureusement, que le drôle à jamais se le tint pour dit, et n'y revint pas.

Il ne fallut pas moins de trois ou quatre ans pour compléter cette autorité sur les esprits du voisinage, et pour démontrer aux yeux des plus prévenus, la fortune et les résultats d'une grande culture.

Si grand fut le succès du nouveau venu, que parmi ces paysans, race envieuse et curieuse, son origine de propriétaire et de seigneur finit par être oubliée. Il fut accepté par tous les agriculteurs d'alentour, comme un de leurs camarades, un peu plus intelligent peut-être, et que nul ne se faisait faute de consulter à l'occasion. Or, l'occasion revenait tous les huit jours, le dimanche, au sortir de la messe, à laquelle le baron ne manquait guère. Son exemple eut bien vite entraîné tous les fermiers de la paroisse, et même des paroisses voisines, si bien que l'église était remplie, ou peu s'en faut, au grand contentement de M. le curé, un sien camarade au collége de Louis-le-Grand, qui, lui aussi, avait connu le monde et ses dangers. Après la messe, on s'attendait l'un l'autre sous le porche, et ces bons agriculteurs causaient entre eux des nouvelles de la terre, aimable nourrice. Ici se montrait surtout la supériorité du fermier des Bordes ; ceux qui l'interrogeaient le trouvaient préparé sur toutes les questions.—Il leur faisait, sans le savoir, un véritable cours d'agriculture pratique, et comme il se tenait lui-même par les journaux de France, d'Angleterre et d'Allemagne, et par ses propres correspondances, au courant de toutes les recherches et de toutes les découvertes, il avait toujours quelque chose à raconter. Parfois même, il annonçait qu'il avait reçu des semences de telle plante inconnue, et comme il ne voulait pas être seul à en profiter, il en faisait part à son entourage. On ferait un livre avec ces conversations qui suivaient le cours des saisons : l'alimentation des animaux, la litière, l'engrais, la culture, la récolte des fourrages et des céréales, la compensation des mauvaises années par les bonnes années, les labours, les charrues, les bœufs, les chevaux, le trèfle et les pommes de terre, le blé surtout, le jardin potager, l'orge, le beurre, la jachère et la suppression des jachères, les prairies artificielles, les attelages, les pâtures, les moutons, toute l'administration du personnel. Il enseignait en même temps par ses leçons, mieux encore par son exemple : que les bons maîtres font les bons serviteurs, que le bon commandement est une des conditions de la bonne culture, ainsi que la comptabilité agricole.

« Mes amis, leur disait-il, il importe à votre exploitation que vous sachiez, à un sou près, ce que valent dans les granges les céréales du printemps, les céréales d'automne, la paille et le foin ; combien d'arbres à abattre et d'arbres abattus : frênes, ormeaux, peupliers. Vous saurez le nombre des poules dans la basse-cour ; tant de fagots, tant de bois de chauffage ; tant de douzaines d'œufs, tant d'hectolitres de seigle, de colza, de froment. » Il avait appris tout cela vite et bien, le fermier des Bordes, et tout ce qu'il avait appris, il l'enseignait très-nettement, à son nombreux auditoire, expliquant et commentant toute chose à plaisir.

Un autre sujet de conversation et qui revenait souvent en ses discours, c'était la question des chemins vicinaux ; sentes et sentiers étaient le grand fléau de cette extrême limite d'un département qui s'arrêtait aux grèves de l'Océan. On peut donc, sans être un grand agriculteur, imaginer que ces conversations du dimanche, à l'abri du porche hospitalier, les plus jeunes se tenant debout, les anciens assis sur un banc, ne manquaient ni de vivacité, ni de plaisir, ni d'intérêt ; enfin, vraiment c'était un grand honneur pour le fermier des Bordes, d'avoir conquis tant d'attention.

VI

Les choses en étaient là, sous la pluie et sous le vent, par le clair soleil, dans le cercle accoutumé des travaux et des jours, pour parler comme Hésiode, lorsqu'aux derniers jours du mois de juin on vit s'engager, dans un des nombreux sentiers qui conduisaient aux Bordes, plus semblables à des abîmes qu'à des chemins réguliers, une calèche assez lourde attelée de deux chevaux, trop légers pour ces terrains dont la glaise et l'argile étaient le fond et le tréfonds. Le carrosse était occupé par une dame invisible encore et par sa femme de chambre, ou toute autre créature inférieure et remuante qui mettait souvent le nez à la portière. Était assis, sur le devant de cette calèche à demi fermée, une façon de jeune homme, aux cheveux blonds, à l'air important, en habit de voyage, et le passant qui l'eût regardé avec une attention qu'il méritait fort peu, eût compris tout de suite à quel point ce jeune seigneur était content de lui-même, dédaigneux de tout le reste. Il eût volontiers complimenté le soleil d'éclairer ce mortel accompli. Le sourire était fixé sur ses lèvres, l'épanouissement sur son visage. Il saluait, chemin faisant, toute chose, et de la montagne au vallon, il s'inclinait cherchant la louange et l'admiration du vulgaire. Ah! qu'il était glorieux!

Cet homme heureux était en tournée électorale; il y avait tantôt huit jours qu'il allait ainsi, de château en château, et naturellement de triomphe en triomphe, attirant à soi toutes les louanges et toutes les voix des électeurs bien pensants. Se montrer, c'était sa victoire. En même temps, plutôt comme un témoin des grands succès qu'il attendait, que comme un auxiliaire utile à sa cause, il traînait à sa suite sa propre femme, et l'infortunée, elle obéissait, nonchalante, à ce mari qu'elle avait beaucoup admiré avant son mariage, et qu'elle admirait encore aux derniers moments de la semaine passée. Elle pouvait avoir vingt-quatre ou vingt-cinq ans ; sans trop s'en rendre compte, elle éprouvait un bizarre ennui contre lequel elle ne savait déjà plus de remède. Elle s'ennuyait donc en silence, et, résignée, acceptant les cahots de ces chemins de traverse, et l'infini de ces grands chemins. Tantôt les deux voyageurs, grâce à la fortune, au nom du mari, non moins qu'à la beauté de la femme, étaient reçus à merveille en quelque hospitalière maison, où toute faveur leur était accordée, et tantôt ils tombaient chez quelque électeur maussade, acariâtre et d'un accueil farouche ; alors c'étaient des luttes sans fin entre le candidat et l'électeur, celui-là refusant de se rendre à celui-ci qui défendait pied à pied les anciens principes.

« Esclave ! disait l'électeur !

— Idiot ! » pensait le candidat.

Quatre ou cinq fois par jour, plus souvent même à la ferme, au château, chez le simple bourgeois, recommençait cette agréable visite avec les mêmes péripéties obséquieuses, avec les mêmes résistances ou les mêmes promesses. De ces luttes courtoises, l'ennui était insupportable (avec la honte assez souvent) pour une femme assez fière, intelligente, et Dieu sait si la pauvre femme en était tout ahurie ! A chaque tour de roue, elle se demandait si c'était veille ou songe, et si véritablement son mari avait bien le droit de la traîner dans un si long et si pénible voyage à travers de si misérables détours? Comme elle trouvait son mari diminué par cette ambition qui en faisait une espèce de Juif-Errant! Comme elle s'ennuyait de sourire à ces rustres, et de prodiguer ses bonnes grâces à des suffrages plus que douteux! Qu'avait-elle fait de son orgueil? A quelles lâchetés elle était réduite!... Un jour de plus de cette enquête, elle se serait enfuie à travers les campagnes que son mari voulait représenter au conseil général!

A la fin, Dieu merci, elle était au bout de ses peines, elle touchait à la dernière étape électorale; elle n'avait plus à visiter que la ferme des Bordes. A quatre ou cinq lieues de la ferme, elle trouverait une petite ville hospitalière, et peut-être une honnête maison où l'élection la laisserait en repos. Voilà tout ce qu'elle ambitionnait, à cette heure, et peu lui importaient maintenant les ambitions déçues ou satisfaites de monsieur son mari. Un peu de solitude et de silence, après tant de discours et tant de vains bruits, rentrer chez soi après avoir traversé tant de maisons où l'on ne connaissait personne, elle ne faisait pas d'autre rêve. Et cependant, blottie au fond de son carrosse, et s'isolant par la pensée et la méditation, du papotage et de l'agitation stériles de son mari le candidat, ses grands yeux languissants erraient sur la vaste campagne, et charmée, elle prêtait une oreille attentive au gazouillis lointain qui sortait incessamment des ramées et des herbes, des buissons et des chaumes, des arbres et des épines, du ruisseau et du sillon : fauvettes babillardes, rouges-gorges et mésanges, roitelets, bergeronnettes, rousserolles, tout l'orchestre était en joie, et cette intime joie était comme un cantique universel de la terre et du ciel.

Sur les deux ou trois heures de l'après-midi, comme ils entraient par ce mauvais sentier dans les terres des Bordes, l'attention de la dame endormie à demi se sentit réveillée au spectacle intéressant de la campagne en pleine abondance. Il y avait des fruits sur tous les arbres ; les buissons même étaient fertiles ; le blé de la dernière récolte séchait en meules formidables ; le foin nouveau s'amoncelait sous la faux des faucheurs ; le pommier normand se tordait sous ses fruits couleur d'émeraude. A la picorée allait l'abeille errante ; on entendait mugir et bêler le troupeau, chanter l'alouette ; au loin la perdrix rappelait ses perdreaux déjà maillés, et dans la nue au vol léger tournoyait l'hirondelle. A chaque tour de roue, on eût dit un nouveau paysage. Enfin parmi tant de travailleurs, çà et là répandus sur cette terre abondante en bénédictions, la dame en vit un qu'elle distingua bientôt, comme étant le plus actif, le plus alerte et le plus intelligent de tous. Il était vêtu d'une blouse éclatante de blancheur ; il portait un chapeau de paille, mais d'une paille d'Italie ; il était bien chaussé et bien ganté ; il tenait à sa main droite un fusil, qui lui servait à tirer les oiseaux de proie et de dommage. Un beau chien le suivait plein de joie et superbe ; et tantôt l'homme au fusil, déposant son arme, aidait la faneuse à retourner le foin nouveau séché au soleil ; tantôt il hâtait la rentrée des lourds chariots, regardait d'un air inquiet certain nuage au ciel, dont lui seul savait la marche ; ou bien d'un geste il indiquait les réparations à faire à ce pont qui va crouler, l'arbre épuisé qu'il fallait abattre, et puis soudain, reprenant son fusil, il se perdait dans le lointain où l'attendaient de nouveaux travailleurs. Cet homme était, comme on dit, entre deux âges, mais de la plus belle apparence, et si brillaient des cheveux blancs, parmi tant de cheveux noirs, il eût fallu des yeux bien perçants pour les découvrir. Telles étaient les réflexions de la dame, et, silencieuse, elle se fût bien gardée d'en rien dire à son mari. Le mari, de son côté, cherchait quelque électeur friand d'un coup de chapeau et d'un sourire. Il était tout entier à sa tâche ardue, et laissait rêver sa femme à son loisir.

Cependant plus ils marchaient, plus la marche était difficile dans ce chemin sablonneux et malaisé ; le carrosse allait tantôt dans l'ornière et tantôt sur la hauteur : ils ne voyaient ce beau domaine que par éclaircies. Ils allèrent ainsi deux grandes heures, l'homme excitant ses chevaux lassés, la dame occupée à regarder, à songer, jusqu'au moment où le sentier, s'agrandissant, tout à coup se trouva au niveau d'un pré nouvellement fauché, et cette fois apparut de nouveau l'homme au fusil, arrêté sur la lisière par les appels de son chien, qui avait relancé quelque animal dans le buisson. Le chien jappait sans colère, au contraire avec joie ; il avait rencontré dans un pli de terrain, un petit chevreau que sa mère avait oublié pendant que le troupeau était poussé en avant par le berger qui redoutait l'orage. Alors le chevreau d'accourir en bêlant, dans les bras de son protecteur naturel, comme s'il eût reconnu son maître. En effet, l'homme ouvrit ses bras au frêle animal, et le posant sur son épaule, il le flatta de la main, cherchant, des yeux, quelqu'un qui lui vînt en aide, et le débarrassât de son doux fardeau.

Mais déjà l'orage approchant, et le ciel obscurci soudain du côté de l'Océan, avaient fait que chacun se hâtait de terminer sa tâche et de rentrer au logis.

L'homme alors prit son parti bravement, et son chevreau sur l'épaule, et son fusil sur le bras, il gagnait sans trop de hâte le gîte accoutumé, lorsqu'il entendit sortir du carrosse une voix qui lui disait :

« Hé ! l'ami ! sommes-nous encore bien loin des Bordes ?

— Pas très-loin, monsieur, reprit le rustique, mais qui donc vous a fait prendre un si mauvais chemin ?

— Ne m'en parlez pas mon cher, c'est un vieux coquin de mendiant à qui je demandais le chemin le plus court !

— Sans doute il aura demandé l'aumône à monsieur, et naturellement vous avez répondu que vous n'aviez pas de monnaie ?

— Oui-da ! mon laboureur, je sais lire : il est écrit, là-bas, sur un poteau: *La mendicité est interdite en ce département !* Mais dites-moi quel homme est ce fermier des Bordes ? On m'a dit qu'il avait d'assez mauvaises opinions ?

— On vous a dit vrai, monsieur, c'est un homme indépendant, tout d'une pièce, et dont l'habitude est de chercher ce qu'il y a de moins mal en toute chose. Il est du reste assez bien élevé, et si vraiment vous allez chez lui, vous serez reçu avec tous les égards qui sont dus au voyageur égaré dans les mauvais chemins, et par un temps détestable. Mais, ne vous déplaise, allez-vous vraiment aux Bordes, en ce moment?

— Oui, reprit l'homme au carrosse, étendant la

main pour recevoir une goutte de pluie, et je crois que nous serons cruellement mouillés.

— S'il en est ainsi, monsieur, je vais me hâter pour prévenir de votre arrivée, et s'il vous plaît, permettez que je confie à votre bonté ce petit animal qui n'est pas de force à supporter la pluie et l'orage. »

Et comme il tendait son chevreau au futur conseiller général qui semblait hésiter à le prendre, il vit deux belles mains qui s'emparèrent de la bestiole innocente; le chevreau fut posé doucement sur le giron d'une adorable créature, aux grands yeux pleins d'inquiétude, et qui semblait implorer aide et protection. L'homme des champs resta frappé d'une admiration profonde à l'aspect de la belle voyageuse, et s'inclinant profondément :

« Madame, ayez bon courage ! Avant qu'il soit une demi-heure, en pressant un peu ces malheureux chevaux qui n'en peuvent mais, vous trouverez un toit hospitalier où vous serez la bienvenue. »

Ayant ainsi parlé, il fit ses recommandations au cocher, qui ne semblait guère plus rassuré que ses maîtres, et par un sentier en zigzag il disparut dans le lointain.

Dix minutes plus tard, le ciel n'était plus qu'un nuage, et la pluie à torrents tombait dans un grand bruit de tempête et d'aquilon. Vous eussiez dit que tous les vents étaient déchaînés, et que la fin du monde était proche. En vain le cocher poussait ses chevaux, ils n'avançaient qu'à grand'peine, et jamais ils ne se seraient tirés de ces abîmes, sans le renfort qui leur vint de la ferme : un vigoureux cheval de remonte, sur lequel était monté l'homme des champs. « Me voilà ! dit-il, me voilà ! » Puis ajoutant sa bête en arbalète, il imprima au malheureux carrosse une vigoureuse impulsion. Pour le coup, le véhicule était désembourbé ; il avançait à travers la tempête, au bruit du tonnerre, à la lueur des éclairs. Tout faisait silence à ce bruit formidable, et l'on n'eût pas dit que trois voyageurs étaient renfermés dans cette voiture.

A la fin la calèche arriva au détour de ce chemin funeste, et par un bonheur incroyable, en frôlant la borne elle traversa une voûte où elle s'arrêta ; les voyageurs étaient arrivés à leur destination.

VII

Ce jour était marqué, de toute éternité, pour l'entière confusion de M. de Marbois, le futur conseiller général. Jusqu'à cette heure, il avait réussi en toutes ses entreprises ; il avait hérité de ses deux oncles ; il s'était marié à une innocente qui le trouvait aimable et beau; mieux encore, il avait bien mené sa barque, et bien louvoyé dans les eaux du mariage. Il s'était montré, même en son logis, sous un beau jour; en toute une année, il n'avait pas fait une seule de ces lourdes fautes qui avertissent la nouvelle épouse; il n'avait pas dit beaucoup de ces paroles maladroites qui donnent la mesure exacte de l'esprit d'un homme, et de son intelligence. Il est vrai qu'il avait pour lui la nouveauté, le rayon et la faveur des premières lunes, les grâces de la jeunesse et toutes ces courtoisies qui tendent aux jeunes femmes des piéges dans lesquels elles tombent volontiers. Son ambition même était devenue un amusement, et la jeune femme aimait à l'entendre expliquant, moitié badinage et moitié sérieux, comment il irait bientôt du conseil communal au conseil général; du conseil général à la députation; de la Chambre au Sénat; du Sénat à quelque ambassade; et de l'ambassade au ministère, avec les divers engencements de rubans, plaques, cordons, sans oublier les titres nécessaires à illustrer tant de fortune : Comte, Marquis, pourquoi pas Duc? Puis de rire, et la femme aussi riait et disait à son mari : « Monseigneur! »

Si bien qu'elle fut toute préparée à le suivre, aussitôt que celui-ci se mit en route afin de franchir le deuxième échelon de sa naissante grandeur. Tout ce qu'elle avait de plus rare et de plus beau dans ses parures, elle en avait rempli ses malles de voyage. Elle se faisait au départ un grand projet, disons mieux, un devoir d'être belle, uniquement par tendresse conjugale, et pour aider à la grandeur de son mari.

Malheureusement pour elle, et surtout pour lui, dès le premier jour, toutes ces belles espérances s'affaiblirent; à la seule façon dont M. de Marbois aborda le premier électeur considérable qu'il rencontra en son chemin, la jeune femme éprouva un grand serrement de cœur. Comment donc, son mari manquait tout à coup de dignité! Ce même homme assez voisin de l'insolence, et qui n'aimait guère à donner le premier coup de chapeau, saluait, chemin faisant, tout le monde, et sitôt qu'il pouvait s'emparer de quelqu'un, il priait ce quelqu'un-là de lui expliquer ses moindres volontés, pour l'avenir! Bien plus, quel que fût l'avis de son interlocuteur, il était de cet avis même, il partageait son opinion. Royaliste avec les partisans de Henri V, il regrettait l'ancien roi et les jeunes princes de 1830; il tenait à l'Empire; il touchait à la République; il avait un cousin allié à M. Ledru-Rollin, un grand-oncle qui avait été l'ami de M. de Villèle; et puis des sourires : en veux-tu? en voilà! En même temps des caresses aux enfants, des louanges aux femmes d'électeurs. « Ce n'est plus là mon mari! » se disait la belle voyageuse, et

comme elle aurait eu honte de sa complicité avec
tant de lâchetés morales, elle redoublait d'indifférence et d'orgueil. A peine elle était polie avec tous
ces gens dont la familiarité lui était particulièrement déplaisante. O douleur! pendant ces huit
longs jours d'une si longue tournée, en toutes ces
hospitalités si bruyantes, elle n'eut pas le souci de
mettre une seule robe habillée, ou quelque bonnet
à la mode nouvelle! Enfin, plus son mari la poussait à être aimable, et moins elle s'y sentait disposée. Il n'a jamais su, le pauvret, ce qu'il avait
perdu dans ce tête-à-tête avec sa propre femme,
et combien il en était sorti médiocre et rapetissé.

Il faut dire aussi que ce dernier jour de vie errante, à travers un pays qui ne songeait qu'aux derniers foins, avait mis le comble à tous les désenchantements de la femme pour le mari. En même
temps, par un attrait dont elle ne se rendait pas
compte, elle avait suivi d'un regard charmé, pendant toute une partie de ce même jour, cet inconnu
qui certes ne se doutait pas de sa conquête; elle
avait admiré d'une admiration involontaire cet
homme rustique, à travers la campagne cultivée
par ses soins? Comme elle l'avait trouvé simple,
actif, vigilant, bien tenu, et quel gré elle lui savait
d'être accouru lui-même, par ce grand orage, à
son aide, avec ce beau cheval blanc qui les avait
tous tirés de l'abîme! En le voyant revenir si vite,

elle avait retrouvé tout son courage, et même elle ne l'avait pas perdu de vue, et pour le mieux voir, elle avait donné à son mari qui tremblait, sa place au fond de la calèche ; elle s'était mise elle-même sur le devant, et par la vitre, elle regardait l'homme au chapeau de paille, assis sur son cheval. Si bien que la voiture arrêtée enfin sous le porche, et la portière étant ouverte, et le rustique baron cherchant la voyageuse au fond du carrosse, il en tira le mari pâle et tremblant, pendant que la jeune femme était riante et rassurée, et jouait avec le chevreau qui fut reporté à sa mère oublieuse par un valet de ferme.

« Adieu ! mon cher compagnon, portez-vous bien ! » disait la dame au chevreau.

On était en ce moment sous la vaste porte cochère, recouverte d'un toit de chaume, à l'abri de l'orage. Au loin, sur la gauche, à la lueur des éclairs, se montraient les étables, les écuries, les grandes mares, pendant que, sur la droite, une maison de bonne apparence et vivement éclairée, annonçait une hospitalité bienveillante.

« Ah ! quel bonheur, disait la dame en montant un escalier garni d'un tapis, et plein de fleurs. Je te retrouve enfin, civilisation de mes beaux jours !

— Madame, ajoutait l'homme des champs, encore tout ruisselant de cette pluie, il ne faut pas m'en vouloir, si je ne vous offre pas la main pour monter; mais ma tante est là-haut qui vous fera, avant moi, les honneurs de notre humble logis. »

Et tout de suite la tante accourut, prenant les mains de la jeune femme et les réchauffant :

« Venez, venez, disait-elle, on vous a préparé un bel appartement, l'appartement d'un évêque ! »

En effet, ce jour même, aux Bordes triomphantes était attendu l'évêque, en chemin pour les églises de son diocèse. Il était grand ami du maître de céans ; on lui destinait la chambre bleue, et voilà pourquoi la maison était pleine de fleurs, attifée avec tant de soin, et tiède à l'avenant.

« Que l'on est bien ici ! disait la belle voyageuse, assise en un grand fauteuil, au coin d'un bon feu. Ah ! les beaux meubles, les belles gravures, les douces clartés ; et vite, Françoise, à ma toilette. Ouvrons ces malles, ouvrons ces coffres, et choisissons ce qu'il y a de plus beau. Je veux, ce soir, être belle et parée, et faire honneur à nos hôtes, et ne pas les faire attendre ; hâtons-nous ! »

Pendant qu'elle faisait toute une toilette, et qu'elle mettait sur ses beaux cheveux un brin de poudre à l'iris (la poudre avait été posée sur une console, en l'honneur de l'évêque), le baron, de son côté, changeait ses vêtements, tout souillés de la poussière et des fanges du chemin, contre un habit de cérémonie, et tout un vêtement préparé pour recevoir monseigneur.

« Eh! disait-il, monseigneur l'évêque a bien fait de se décommander; les chemins sont rompus, le temps est affreux. »

Il n'ajoutait pas que cela se rencontrait à merveille pour le bien-être de sa jeune hôtesse, et la commodité de chacun.

Il y avait bien longtemps que le fermier des Bordes ne s'était paré avec tant de soin, et, sans trop s'en rendre compte, il se trouvait tout charmé de l'allégresse intime du beau linge, des beaux habits, des cheveux bien peignés, et de son ruban de commandeur de la Légion d'honneur qui relevait sa cravate blanche. Et comptez-vous pour rien ses bas de soie et ses souliers vernis? Donc elle et lui, par je ne sais quel pressentiment, à la même heure, et sous le même toit, se mettaient sous leurs gardes meurtrières, pendant que M. de Marbois le candidat, querellait sa femme en lui demandant :

« Pour qui donc cette grande toilette? A quoi bon? C'était bien la peine, en effet, de mettre une si belle robe, et des fleurs dans ses cheveux, pour dîner avec un simple fermier, à la fortune du pot! Quant à moi, madame, voilà huit jours que je m'habille, et vous permettrez bien que je me repose aujourd'hui. »

— A votre aise, monsieur, reprenait la dame, et restez en chenille, puisque tel est votre bon plaisir; mais, vrai, je ne vous le conseille pas! »

Une bonne heure au moins s'était passée en ces préparatifs, lorsqu'on entendit dans la cour le pas d'un cheval attelé à un cabriolet. —C'était M. le curé de Saint-Aubin qui venait en grand habit, lui aussi, pour dîner avec son évêque et son ami. Il portait sa soutane neuve, son ruban moiré, et par-dessus sa soutane son collet de chanoine; avec cela un très-grand air, la jambe fort belle, des mains de prélat, et le regard assuré d'un honnête homme.

« Ami, lui dit le baron, te voilà tombé dans mes piéges; l'évêque a peur de nos chemins; il a fait dire ici qu'il ne viendrait pas. Certes je pouvais te prévenir, et te laisser chez toi, bien paisible.... Au fait, le gibier est à la broche, il faut le manger; le vin est tiré, il faut le boire, et puis j'ai des hôtes, que dis-je? une hôtesse! et tu m'aideras à les bien recevoir.

— Tu as bien fait, reprit le curé à son ami; ces mauvais temps sont propices à la causerie, et d'ailleurs je t'aime assez pour ne pas te laisser tête à tête avec ton maire et ton notaire, qui me suivent de bien près. »

Donc le notaire et le maire étant arrivés, le baron fit demander à ses hôtes la permission d'entrer chez eux, et il s'en fut lui-même avertir Mme de Marbois : « que madame était servie! » Ainsi, d'un mot, il indiquait que cette belle était la reine du festin.

VIII

Elle était toute prête, et toute parée avec une grâce infinie, et d'elle-même elle était contente, et tout bas elle se félicitait de sa parure. Et quand elle vit ce *fermier*, plus semblable à un colonel de chevau-légers qui va dîner aux Tuileries, qu'à un laboureur après un long jour de travail, elle fut interdite un instant. Alors elle et lui se regardèrent enfin face à face, étonnés de se trouver si beaux l'un l'autre, et se demandant où donc ils s'étaient déjà vus? Lorsqu'au même instant, frappés de la même lumière et de la même joie, il reconnut sa valseuse, elle reconnut son valseur. Il pâlit, elle rougit; il était tremblant, elle était tremblante, et triomphants tous les deux. Elle prit son bras, et sans mot dire ils passèrent dans la pièce voisine, suivis de ce malheureux M. de Marbois en grand négligé, auquel ils ne songeaient guère en ce moment.

Avant d'entrer dans la salle à manger, il fallait traverser le salon, et leur entrée eut tout l'éclat d'un triomphe. A coup sûr, pas un des invités ne s'attendait à rencontrer une si belle dame en sa beauté superbe, et même, au premier abord, on eut peine à reconnaître, ainsi paré, M. le fermier des Bordes. Sa bonne tante en poussa un cri de joie :

« Ah ! Dieu du ciel, voilà mon neveu ; je le retrouve et je le reconnais ! Mon neveu ! mon neveu ! disait-elle, allons, c'est moi qui vous le dis, vous ne serez pas plus charmant le jour de votre mariage ! »

Et la dame, à ce mot *mariage,* eut un grand soupir de regret ! Cependant le baron contint sa joie, et ne perdit pas contenance ! Il présenta M. de Marbois à M. le notaire, à M. le maire, en lui disant :

« Voici nos deux grands électeurs. Ils ont bien des voix dans le pli de leur habit ; prenez-y garde ! »

Il présenta M. le curé de Saint-Aubin à Mme de Marbois.

« C'est un de mes meilleurs amis, madame ; il est de bon conseil, de bon exemple, et de la meilleure compagnie. »

Enfin, toutes ces présentations étant faites, un valet en habit noir ouvrit toutes grandes les deux portes de la salle à manger. La salle était splendide ; elle eût convenu, par toutes ses perfections, aux plus belles maisons du faubourg Saint-Germain. L'argenterie était de vieille date, et les cristaux brillaient de mille feux ; plusieurs sortes de vins remplissaient les carafes d'une couleur vermeille. On prit place, et la dame eut la place et la chaise à baldaquin destinées à l'évêque. En vain, elle voulut s'en défendre; il fallut s'asseoir. A sa droite était M. l'abbé, à sa gauche était assis M. le maire; entre le maire et le notaire, en habit du dimanche, on avait placé M. de Marbois, qui regrettait fort maintenant, au milieu de ces convives bien vêtus, de n'avoir pas tout au moins refait sa barbe et changé de linge. En dépit de sa belle figure, il avait l'air d'un pleutre, et maudissait tout bas son triste accoutrement. Vis-à-vis l'étrangère était assis (déjà même il trouvait que c'était un peu loin *d'elle*) le fermier des Bordes, sa tante à sa droite. Ainsi chacun, peu ou prou, fut à sa place, et le dîner, cuit à point, servi chaud dans ces plats d'argent, parmi ces belles fleurs fraîchement cueillies, et très-arrosé des grands crus et des bonnes années des châteaux de Bordeaux et de la Côte-d'Or, eut bientôt réjoui et mis à l'aise ces convives si divers, et si différents celui-ci de celui-là.

Après le premier silence éloquent d'un bon repas, dans une atmosphère heureuse, et sous un toit plein de lumières, une amicale conversation s'établit entre les convives, et, naturellement, le premier dont la voix bruyante se fit entendre à ces gens qui le connaissaient si peu, ce fut notre obstiné candidat, M. de Marbois. Ce n'était pas sans dessein qu'on l'avait placé entre le notaire et le maire, et tout de suite il posa crânement sa candidature.

« Oui, mon cher notaire, aussitôt que je représenterai le canton, je saurai empêcher la moindre atteinte aux droits des officiers ministériels; quant à vous, monsieur le maire, on vous donnera tout ce que vous voudrez pour vos écoles, pour vos secours mutuels, pour vos braves pompiers. J'ai l'oreille du préfet, et j'en fais ce que je veux. Pensez donc, monsieur le fermier des Bordes, si je viendrai à bout de combler ces ornières et de macadamiser ces tristes chemins. Pour vous, l'abbé.... »

Mais, à ce mot l'abbé, il y eut comme un frisson d'étonnement par toute la table. Il était entouré de déférence et de respect, cet abbé de Saint-Aubin; il était riche, et distribuait ses revenus à tous les pauvres; il était éloquent et parlait en sage; on le consultait de très-loin, à la ronde, et son conseil avait force de loi. Voilà pourquoi ce grand étonnement de tout le monde, et voilà ce que le malheureux candidat eut tort de ne pas comprendre. Il reprit donc, tout comme s'il n'eût pas été entendu :

« Oui, l'abbé, je n'oublierai pas votre église, vous aurez des tableaux pour toutes vos chapelles. »

A quoi M. l'abbé de Saint-Aubin répondit :

« Si c'est à moi que vous parlez, monsieur, je vous demanderai pardon de mon peu d'attention, mais tous ceux qui me connaissent, et même ceux qui ne me connaissent pas, me font l'honneur de m'appeler *monsieur* l'abbé. Je veux vous dire aussi que je tiens telle qu'elle est, à mon église, et que je serais bien fâché de la défigurer par quelques-uns de ces mauvais tableaux sans poésie et sans croyance, dont vos plus méchants peintres au rabais remplissent les greniers du ministère de l'intérieur. Non, non, monsieur le conseiller, pas de ces vains ornements, je vous prie, et je vous donnerai ma voix à ce prix-là. »

Il dit cela si bien, sa leçon était faite avec tant de bon goût, que chacun se prit à sourire ; et, le maire et le notaire, encouragés par un si rude appui, représentèrent à M. le candidat que le grand obstacle à ses désirs était de ne rien posséder dans le canton. C'était là vraiment une difficulté, à les entendre. A qui donc M. de Marbois ferait-il croire en effet qu'il avait un si grand intérêt à combler le vallon, abaisser la montagne, à changer en grands chemins ces sentiers misérables?

« Au contraire, ajoutait M. le maire, un château que vous achèteriez....

— Par exemple le château de la Fresnaye, et vous l'auriez pour cent vingt milles livres..., reprenait le notaire.

— A l'extrémité du département..., disait le maire.

— Et peut-être à l'endroit où doit passer le chemin de fer, » ajoutait le notaire, en vrais Normands l'un et l'autre, et se rejetant ce volant sur cette raquette. Ils riaient, ils se gaussaient, ils tâtaient, comme on dit, leur homme, et mons le candidat ne semblait pas très-éloigné de se laisser prendre à leur toile.

« Il n'y a rien de plus joli que la Fresnaye ! grand espace ! petit château ! Puis le ruisseau des Bordes qui traverse le parc.... des électeurs dévoués et bien pensants, » reprenait M. le maire.

Il pensa tout gâter, M. le maire, avec ses électeurs de mainmorte. Mme de Marbois, sitôt qu'elle eut compris qu'on riait de son mari, fronça son sourcil olympien, et son hôte, empressé à lui complaire, son hôte, qui lisait dans ses beaux yeux, donna bien vite à la conversation un autre cours.

« Non, non, messieurs, vous avez beau dire, la Fresnaye est un mauvais domaine, et d'ailleurs vous le vendez beaucoup trop cher ! Son seul bonheur, à mes yeux, c'est de tenir aux Bordes, par ce ruisseau qui traverse mon domaine.

— Eh bien, reprit la dame, achetons la Fresnaye.... »

Elle avait déjà oublié toute sa colère ! Elle se voyait déjà la voisine.... de son voisin. Mais celui-ci n'était pas homme à profiter de cet enthousiasme. Il parla de Paris, de ses fêtes, de ses plaisirs ; il raconta comment, après avoir fait la guerre et s'être un instant reposé dans la vie élégante, un beau jour, il avait renoncé à Satan, à ses pompes et à ses œuvres, et de soldat s'était fait fermier.

« C'est singulier, reprit M. de Marbois, qu'un homme intelligent et bien né tel que vous êtes (ici le maire et le notaire firent un grand salut en signe de remercîment), vive avec ces rustiques, et s'amuse à accomplir tous les ans, chaque mois, à la même heure, la même tâche ; quant à moi qui pourtant aspire à l'honneur de vous représenter, il me semble que, plutôt que de vivre ici, tout seul, à la suite des bœufs et des chevaux de labour, j'aimerais mieux être auditeur au conseil d'État, ou sous-préfet, ou de toute autre profession qui me donnerait l'espoir d'un avancement certain. Cette solitude est insupportable ; et pourquoi donc, s'il vous plaît, monsieur le baron, avant de vous enterrer tout vivant, ne vous êtes-vous pas marié ?

— Parce qu'on n'a pas voulu de moi, reprit M. de Fromont. J'avais rencontré dans le monde une aimable fille ; elle était belle à ravir, en sa jouvence ; elle valsait si bien, appuyée à mon épaule, et le lendemain de notre rencontre je fus la demander à sa mère ! Hélas ! elle ne m'avait pas même distingué dans la foule, elle ne savait pas de qui sa mère lui parlait. C'est ainsi que mon mariage a manqué ; voilà pourquoi je suis seul avec mes regrets, des regrets qui grandissent chaque jour, quand je pense à tant de grâce et de beauté. Je me demande aussi parfois à quel homme appartient cette aimable personne, et si elle n'est pas réduite à soupirer pour cette vie austère et prudente où je l'aurais conduite avec tant d'amour? »

Il disait tout cela très-bien, le fermier des Bordes, parce qu'il sentait qu'on l'écoutait avec toute faveur. Heureusement que l'abbé de Saint-Aubin, voyant la dame qui pâlissait et rougissait tout ensemble, pressentit je ne sais quel piége, et qu'en galant homme il détourna la conversation. Il ne s'était pas encore douté que son ami le fermier pût être à ce point romanesque; il se demandait quel mystère existait entre ce rustique et cette beauté du plus grand monde? Il voyait bien qu'ils se comprenaient à merveille; il lisait cela dans leurs regards, dans leur silence.

« Ah! se disait-il, voici l'heure où je dois me souvenir de mon ministère, et sauver cette âme qui se perd! »

Mais quoi, tout ce mystère échappait à son intelligence, et lui-même, il restait abîmé dans ses propres méditations!

Au dessert, tout d'un coup s'ouvrit la porte de la salle à manger, et les quatre enfants de la ferme arrivèrent, comme c'était leur coutume, en courant; sur le seuil, ils s'arrêtèrent, hésitant et cherchant à se reconnaître, étonnés de cette belle compagnie, et du maître en ce bel habit, surtout de la jeune dame ainsi parée, et toute semblable à quelque sainte, un jour de moisson.

« Qu'est-ce donc que toute cette marmaille? s'écria M. de Marbois, qui n'était pas en veine d'heureuses expressions, ce jour-là.

— Cette marmaille, reprit le baron, ce sont les enfants à mademoiselle ma tante; je vous présente ici, madame et messieurs, monseigneur Jean Sans-Terre et messire Guillaume le Bâtard, avec mademoiselle Margot des Champs, et mademoiselle Mimi des Noyers. A notre arrivée *en ces lieux*, nous avons trouvé tout ce petit monde en bien mauvais état; assez mal nourris par quatre ou cinq poules et la chèvre leur nourrice, ils faisaient peine à voir; ils étaient sans mère et sans pain, et la fièvre.... ils ont été sauvés par ma tante, et voilà monsieur Jean le paysan qui exhale une douce odeur de pommade à la vanille, et monsieur Guillaume, aux cheveux bouclés, bouclés par ma tante. Ah mon Dieu! que ça fera de rudes laboureurs dans quinze ans d'ici. Quant à mademoiselle Margot, celle-là est du moins une franche paysanne, une vraie Normande aux yeux bleus. Ça va déjà dans les champs fanant et récoltant et babillant, ça ne craint pas le hâle et le soleil. Quant à la petite Mimi, c'est une sensitive, une rêveuse, et ça fera tout au plus, quelque jour, une princesse des *Mille et une Nuits*. Voilà notre famille, et maintenant, ma paysanne et mes paysans, allez saluer la compagnie; on vous donnera pour votre peine des croquignoles et du vin de Bordeaux! »

A ces mots, Guillaume et Jean Sans-terre, en hontoyant, s'en furent saluer, tout d'abord, la belle dame. Ils la regardaient tout éblouis, et se laissèrent baiser sans mot dire. A son tour, Margot plus hardie :

« Ah! dit-elle à Mme de Marbois, que tu es belle! et, sans façon, elle se jette à ce cou charmant, cachant les perles de ce beau collier sous ses cheveux blonds.

— C'est vrai que tu es belle, reprit la petite Mimi, tu ressembles à l'image de la belle dame que notre maître aime à regarder si souvent.... »

Les enfants firent ainsi le tour de la table, et s'en revinrent au giron de leur mère adoptive. De son côté, la petite Mimi, prenant la main de l'abbé, très-ému, posa cette belle main sur sa tête bouclée, implorant une bénédiction muette, et tout de suite elle revint au fermier des Bordes, se glissant à la façon d'un jeune chien jusque sur ses genoux, où, sans dormir, elle ferma les yeux. Bref, ils étaient si gais, si charmants, si bruyants, si tendre était la petite Mimi, que même le maire et le notaire en furent tout charmés. M. de Marbois fut le seul qui ne s'aperçut pas de cette aimable présence; il ne fit guère attention qu'à la jeune servante qui avait amené les enfants. C'était une fille assez jolie et de modeste apparence, en un mot bien élevée. Elle avait pour emploi, de surveiller les enfants tout le jour, et les jours de fête de servir le café et les liqueurs. Comme elle emplissait la tasse à M. de Marbois, tout à coup la fillette poussa un grand cri, et se mit à trembler en rougissant. A ce cri de détresse, on eût vu le maître jeter sur son hôte un coup d'œil terrible, et Mme de Marbois repousser son fauteuil pour se lever de table.... Il y eut là un vrai moment d'angoisse.... la présence d'esprit de l'abbé de Saint-Aubin sauva tout.

« Maître Imbert, dit-il au notaire, qui ne se déconcerta pas, vous avez fait peur à Mlle Fanchon, avec vos plaisanteries, plus dignes d'un petit clerc, que d'un grave officier ministériel. De son côté, Fanchon a grand tort de pousser de pareils cris. Mais qu'y faire? elle est jeune, elle habite une maison sérieuse, elle est peu faite à ces façons d'agir, il faut lui pardonner son épouvante. Il est écrit d'ailleurs : « Tu ne désireras ni la femme, ni la servante de ton prochain, ni son âne, ni son bœuf. »

— A plus forte raison, la servante de ton hôte, reprit le baron; ton crime en serait plus grand, et t'exposerait à toutes les représailles. — Ce qui ne veut pas dire, seigneur Alceste, reprit l'abbé de

Saint-Aubin, qu'il y ait compensation entre la servante et la femme de son hôte, entre son âne et son bœuf. D'ailleurs, vous avez raison, l'hôte est chose sacrée, et celui-là commettrait une action mauvaise, une action honteuse, non pas seulement contre la loi chrétienne, mais contre les plus simples lois du monde et du galant homme, qui trahirait son hôte, et s'amuserait à le déshonorer, parce que cet hôte maladroit aura manqué à quelque formule, ou qu'il aura oublié un instant quelques-uns des devoirs de l'hospitalité.

— Mon cher abbé, reprit M. de Fromont, en remettant la petite Mimi aux mains de Fanchon, qui l'emporta, suivie des trois enfants et de la vieille tante qui les voulait coucher elle-même, après qu'ils auraient fait leur prière à genoux devant elle, je sais tout comme un autre les devoirs de l'hôte envers son hôte, et, Dieu m'aidant, j'espère n'y jamais manquer, mais à condition qu'on me rendra la pareille, et que de son côté, l'homme admis sous mon toit ne me trompera en aucune sorte. Auquel cas je me sentirais tout à fait dégagé envers lui. Œil pour œil, dent pour dent; la peine du talion, c'est notre règle, à nous autres les Africains. » Puis tout à coup, avec un aimable sourire : « Allons, dit-il, voilà bien des choses sérieuses pour un cri de Mlle Fanchon. »

A ces mots, il se leva pour offrir son bras à sa

belle hôtesse, mais l'abbé de Saint-Aubin l'avait devancé. Les uns et les autres, nous les suivrons, s'il vous plaît, au salon.

IX

Le salon était éclairé comme un salon parisien, un jour de réception solennelle; il était rempli de très-beaux meubles d'une forme ancienne, et tendu de damas vert sur lequel la *Flore* de Boucher, entre deux candélabres chargés de lumières, resplendissait de mille beautés. Dans cette œuvre élégante où le peintre heureux avait employé toutes les ressources de sa palette, on retrouvait facilement quelques-uns des caractères délicats, charmants de cette exquise beauté que quatre ou cinq années avaient développée en l'aimable personne de Mlle Anna de Pernon. C'était elle-même, à la fin d'avril, les bras nus, le sein peu voilé, ses beaux yeux tout remplis du feu mouillé de la vingtième année. Un sourire ingénu, une attitude au gré des plus difficiles, une robe à faire envie aux nuages, une rose à la main, une couronne de fleurs des champs. C'était vraiment une belle œuvre, et qui prenait une vérité inattendue, inespérée, à côté de cette aimable personne, heureuse de se savoir très-belle, et fière aussi de se savoir aimée. En vain le maitre de céans avait reconnu, tout haut, que c'était plus qu'un crime.... une honte, d'attenter à la sécurité de son hôte.... il apportait à cette affirmation des restrictions considérables, et la dame, en vraie fille d'Eve, avait au fond de l'âme un certain pressentiment que cette vertu farouche, et ce grand respect de l'hospitalité, si hautement proclamé, ne tiendrait guère contre le plus léger attentat, la plus légère perfidie. Ainsi elle était sûre, en son par-dedans, de sa conquête, ajoutons de sa vengeance. Elle comptait un peu sur la faiblesse de son amant; elle comptait beaucoup sur l'imprudence de son mari. Voyez donc comme elle avait raison ! Justement celui-ci, quand il eut bien regardé la *Flore*, et qu'il se fut rendu compte, en vrai connaisseur, du prix de cette belle toile, aborda sans vergogne une question brûlante, et tout de suite il demandait à M. de Fromont, à quel peintre il attribuait ce tableau ?

M. DE FROMONT.

Je me suis laissé dire, il y a longtemps, monsieur, que cette *Flore* était de Boucher, qu'il l'avait faite pour Mme de Pompadour, et qu'elle venait des salons de Marly. La gravure existe dans l'œuvre de Boucher. C'est un Boucher.

M. DE MARBOIS.

Je serais assez de votre avis, au premier abord; c'est bien là le *faire* et le *brio* de Boucher; mais avec un peu d'habitude et d'attention, un amateur reconnaîtra facilement que ceci est une façon de Boucher, une habile imitation de l'habile maître, et même une copie assez bien faite. J'opinerais volontiers, s'il me fallait nommer le vrai peintre de cette toile, qui est un trompe-l'œil à tout prendre, pour Deshayes, ou mieux encore, pour Baudouin, l'un et l'autre gendre et disciple de Boucher. Mais quelle différence, à tout prendre! Il était sans poésie et sans grâce et sec comme du bois, ce malheureux Baudouin. Bien qu'il eût quelque talent, témoin la toile que voici, le vice et le vin lui montaient à la tête, et souvent son tableau bien commencé finissait, comme on dit, en queue de poisson. Croyez-moi, à moins que ce ne soit un Deshayes, c'est tout au plus un Baudouin.

M. DE FROMONT.

Certes, monsieur, je vois que vous vous y connaissez mieux que moi, et vous pensez bien que, grâce à vous, me voilà quelque peu détaché de cette peinture à laquelle j'attachais un prix inestimable. Elle m'était chère, à bien des titres; j'y retrouvais confusément une beauté qui n'a pas son égale, à mes yeux. Vous venez, sans le vouloir, de m'ôter un grand enchantement.

M. DE MARBOIS.

Peuh! nous connaissons cela, nous autres amateurs de tableaux; déception! c'est le mot de notre énigme. Il n'y a pas longtemps, j'ai découvert que mon Rembrandt n'était qu'une contrefaçon, superbe il est vrai, mais je m'en suis délivré, en perdant les trois quarts du prix qu'il m'avait coûté.

La vente est une consolation. Un tableau vous trompe, on s'en venge, en le vendant. La plupart du temps on y perd, c'est vrai, mais à cette perte on gagne au moins l'oubli de la mauvaise affaire, et c'est avoir beaucoup gagné. Si donc vous vouliez vous défaire de ce Boucher.... de ce Baudouin veux-je dire, ou de ce Deshayes, on s'en accommoderait encore à douze ou quinze cents livres, qui vaudront toujours mieux dans votre ferme, que ce tableau d'un auteur incertain.

En ce moment, qui tournait au drame, un valet vint prévenir M. l'abbé de Saint-Aubin, que sa voiture était prête, et qu'il était temps de partir, s'il voulait arriver au presbytère avant minuit. Le maire et le notaire étaient déjà prêts, l'abbé de Saint-Aubin, prenant congé de ces dames, s'arrêta avec un demi-salut devant le futur conseiller général :

« Monsieur, lui dit-il d'une voix très-sérieuse, il ne me paraît pas jusqu'ici que vous ayez beaucoup suivi les conseils qui vous ont été donnés, écoutez cependant celui que je vous donne, en ami. Méfiez-vous de cette *Flore* de Boucher ou de Baudouin, n'y touchez pas, vous vous brûleriez les doigts. »

Il sortit, à ces mots, suivi de ses deux Normands, et notre candidat, les voyant partir, les accompagna jusqu'à leur voiture, afin de leur renouveler toutes les recommandations qu'il leur avait faites, relativement à sa candidature.

« Et n'oubliez pas, disait-il, que demain, à midi, je compte sur vous à la réunion préparatoire.

— Hâtons-nous, hâtons-nous ! » reprenait le curé de Saint-Aubin, qui voulait renvoyer ce malheureux à son poste, mais l'infortuné candidat avait toujours quelque chose à dire à ses électeurs. Les électeurs, de leur côté, ayant peu ou prou quelque objection à lui adresser.

Restés seuls un instant, M. de Fromont et Mme de Marbois éprouvèrent un grand trouble. Ils avaient tant de choses au fond de leur âme.... ils ne savaient par où commencer ! A la fin il se décida à lui dire que ce jour était le plus beau et le plus malheureux de sa vie. Il l'avait retrouvée enfin ! Ils s'étaient reconnus ! Elle s'était souvenue de leur première rencontre, et peut-être elle avait regretté que sa seconde mère eût répondu avec trop de hâte à sa proposition de mariage. Et maintenant qu'il était près d'elle, et qu'elle était sous son toit, le strict honneur lui défendait de lui dire à quel point il la trouvait belle et charmante !

« Ah ! malheureux, malheureux que je suis ! disait-il, je vous retrouve.... et je vous perds le même jour ! »

C'est ainsi que plus il trouvait d'obstacles à son amour, plus sa parole était vive. On n'avait jamais dit avec plus de tendresse à une jeune femme : Il m'est défendu de vous aimer et je vous aime. A ces non-sens si charmants qui ne voulaient rien dire, et qui disaient tant de choses, elle se prit à sourire, et d'un regard tendre et plein de promesses :

« Attendez, disait-elle, attendez, ne faisons pas de serments inutiles. J'espère avant peu que vous serez dégagé de tous les engagements que vous avez pris, au dessert. Mais vraiment, est-ce que vous céderez la *Flore* à mon mari ?

— Oui, dit-il, je la lui cède et de grand cœur s'il a le malheur de la vouloir, Dieu sait cependant que j'en aurai un éternel regret !

— Mais, reprit-elle, prenez garde, il se connaît en peinture, il sait le prix de votre tableau, il était à la vente, il l'a poussé jusqu'à douze mille francs ; il vous en offre aujourd'hui quinze cents !

— Tant mieux, madame ; ah ! tant mieux, s'écria M. de Fromont ; il sait donc le prix réel de ma *Flore*; il sait le prix que j'attache à sa possession ; il veut me dépouiller de tout ce que j'aime, il commet justement l'attentat qui me délie, et me rend toute ma liberté. »

Voilà comme il parlait, plein d'espérance, et déjà consolé de son attentat prochain.... tant l'amour est un grand sophiste, ami du paradoxe, et plus puissant que ce vulgaire honneur, auquel obéissent les plus honnêtes gens, aussi longtemps que leur passion n'est pas en jeu.

Sur l'entrefaite, et si content de lui-même, revint au salon M. de Marbois, de son pas d'échassier; il était plein d'espérance. Il avait convaincu le maire, le notaire et le curé ; donc le lendemain serait pour lui un vrai triomphe, avant-coureur du triomphe définitif. Puis, avec l'obstination de l'avare et du curieux, il s'en reprit à la *Flore*, en la dépréciant de plus belle.

« A coup sûr, elle gagnait beaucoup à la lumière, elle devait perdre au soleil ; sa jambe était trop longue, et ses bras étaient trop courts. Et maintenant que je la vois mieux, je suis bien fâché, mon cher hôte, de vous en avoir offert douze cents francs. C'est mille francs que je voulais dire, et encore ! enfin je n'ai qu'une parole.... »

En ce moment, le fermier des Bordes sentit une petite main qui pressait la sienne....

« Ah! dit-il, douze cents francs, c'est bien peu !

— Non, non, reprit notre candidat, j'ai dit mille francs, mille francs, c'est assez ! »

Puis il montait sur une chaise afin de mieux voir *son* tableau.... La dame alors, tournant la tête vers son amant, avec un doux sourire..., leurs lèvres se rencontrèrent pour la seconde fois.

Le lendemain, Mme de Marbois eut sa migraine ; elle resta aux Bordes, avec la tante et les enfants qui l'accablaient de leurs caresses. Seule, attristée et boudeuse en son coin, la petite Mimi se tint à l'écart de la triomphante beauté. On voulut, mais en vain, atteler ses deux chevaux au carrosse de M. de Marbois, les chevaux étaient fourbus, le carrosse était brisé. Le fermier des Bordes fit atteler son char à bancs et conduisit lui-même à la réunion préparatoire son hôte enjoué, content de lui-même et plein d'un juste orgueil.

Autant M. de Marbois était jovial, autant son hôte était sérieux ; le premier débordait de joie, on eût dit que l'autre avait un remords.

« Cher monsieur, s'écria tout à coup M. de Marbois, après y avoir songé toute la nuit, m'est avis que je ferais bien d'acheter la Fresnaye, elle me donne un pied dans le département, elle me donne une réponse aux objections que l'on va me faire ; enfin, c'est aussi l'avis de Mme de Marbois.... qu'en dites-vous ?

— Monsieur, répondit M. de Fromont, le revendeur de cette terre de la Fresnaye, a de grandes prétentions, au prix qu'il en demande....

— Oui-da! s'écria M. de Marbois, cent vingt mille livres, c'est le mot du notaire.... on l'aura pour cent mille.

— A cent mille, on peut se tirer d'affaire et.... tout au plus.

—Vous avez raison, reprit M. de Marbois, si vous commenciez par en offrir soixante mille?

— A ce prix l'affaire est bonne.... et je crois que vous l'aurez! »

Sur ce propos, ils arrivèrent à l'hôtel de ville où se réunissaient les électeurs. Le premier qui leur tendit la main fut justement le notaire, et nous devons dire qu'il eut un soubresaut à la brusque offrande que lui fit le candidat de ces soixante mille livres, la moitié du prix de cette terre.... cependant, à je ne sais quel signe cabalistique du fermier des Bordes, M. le notaire se ravisant soudain :

« Va donc, dit-il, à demi-voix, pour soixante mille livres! La Fresnaye en vaut le double, et vous pouvez vous vanter, monsieur, que vous l'avez pour un morceau de pain. »

La chose étant conclue, il n'y eut plus que louanges, adoption, applaudissements unanimes pour le trop heureux M. de Marbois. Il parla comme eût parlé M. Royer-Collard en pareille occurrence;

un tas de prospérités sortaient de sa bouche éloquente ; il ne parlait que de liberté !

« Vous êtes à tout jamais notre représentant, puisque vous avez la Fresnaye et nos suffrages ! » s'écriaient ces dignes Normands.

Puis ils le ramenèrent en grand triomphe, au seuil de sa maison.

Là, il retrouva le maire et le curé, et tout de suite il leur raconta le petit prix de la Fresnaye, et comment il avait rencontré, chemin faisant, un électeur qui lui offrait déjà vingt mille francs de bénéfice.

« Soixante mille francs ! disait le maire ! Il faut, monsieur, que vous soyez né sous une heureuse étoile, et voilà des marchés comme on en fait peu !

—Et la *Flore ?* ajouta l'abbé de Saint-Aubin, peut-on, sans être indiscret, en demander des nouvelles à monsieur de Marbois ?

— La *Flore !* elle est à moi, pour mille francs, s'écriait M. de Marbois. Mille francs ! Je ne la donnerais pas pour vingt mille. Ah ! ces paysans ! ils s'y connaissent si peu.

— Monsieur, reprit l'abbé, vous avez des bons marchés bien effrayants. La Flore à mille francs, la Fresnaye à soixante, et le conseil général par-dessus le marché.

— M'est avis, murmura M. le maire avec un

petit clin d'œil à la normande, qui ne disait rien de bon, que monsieur ferait bien pour conjurer le mauvais œil de jeter sa bague aux poissons de la Fresnaye.

— A quoi bon? reprit l'abbé de Saint-Aubin; les tanches de la Fresnaye et les carpes des Bordes s'entendraient pour rapporter sa bague à monsieur. »

LES HARPAGONS

LES HARPAGONS.

I

Les diverses révolutions dont se glorifie aujourd'hui la ville de Paris, ont déjà causé d'innombrables revirements dans la fortune publique, et dans la fortune des habitants de la bonne ville. En moins de temps que je n'en mets à le dire, on a vu de très-honnêtes gens passer de la condition la plus humble à la plus grande richesse, et ne s'en guère étonner, tant ce continuel va-et-vient de la terre et de l'argent est devenu la comédie et le drame de tous les jours !

Tel vieillard, depuis sa naissance, habitant un bouge enfumé, un jardin de vingt pieds carrés entouré de quatre murailles, a trouvé, à son réveil, que sa masure était devenue un palais, de la veille au lendemain ; son petit jardin, où moisissaient une demi-douzaine de peupliers, sur les bords désolés d'une crapaudière, était désormais le digne voisin du jardin des Tuileries ; un seul mètre était compté beaucoup plus que, la veille, la maison tout entière. Un exemple entre tous, vous expliquera cette espèce de révolution toute nouvelle parmi nous : ceci se passait peu de temps après la publication de *Notre-Dame de Paris :*

Au moment où la démolition de Paris, ce poëme étincelant de toutes les terreurs, de toutes les misères de la *nécessité* implacable, remplissait toutes les âmes d'attention, de curiosité et de sympathie, un triste écriteau annonçait aux passants, dans ces quartiers misérables, que la tour de Saint-Jacques-la-Boucherie était à vendre, et plusieurs amis de M. Victor Hugo lui portèrent, en toute hâte, une si grande nouvelle :

« Achetez, lui disaient-ils, ce fragment du vieux Paris que vous venez de ressusciter par la volonté toute-puissante de votre génie. A vous, mieux qu'à personne, un tel débris convient, tout rempli de souvenirs. Pascal, et bien avant Pascal, les sorciers du moyen âge ont habité ces murailles massives ; elles sont remplies de sorcellerie et de divination. De ces hauteurs où les vieux corbeaux mêlent, sans les confondre, leurs générations centenaires aux corbeaux de Notre-Dame de Paris, le tocsin a sonné plus d'une fois pour appeler aux armes nos pères, les Gaulois et les Francs. Ces murailles portent à leur fronton sublime le mot qui vous charme entre tous : « Mystère! » Or, vous savez découvrir le mystère, et c'est un don précieux de votre intelligence. Pèlerin, achetez la tour Saint-Jacques ; sorcier, endormez vos songes sous les voûtes de Nicolas Flamel; ami des astres, montez aux lieux même où montait Pascal, pour savoir la pesanteur de l'air. »

Tels étaient les discours et les conseils, mais le poëte, ami des ruines, était aussi l'ami du soleil; il avait une jeune femme et de petits enfants jaseurs, qui ne se seraient pas contentés d'un brin d'herbe à disputer aux oiseaux de la nuit. Quel blasphème, ô ciel! installer ces deux fillettes souriantes dans la demeure aérienne de la chouette et du hibou! A ces causes, et sans trop se soucier du démenti qu'il donnait à son poëme, il resta calme et paisible en son petit jardin du Luxembourg. Il voulait bien célébrer ces vieilles murailles, et jeter sur ces ruines un pli de son manteau de prophète, à condition que lui et les siens resteraient blottis bourgeoisement dans une maison riante, et dans un jardin verdoyant, où tout chante, où tout bourdonne, et pépie et rossignolle à l'avenant. Aux corbeaux funèbres de Notre-Dame et de la tour Saint-Jacques, il préférait, pour son charme et son plaisir, la fauvette à tête noire. C'est beau, la splendeur gothique.... et c'est charmant, l'art moderne! Et voilà comment il laissa inacheté, à son propriétaire au désespoir, ce clocher silencieux.

Voici pourtant, par cette suite infinie de changements universels, de démolitions, de constructions et de tant de révolutions dont nous parlions tout à l'heure, que cette ruine, au milieu de ruelles sauvages, étouffée, ou peu s'en faut, par des masures sans nom, la tête au sommet des nuées et les pieds dans la fange, la tour *Saint-Jacques-la-Boucherie*, une abomination de la désolation, exhalant je ne sais quelle odeur de cercueil et de corbeau.... la voilà ressuscitée! Un coup de baguette, et soudain tombent les murailles d'alentour, disparaissent ces maisons pleines de terreurs; les antres et les bouges rentrent dans les abîmes de quatre ou cinq siècles, et la voilà rendue au séjour des vivants, cette ruine dont le poëte ne voulait plus.

Elle eût fait pour sa fortune, autant qu'elle avait fait pour sa gloire. Aujourd'hui dans le ciel réjoui, la tour Saint-Jacques a retrouvé ses dieux et ses héros, ses blasons et ses emblèmes, ses arêtes et ses blancheurs. Le chaume devient or, la fange est un jardin; le suintement est une fontaine; où coassaient les corbeaux insatiables, nichent là-haut les hirondelles, contentes d'un insecte.

En ce moment, si tu l'avais voulu, si tu avais eu plus de foi dans les œuvres par toi sauvées, tu te promènerais sur ton donjon, ami poëte, et saluant à ta droite la cathédrale, objet glorieux de ton cantique, et contemplant à ta gauche l'Arc-de-Triomphe, où ton ode, armée du poinçon de diamant, a gravé le nom du général qui fut ton père.

Elle serait toute une fortune aujourd'hui, cette tour Saint-Jacques, qui fut proposée à Victor Hugo pour quelques louis d'or!

II

C'est ainsi que les romanciers de chaque siècle ont à leur ordre, et pour dénouer le nœud de leur fable une surprise, un coup de théâtre, une machine à leur usage; un nœud gordien tout particulier, qu'ils font et défont d'une façon qui leur est toute personnelle. Tantôt la conquête, et tantôt l'invasion; tantôt la croisade, et tantôt l'autorité de Rome; un peu plus tard, le nouveau monde à peine découvert, ou plus simplement encore, un banquier nommé Law, deviennent autant d'explications acceptées de ces fortunes soudaines dont la comédie et le roman ont souvent grand besoin pour marier une fillette ou tirer d'affaire un brave homme. Plus tard encore, la révolution française, abaissant les superbes, élevant ce qui gémissait au fond des abîmes, apportait mille imprévus dénoûments à l'action dramatique, à la curiosité de l'histoire, à l'intérêt du roman. Aujourd'hui, que nous n'avons plus les oncles d'Amérique et les biens nationaux pour enrichir nos héros en vingt-quatre heures, nous avons les terrains à bâtir, les emplacements traversés par les voies nouvelles, les morceaux de gazon dont l'annexion s'empare, en les faisant passer.... de rien, à tout !

Tel sera, s'il vous plaît, le sujet du présent récit; nous en avertissons le lecteur, d'abord pour ne pas le prendre en traîtrise, et parce que enfin, le sachant averti, nous voilà forcés de remplacer, par la grâce et l'esprit du détail, ce qui va nous manquer du côté de la surprise et de l'invention.

III

Dans la région *annexée*, en un coin de cette étrange et nouvelle Cité, qui n'est plus, tant s'en faut, la libre campagne et qui n'est pas la ville encore, existait, avant 1848, un grand espace appelé la Folie-Armont, du nom de l'ancien propriétaire, qui avait planté dans ces terrains ingrats, des hêtres, des charmes et des tilleuls mal venus, autour d'une pièce d'eau où barbotaient deux cygnes mêlés aux canards domestiques, non loin du tombeau de quelque Héloïse imaginaire, et des remparts renversés d'une antique Salente, empruntée au *Télémaque* de M. de Fénelon. Je ne sais pas si c'était *fou* tout cela, mais c'était bête ; on y cueillait la noisette en automne, et la violette au mois de mai, l'ennui en tout temps. La maison, mal bâtie, était plus naturellement une ruine que tout le reste, et dans la *fabrique* anglaise, à peine si l'on entendait le chant mélancolique de quelques poulets déplumés.

Cette *folie* était contenue entre quatre murailles : trop vaste pour une habitation ordinaire, elle eût fait une triste maison des champs. Cette étrange machine à surprise, où se retrouvait à chaque ortie, à chaque buisson, le bon goût de quelque Ouvrard subalterne, enrichi clandestinement à la suite de nos armées, s'était vendue, il y avait déjà une trentaine d'années, aux criées publiques, pour un peu moins de quatre-vingt mille livres ; dix ans plus tard elle s'était donnée pour soixante ; à l'heure où commence enfin notre histoire, on ne l'estimait guère, dans tout le canton, qu'au prix de vingt sous le mètre, à savoir quarante mille mètres de chardons, de mousse et lichen de murailles moisies et d'eau croupissante. Ce beau domaine appartenait au baron d'Avrecourt, général de cavalerie, et retiré du service depuis la révolution de juillet.

Ce baron d'Avrecourt n'avait rien, sinon sa rosette militaire, qui le fît distinguer des autres hommes; il avait ses heures de bonhomie et ses heures de finesse; il était tour à tour un rustre et le plus poli du monde; il saluait en gentilhomme et se fâchait comme un manant. En ses colères, il vous eût tué d'un coup d'épée ou d'un coup de poing, à son choix. Bien qu'il ne fût plus jeune, et depuis longtemps, il était ce qu'on appelle « un dur à cuire! » un : *qui s'y frotte s'y pique*, et même il n'était pas nécessaire de l'approcher, pour sentir les rudes aspérités de cette nature hautaine et de cet esprit habitué à commander. Au demeurant, un brave homme, aussitôt que rien ne l'inquiète ou ne le gêne, et qu'on fait place et silence autour de lui. Sa femme (il était veuf) avait été de son vivant, fière jusqu'à l'insolence. En revanche, il y avait dans cette maison, une fille à demi majeure, et toute charmante. Elle était pâle et blonde, et languissante.... Une sensitive! Un rien la faisait pâlir et rougir tout ensemble. Autant son visage était doux, autant ses yeux étaient durs, si par hasard elle oubliait d'en amortir l'expression presque sauvage. Un corps frêle, une grande volonté, beaucoup d'ironie et de bon sens. Enjouée et prudente, elle mentait souvent, même en disant vrai; coquette au degré suprême, elle rencontrait des naïvetés qui la faisaient adorer. Elle était avare et dépensière ; elle était ambitieuse avec des formes très-modestes. Si son rire était doux, sa repartie était implacable.

Ah ! le joli monstre ! Elle était patiente.... Ah! le monstre dangereux !

IV

Le général d'Avrecourt, qui était non moins avare et non moins ambitieux que sa fille (avec moins de persévérance), avait acheté la Folie-Armont dans l'espoir d'une spéculation prochaine qui ne s'était pas réalisée ; après avoir, pendant dix ans, célébré la vie heureuse à la campagne, les bonheurs du silence et de la méditation, et cultivé *ses champs* en véritable soldat laboureur, il avait fini par trouver que son attente était vaine, et cherché, coûte que coûte, un acquéreur de ce domaine improductif. Mais la place était mauvaise encore, les constructeurs et les spéculateurs en terrains ne voyant aucun jour à revendre en détail ce jardin enclavé de toutes parts. — Bref, la Folie-Armont, qui ne menait à rien, semblait condamnée à l'solement perpétuel, pendant qu'à l'autre extrémité de la même banlieue, se faisaient pressentir trois ou quatre projets, plus plausibles celui-ci que celui-là, de places, de rues nouvelles, de squares et de boulevards.

A la fin, quand il eut bien cherché, et qu'il eut été maintes fois, marchandé sans résultat, le général d'Avrecourt rencontra un acquéreur timide, il est vrai, mais sérieux. C'était un habitant de cette même banlieue, à demi citadin et rustique à demi, qui vivotait dans ces régions perdues sans trop d'inquiétudes, attendu qu'il vivait de très-peu de chose. Il était arrivé, très-jeune et très-pauvre, à cette extrémité de la grande ville, où il s'était marié avec une fille du pays, qui lui avait apporté en dot certaines pâtures, louées à des faiseurs de lait, de fromages et de primeurs. Comme ils étaient mariés sous le régime dotal, M. Henry Pagon (c'était le nom de notre homme) et son épouse avaient gardé ces propriétés qui les aidaient à vivre, et, pour le reste, ils redoublaient, la femme d'économie, et le mari d'activité. Henry Pagon prêta d'abord, au petit commerce d'alentour, quelque argent que luimême il avait emprunté ; plus tard, il prêta son propre argent. Sur l'entrefaite, un accident, heureux pour lui, avait fait que les fortifications traversaient *ses propriétés*, et sa fortune en fut triplée. En même temps, cet heureux exproprié venait de comprendre à quelle destinée était réservée cette herbe sans emploi dont la ville était entourée.

« A coup sûr, se disait-il, tous les dix ans la ville augmente, et maintenant que la voilà bornée à ces fossés qui m'ont enrichi, il faudra bien que jusqu'à nous elle monte; or, si seulement tous les dix ans mes terrains doublent de valeur, au bout de trente ans je suis riche. » Il se disait cela tout bas à soi-même, redoublant de prudence, achetant çà et là des languettes de terrain à bon marché, jetant des jalons pour sa ville à venir. Trop heureux si maître Henry Pagon n'eût pas démasqué sa batterie, et s'il fût resté un acquéreur modeste, inconnu, presque anonyme, éparpillant ses petites économies dans les endroits qui semblaient les plus inaccessibles au genre humain parisien !

L'imprévu a toujours joué un rôle immense en ces spéculations pleines de songes et de mensonges. Le spéculateur sur ces parcelles inaperçues est un joueur jetant çà et là, sur des chiffres, un peu d'argent; un seul chiffre, en sortant de la roulette, a souvent amené trente-six fois la somme hasardée. Ainsi de la terre à bâtir. Il n'est si petit fragment qui ne puisse, en un temps donné, devenir tout une richesse; un bout de champ, un sentier, le gazon sur lequel broute une chèvre, en voilà assez pour entrer d'emblée au conseil des prud'hommes. Notez bien que Henry Pagon, l'acheteur et le revendeur de terrain, restait toujours le prêteur à la petite semaine. On ne disait pas positivement, dans le pays, qu'il fût un usurier, mais il était assez approchant de l'usure.... On convenait généralement qu'il ne dépassait le taux du commerce, mais l'on ajoutait qu'il était impitoyable, et qu'il faisait payer cher les billets renouvelés. Du reste, il était rangé, bon père et bon mari, bon voisin, et faisant l'aumône assez volontiers. Il n'était pas dur, il était strict; il 'tait aimé de sa femme, honoré de sa fille, et c'est tout au plus, si les gens qui avaient affaire à lui, se plaignaient de ses duretés.

Son grand malheur lui vint justement de cette Folie-Armont, qui avait été déjà une vraie pierre d'achoppement pour tous ses anciens propriétaires, à commencer par le munitionnaire général qui l'avait fait bâtir. Cet homme ayant triché, la veille d'une bataille, tout un corps d'armée à qui l'empereur accordait vingt mille bouteilles de vin.... une bouteille par soldat, fut convaincu d'avoir supprimé le vin, condamné et fusillé. Comme il allait au supplice, il pensait que si sa petite tricherie eût réussi, il eût ajouté un pont rustique aux *Folies* de la Folie-Armont. Le second acquéreur de cette *Folie extra muros* s'était ruiné pour avoir établi, dans ce lieu de plaisance, un bal champêtre où les coquettes et les beaux messieurs de la ville avaient refusé de mettre le pied. Le troisième acquéreur était justement le commandant d'Avrecourt, trop hâté de doubler son argent, et qui s'estimait un homme heureux de rencontrer M. Henry Pagon pour le délivrer de son importune acquisition. Donc, après de longues hésitations pour et contre, la Folie-Armont fut vendue un peu moins cher qu'elle n'avait été achetée, et l'acquéreur et le marchand se séparèrent, celui-ci peu content d'avoir vendu, et celui-là assez peu content d'avoir acheté.

On a vu souvent, dans Paris même, plus d'un mariage accompli sous de pareilles conditions. — « Au fait, se dit le mari, j'aurais mieux fait d'attendre. — Euh ? se dit la jeune femme, on a vu de meilleurs maris que celui-là ! Les maladroits ! »

L'un et l'autre, ils ont de justes motifs pour n'être pas contents.

V

Quand il rentra dans sa maison de Paris, ses terrains étant vendus et le marché accompli, le général d'Avrecourt était d'une humeur massacrante. Il disait qu'il était la dupe *de son bon cœur*, que M. Henry Pagon avait fait un marché d'or, et qu'il ne se consolerait jamais, cette fois encore, d'avoir été si facile en affaire. Au même instant, le nouvel acquéreur de ce terrain voué à tant de disputes, entrait sur son terrain par le plus long sentier, et voyant cette désolation, ces chemins non pavés, ces fossés dégradés, cette incurie et ces masures, plus semblables à des huttes de sauvages qu'à des maisons, il se disait qu'il venait de faire, lui aussi, une folie, et qu'avant un siècle il n'y aurait pas de civilisation assez puissante pour combler ces abîmes de poussière en été, de boue en hiver. « Que deviendrai-je, se disait-il, pour peu que ces quarante mille mètres de terrain me restent encore dix ans sur les bras? Comment retrouver cette somme énorme, à laquelle il faut ajouter les frais d'achat, d'impôt et d'entretien? » Telles étaient ses réflexions, lorsqu'en passant sur la place de la Mairie, il rencontra justement l'employé aux naissances, qui était un de ses amis.

« Que me donnerez-vous, lui dit celui-ci pour une assez bonne nouvelle, en supposant que vous ayez acheté, comme on le dit, la Folie-Armont?

— Ma foi, dit l'acquéreur, une bonne nouvelle à propos de mes terrains serait la bienvenue, et je n'y regarderais pas à offrir au nouvelliste un coup de bon vin.

— Tôpe-là! dit l'autre. En même temps, il montrait à M. Henry Pagon l'avis de M. le maire, annonçant à messieurs ses administrés que, par ordonnance de M. le préfet, sur l'avis conforme de son conseil municipal, la « butte aux Cailles » allait disparaître, et serait remplacée par une église, à laquelle on arriverait par quatre rues tracées sur le projet, lequel projet resterait exposé pendant huit jours dans la salle de la mairie, afin que chaque intéressé en prît connaissance. Après avoir lu et relu le présent avis, Henry Pagon avec un sourire :

« Ami fortuné, dit-il au secrétaire de la mairie, il faudra venir tantôt dîner avec nous, vous serez le bienvenu. » Puis il rentra dans sa maison, plus considérable et léger qu'il n'en était sorti.

Cette *butte aux Cailles*, qui allait disparaître enfin, séparait en deux parties inégales ce village à qui l'adjonction devait donner plus tard une si grande importance. Or justement, la butte aux Cailles servait de limite à la Folie-Armont, et la limite semblait infranchissable. Otez la butte, en même temps vous ouvrez la voie large et facile aux terrains d'alentour, vous les unissez à la ville, du côté même où la ville était inabordable, et si désormais quelque avantage appartient à l'un des deux points de cette banlieue, il appartiendra à la part la plus voisine de la nouvelle église et des rues projetées. Ce projet était toute une révolution pour ces terres déshéritées, et tout de suite, en moins de vingt-quatre heures, ce mètre, acheté vingt sous, valait, pour le moins deux pistoles. Malgré tout son sang-froid en affaire, Henry Pagon fut ébloui de celle qu'il avait faite, et, moins prudent que d'habitude, il disposa son vaste jardin de façon à attirer, voire à séduire les acquéreurs à venir.

Donc voilà notre homme amoureux de sa tâche, et, toute affaire cessante, il ne songe plus qu'à tirer de son nouveau terrain tout le parti possible. Il renverse, à grand renfort de travailleurs, les murailles, la maison, l'écurie et le chenil.... toute la *Folie*. Il ne respecte ni les ruines, ni les arbres, ni les statues; il nivelle, il arrache, il comble, il trace au cordeau la cité nouvelle. Il fait plus : pour n'être pas au dépourvu quand la butte aux Cailles aura disparu, quand la ville aura tracé, éclairé et pavé son sentier, notre homme élève, en avancement d'hoirie, aux quatre coins de sa cité, sur les plus beaux emplacements, quatre maisons en belle pierre meulière, laissant à la spéculation tout un vaste espace, où les plus beaux hôtels trouveront place, entourés d'une grille et d'un trottoir. Pensez donc si chacun félicitait cet heureux possesseur de ces quarante mille mètres qui semblaient transportés tout d'un coup, par la baguette de la fée, aux plus beaux emplacements de la ville de Paris! C'était à qui dirait la gloire et chanterait le cantique de maître Henry Pagon. Tout son voisinage était dans l'extase et ne jurait que par son génie.

Il avait tout deviné, prévu, compris; il était, par excellence, un habile, un sage, un prévoyant; sans compter que Mme et Mlle Pagon, de cette louange et de cette fortune, avaient leur part.

Mlle Henriette Pagon venait d'avoir *ses* dix-huit ans, mais elle n'en montrait guère plus de dix-sept; elle était tout à fait une ingénue, ignorante de toutes les choses de la vie, et ne connaissait rien de plus beau, dans ce petit coin du monde où le sort l'avait fait naître, que ces arbres, ces jardins, ces gazons dévastés par son père. Enfant, elle avait fait de la Folie-Armont son école buissonnière, et, toute petite, elle se glissait par une brèche de la muraille, attentive aux moindres accidents de ce terrain plein de caprices. Ces fausses ruines imposaient à ce jeune esprit autant de vénération que les ruines de Ninive ou de Memphis. Dans son enfance elle prenait au sérieux tous les mensonges de ce *jardin anglais*. A ce tombeau vide, où la mort était une fantaisie, elle s'agenouillait pieusement, en disant des prières pour ce mort qui n'avait jamais vécu; elle suivait, toute pensive, les bords de ce canal, où les ruines faisaient entendre un cri lugubre; elle avait peur des fantômes de la tourelle, et des revenants du château. Seule, elle déplora la dévastation de cette enceinte. En vain les flatteurs (tout le monde en a) lui disaient que désormais elle était riche, et déjà les grands partis se proposaient pour cette héritière que pas un épouseur ne regardait la veille encore, elle était restée une artiste ignorée ! Elle n'avait rien vū que le Louvre ! Elle n'avait rien étudié que ses chefs-d'œuvre et les maîtres anciens ; à douze ans, sa mère l'avait conduite à l'atelier de Paul Delaroche ; à quinze ans, elle avait pris les leçons d'Ary Scheffer. Elle savait peindre et dessiner à l'heure où les rapins charbonnent les murailles. Elle était modeste et sérieuse, et cachée. De son entourage, elle ne connaissait que deux ou trois garçons pour les avoir rencontrés allant et venant de la cour dans la rue, et de l'église à la danse, et, laborieuse, elle travaillait toujours. Figurez-vous la fleur des champs dans le coin de la muraille où le vent la touche à peine en passant.

Pendant que florissait dans ses rues, dans ses places, dans ses jardins, entre ses quatre rangées de grilles, d'asphaltes et de pierres de liais, dignes soutènements des parapets de sa villa, M. Henry Pagon ; pendant qu'il explique à ses architectes, le futur emplacement de ses places, de ses fontaines, de ses plantations ; pendant que tout rit et prospère autour de cet homme heureux et bientôt riche, on ne saurait dépeindre et concevoir la douleur, la honte et le désespoir jusqu'à la rage de M. le général d'Avrecourt d'avoir pris l'ombre, et laissé la proie. Un voyage qu'il avait fait avec sa fille et sa femme, dans une terre qu'il possédait au fond de la Touraine, avait empêché le malheureux général d'être au courant des grandes révolutions dont son ancien jardin était le théâtre, et lorsqu'au bout d'une année il revint à Paris, et que passant, par hasard, dans cette banlieue où il avait fait tant de rêves inutiles, il ne trouva plus la butte et les fossés bourbeux, mais au contraire une ville habilement tracée et des rues au cordeau, un emplacement immense, un million de plus-value, il pensa en suffoquer de désespoir et de rage.

« Ah! disait-il, malédiction sur ce Pagon maudit! Je le disais bien que c'était un traître, et qu'il me volait ma fortune! Il savait, le brigand, la valeur de ces terrains que je lui ai cédés pour un morceau de pain. Le voilà riche, me voilà pauvre ; il va rouler en carrosse, et, dépouillé par lui, je suis forcé de vendre ma berline. De toutes parts, les grands avocats, les grands médecins, les jeunes seigneurs, les riches héritiers, demanderont la main d'Henriette Pagon, dédaigneux de Mlle Aglaé d'Avrecourt.... » Telle était sa rage en revenant de cette excursion lamentable. En même temps, il rentrait en son logis avec le bruit de la tempête, et trouvant dans le salon le jeune vicomte André, qui faisait la cour à sa fille :

« Ah pardon! disait-il, monsieur mon neveu, vous nous la donnez belle avec vos façons élégantes et votre bouquet de chèvrefeuille. Il s'agit bien de Mlle Aglaé! Allez-vous-en, croyez-moi, chez la demoiselle Henriette Pagon. Elle est riche, elle a déjà quarante mille mètres à vingt francs le mètre, et même plus. Elle a déjà quatre maisons, construites aux quatre angles de la cité Pagon. Imbécile et malheureux que je suis! J'avais tout cela, je l'ai vendu. Si j'avais attendu vingt-quatre heures, j'aurais le revenu d'un maréchal de France. Oui-da, tu me le payeras, misérable Henry Pagon!...» Bref, sa fureur était extrême; il se levait, il s'asseyait, il s'agitait dans ce salon, où sa fille, étendue à demi sur une bergère, regardait ce maniaque avec une curiosité qui n'avait rien de filial.

« Prenez donc garde, dit-elle à son père, vous allez déchirer mes volants, et vous ne m'avez pas faite assez riche pour m'en acheter tous les jours. C'est bon pour Henriette Pagon. »

Elle disait cela demi-souriante, à demi fâchée, avec un dédain suprême, en regardant les ongles de ses deux mains rosées. A peine une légère rougeur, d'un regret bien naturel, avait monté à sa joue.... Un coup d'œil jeté sur son miroir la rassura bien vite. Au fait, deux beaux yeux comme ceux-là, tout remplis de flamme bleue, valaient bien les quarante mille mètres de Henriette Pagon!

Le vicomte André, notre héros, car nous n'avons

pas la prétention que tous les acteurs de ce petit drame aient l'allure des héros, était, au commencement de ce très-simple et très-véridique récit, ce que les gens du beau monde appellent un homme à la mode, et ce qu'un poëte ingénieux de notre temps appelle : *Un jeune homme qui ne fait rien.*

Il était fils de bonne mère et bon gentilhomme. A vingt-huit ou vingt-neuf ans qu'il pouvait avoir, le vicomte André avait acquis plusieurs sciences futiles et sérieuses, qui ne se rencontrent guère dans le même esprit. Il était bon cavalier, docteur en droit, amateur de tableaux, versé dans l'histoire; il aimait les vieux livres et les jeunes femmes. Chose rare! Il recherchait la bonne compagnie; il s'y plaisait, et n'en savait pas d'autre. On le citait, dans les meilleurs salons de la ville, pour l'élégance de son style et de ses habits. Il n'était pas nonchalant à tenir une épée, il n'était pas malhabile à rimer une élégie, à tourner un couplet de chanson. Volontiers il jouait à tous les jeux; à tous les jeux il défendait son argent, sa bonne renommée et sa gaieté. S'il était riche ou pauvre? on ne s'en inquiétait guère, et lui-même il ne comptait pas le fond de sa bourse. Il avait toutefois le grand art de trouver toujours un peu plus d'argent qu'il n'en avait besoin. Il gagnait tous ses paris; il n'eût jamais changé son cheval borgne contre un cheval aveugle, et le *Molière* original de 1675, contre le *Molière* de 1735, orné des gravures de Boucher.

C'était un homme heureux non moins qu'habile : il était discret dans ses bonnes fortunes, il respectait les femmes qu'il aimait, il honorait les femmes qu'il avait aimées ; aux subalternes, il eût volontiers jeté sa bourse, comme on fait dans les comédies ; enfin, tout oisif que le voilà, le jeune homme était tout disposé à adopter quelque honnête et grande profession dans les hauts grades. Lui parlait-on de l'armée ? il répondait : « Faites-moi colonel ; » de la magistrature ? « Oui, disait-il, pourvu que je sois avocat général ; » diplomate ? il voulait être ambassadeur à Londres ou à Pétersbourg, pour commencer. Notez bien que ce n'était pas vanterie ; il avait en lui-même le sentiment de sa propre importance. Elle était digne du vicomte André, cette réponse du chevalier de Grammont, à qui le roi demandait :

« Grammont, savez-vous jouer du violon ?

— Je ne sais pas, sire, je n'ai jamais essayé. »

Nous donnerons ici, pour l'édification de nos lecteurs, l'emploi de la journée entière, ou peu s'en faut, d'un jeune homme habile à toute chose et qui ne fait rien. Il dort vite et bien jusqu'à sept heures du matin ; à peine éveillé, le voilà hors de son lit, achevant la lecture qu'il a commencée la veille. Une heure après, notre homme a fait sa toilette, et, vêtu en matin, il descend à son écurie, où deux ou trois beaux chevaux le saluent d'un joyeux hennissement. Sous ses yeux, on les panse; il a vu d'un coup d'œil sa sellerie et son équipage; il a reçu le bonjour de ses chiens. S'il a encore sa mère ou son père, et qu'on lui dise qu'ils sont éveillés, il va leur souhaiter toutes les prospérités d'une journée heureuse. Il embrasse, il amuse ces deux bonnes gens, dont il est toute la joie, et quand il a bien taquiné sa mère ou grondé son père, il redescend en toute hâte à son entre-sol.

Dans l'antichambre, il trouve un tailleur pour son nouvel habit, un relieur qui lui rapporte avec soin les derniers livres qu'il lui a confiés, ou bien c'est un marchand de bric à brac : une porcelaine ancienne, un vieux bahut, quelques jolis tableaux de Boucher ou de Fragonard. Vite, il choisit et se décide, et vite il paye. Il sait que la dette est une gêne, et, de gêne, il n'en veut pas. A ce galant homme, il faut une sonnette obéissante à l'ami, à la maîtresse, aux billets doux; mais fi! des notes à payer et des créanciers mal vêtus qui viennent rayer de leurs souliers ferrés une élégante antichambre! Aussitôt que son monde est congédié, que ses lettres sont lues et qu'il a parcouru son journal, juste à l'endroit où la nouvelle est digne qu'on l'écoute, où l'écrivain est digne aussi qu'on le lise, il déjeune ; un repas léger d'un instant, sur le coin de la table;

et si quelqu'un vient partager avec lui, tant pis pour l'ami s'il est gourmand. Petit déjeuner, grande action dans le jour. Il est midi, notre homme est vêtu d'un habit simple, élégant, de couleur sombre. Il sort plus souvent à pied qu'en voiture, et va saluer quelques hommes considérables, dont il accepte hautement la protection. Celui-ci lui donne un bon avis relatif à sa fortune présente, et celui-là un bon conseil pour l'avenir. Laissez-le faire, il tire un sage parti de cet avis dont il comprend toute la portée; il met ce conseil en réserve, afin de s'en servir quand l'heure sera venue. Il dépêche ainsi plus d'une affaire avec son agent de change, avec son notaire, apportant à celui-ci l'argent que lui a donné celui-là. Il s'inquiète aussi de l'argent rentré, des sommes prêtées. Il a, dans Paris même, une maison d'un bon revenu devant laquelle il passera quatre ou cinq fois par semaine, disant que sa maison a cela de commun avec Rome : tout chemin mène à Rome, et chaque rue à sa maison.

Quand il a bien tourné dans ce petit cercle (et Dieu sait qu'il ne cherche pas à l'élargir), il est quatre heures ; il revient chez lui, défendant sa porte aux importuns, et jusqu'à six heures, livré à lui-même, il étudie, il songe, il poursuit ses projets commencés. — Ou bien si le soleil l'attire aux clémences d'un beau jour, il se pare et se fait beau ; le plus beau linge et les cheveux bien peignés, vif, léger, charmant, le voilà dans une voiture à son gré, fermée en hiver, ouverte en été.... Ces instants qui précèdent le dîner (en passant par les Champs-Élysées et le bois de Boulogne), il les donne ordinairement à quelque honorable dame, en douillette feuille morte, assise au coin de son feu, qui tient chaque jour une petite réunion d'hommes d'État : anciens ministres, députés, membres de l'Académie. Il est le bienvenu parmi ces grands personnages, qu'il écoute avec une attention mêlée de respect. Il est la jeunesse de ces vieillards, il est le rayon de ce lieu sombre, et l'écho léger de ces paroles sérieuses. Son esprit sagace a bientôt deviné les petits mystères de cette causerie intime.

Aussi bien quand il arrive à dîner chez son père, ou chez quelque personnage de son alliance, il est plein de récits, de faits nouveaux, d'inventions. On l'écoute en oracle, on retient ses bons mots, son silence a des interprètes. S'il n'a rien à dire, il se tait ; il écoute à son tour. Sitôt le dîner commencé, il appartient à sa voisine, et laisse au lendemain les affaires sérieuses. Rien de plus gai que sa soirée : et qu'il la passe avec de jeunes femmes bien parées, qui s'amusent à être belles, à plaire, ou dans un théâtre ouvert à la musique, à la danse, aux beaux vers, notre homme est tout entier à ce qui se dit, se chante ou se fait autour de lui. Il est bon juge, et juge avec bienveillance.

Il est galant homme ; il sait comme on est jeune; il danse assez volontiers; il est toujours dispos, tantôt parce qu'il a fait des armes avec les maîtres, tantôt parce qu'il a tenu tête à M. Bar, le célèbre paumier. Il rentre ordinairement d'assez bonne heure, avant minuit, et cette heure est employée à la lecture de tout ce qui vaut la peine qu'on le lise. A cette heureuse existence, ajoutez un honnête et sincère amour pour une illustre coquette, ou pour une aimable ingénue, et vous aurez toutes les occupations d'un homme qui ne fait rien.

Telle était la façon de vivre et d'être heureux du vicomte André, que nous venons de rencontrer près de sa cousine Aglaé, chez son bon oncle, le furieux baron d'Avrecourt.

La belle Aglaé, qui n'était plus une enfant, mieux qu'une enfant, dans tout l'éclat de sa beauté, de sa jeunesse et de son bel esprit, était fière, en son par-dedans, d'être aimée et courtisée avec tant de soins, tant de petits soins et de constance, par ce jeune homme accompli en toutes les perfections désirables. Elle le voyait tel qu'il était, de belle taille et de bon goût, chantant bien, parlant mieux, très-écouté des plus belles dames; adopté par les anciennes, et plaisant à tout le monde. Elle aimait le piquant de ses reparties, l'imprévu de ses arguments, la tournure originale de ses paradoxes. Au bras de son cousin, elle était fière et contente d'un juste orgueil, mais voilà tout. Elle ne l'aimait guère plus que les autres jeunes gens de sa cour habituelle. Absent, elle y pensait une ou deux fois par semaine; et si par aventure, il semblait courtiser quelques femmes à côté d'elle, elle ne connaissait pas la jalousie. Elle savait qu'à son premier désir, le vicomte André l'épouserait; mais d'abord elle ne le trouvait pas assez riche, ensuite elle avait d'autres projets qui la poussaient vers des hommes peut-être un peu moins jeunes, mais qui se tenaient sur un grand pied dans le monde. On disait à celui-là : *Monseigneur!* à cet autre on disait : *Votre Excellence!* On appelait de l'antichambre : *les gens* de M. un tel; tel autre disait : « ma terre et ma meute, mon château. »

Les moins avancés portaient de grands cordons autour du cou et des plaques à leur habit, pendant que les très-riches disaient entre eux : *le petit vicomte!* en parlant de M. André. La vanité de Mlle Aglaé souffrait parfois d'être aimée d'un si petit monsieur : pas une plaque et pas un cordon; rien que cette vicomté sans terre et sans château.... et des parents bien portants! Ce n'était pas assez vraiment pour une si grande dame en expectative, et qui se sentait digne des plus hautes destinées.

VI

Cependant, faute d'un prétendant plus empressé, elle acceptait le vicomte; et quand ils étaient seuls, on eût dit, à les voir se souriant l'un à l'autre, une entente des plus cordiales. D'ailleurs, ils se réunissaient pour tenir tête à ce général toujours furieux, dont le geste attestait l'univers tout entier des injustices qui lui étaient faites. M. d'Avrecourt, à l'entendre, était le plus méconnu de tous les hommes; le roi, pour qui il s'était *sacrifié*, n'avait pas tenu compte de ses services; les princes qu'il avait *couverts de son corps*, dans leurs combats contre l'Arabe, étaient des ingrats qui ne méritaient pas les services d'un homme tel que lui. Malheur au ministre de la guerre! si jamais il le rencontre en son chemin, il saura bien lui dire un peu plus que toutes ses vérités. Puis, dans ses exclamations, dans ses injures, il revenait toujours à ce misérable Henry Pagon, à ce cuistre, à ce coquin du plus bas étage, qui l'avait indignement dépouillé d'une fortune si bien préparée! Au nom seul d'Henry Pagon, c'était, dans la maison du général, un tremblement des tremblements.

Seuls, la cousine et le cousin, par leur petit rire imperceptible, attestaient que cette grande colère était pour eux non avenue, et véritablement, au fond de l'âme, ils pardonnaient ses prétendues trahisons à l'innocent Henry Pagon.

Le jour dont je parle, André et sa cousine étant plus joyeux qu'à l'ordinaire, furent un peu moins attentifs aux déclamations du général, et celui-ci, naturellement, n'avait jamais été plus furieux, se voyant si mal écouté.

« Vous avez beau dire, mon oncle, disait le vicomte André, il ne m'est pas démontré que maître Henry Pagon soit un ambitieux de cette force, et qu'il ait si tôt gagné la grande fortune que vous dites. Ces grandes entreprises ont besoin d'être achevées, pour savoir, au bout du compte, ce qu'elles rapportent, et votre acquéreur est loin d'en avoir fini avec les architectes, les maçons, les tailleurs de pierre et les égoutiers. Lui et nous, nous ne serons édifiés, à ce sujet, que dans vingt ans d'ici. Tenez-vous donc en repos, mon oncle, et croyez-moi.

— Mais, malheureux, reprenait le général, quand on vous dit que le mètre a déjà doublé ! Quand on vous dit que tout Paris se porte en ce moment vers la Folie-Armont ! Quand on vous dit que la Ville a le projet de faire un parc anglais de ce vilain bois sans ombre et sans eau ! Quand on vous dit enfin que ce Pagon ténébreux tire, à toute heure et chaque jour, un profit de la position qu'il m'a volée.... »

Au même instant, le général posait sous les yeux du vicomte André un numéro du *Constitutionnel*, en lui disant :

« Mordieu ! soyez juge entre cet homme et moi, monsieur mon neveu !... »

Le jeune homme, à ces mots, prit le journal, et dans un coin très-sombre, il épela l'annonce que voici : *A vendre : le droit de donner son nom à un passage du nouveau Paris; s'adresser à Folie-Armont, au propriétaire, Henry Pagon.* Il fallut que le jeune homme s'y reprît à deux fois, pour bien s'assurer que cette annonce était exacte. Il avait vu certes bien des nouveautés sur les affiches, il s'était moqué bien souvent des plus étranges propositions faites dans les journaux, sur la page des annonces, mais il n'eût rien imaginé qui se pût comparer à cette incroyable invention de céder, au premier venu, à prix d'argent, le droit d'imposer son nom à la nouvelle rue, au nouveau quartier de la ville! Après s'être assuré du fait, il arrangea dans sa tête ingénieuse un certain plan qui devait réussir.

« Holà ! mon oncle, apaisez, s'il vous plaît, cette grande colère ; ayez confiance en votre beau neveu, laissez-moi faire, et vous verrez si je sais tirer bon parti de la folie de Henry Pagon.

— A la bonne heure, et je te reconnais pour mon digne neveu, reprenait le général. Va, pars, arrive et triomphe à la manière de Jules César, de glorieuse mémoire. Il me faut une vengeance et le châtiment de ce traître, et si tu la trouves, il y aura pour toi de belles chances dans la maison du général d'Avrecourt.... N'est-il pas vrai, ma chère Aglaé? »

En même temps, il prenait la main de sa fille, et la voulait donner au jeune homme.... Aglaé retirant sa main, toute honteuse, et, toujours superbe, se contenta de dire au vicomte avec une belle révérence qui ne promettait rien :

Sors vainqueur d'un combat dont Chimène est le prix!

Puis elle quitta la place en partant d'un grand éclat de rire. Le général accompagna son neveu, non pas sans lui donner toutes sortes d'instructions sur la façon dont il devait, disait-il, enfumer le renard dans son terrier.

VII

Pendant que le vicomte se prépare à cette importante négociation, nous entrerons, s'il vous plaît, chez ce terrible Henry Pagon. Le bonhomme est bien loin de se douter des dangers qui le menacent; il a tant d'autres sujets d'inquiétude et de malaise! En vain chacun lui dit qu'il est le maître absolu d'une très-belle affaire, et que désormais sa fortune est faite; il n'est rien moins que rassuré. Certes, son terrain est en progrès dans l'opinion publique; il n'y a plus à douter que la butte aux Cailles disparaisse de la surface de Paris; — les chemins sont tout tracés autour de la Folie-Armont.

« Mais enfin, disait Henry Pagon à son ami et confident maître Alavoine, l'employé de la mairie (il avait en lui toute confiance, depuis le jour où son ami Alavoine lui avait annoncé la grande nouvelle), il s'en faut encore de tant de mois, de tant d'années, pour que ces grands projets se réalisent! Un brigand qui va tirer sur le roi notre sire, une émeute (et Dieu sait qu'elles ne manquent pas de nos jours), une simple émeute, et me voilà perdu. Soudain tout croule autour de moi; les travaux s'arrêtent en même temps que la confiance; à découvert comme je le suis, je serais un homme perdu. On sait ce qu'on sait, maître Alavoine; on ne sait jamais au juste ce que l'on a. J'avais quelques ressources, elles s'épuisent. Pour que je continue et que je touche à mon but, il faut, de toute nécessité, que mes quatre maisons soient louées, et que je vende une part de mes terrains. Heureusement les maisons se louent, et j'ai traité, pas plus tard qu'hier, pour trois mille mètres de terrain à cinquante francs, payables en cinq ans. Ceci vendu, et rassuré désormais sur mes rentrées, je payerai les travaux de voirie et le tracé de mes rues ; les loyers de mes maisons serviront à l'amortissement de ma dette avec les entrepreneurs, mais il me faut absolument toutes ces ressources ; qu'une seule vienne à manquer, tout manque et tout périt. Donc, vous le voyez, si je m'inquiète, ce n'est pas sans cause, et plus que jamais me revient en esprit le sage proverbe : *qui trop embrasse mal étreint.* »

Ainsi causant et devisant, ce brave homme soulageait ses ennuis. Timide il était de sa nature ; il sentait que sa nacelle avait une humble voile, et n'était pas faite pour affronter la haute mer. A chaque instant, il regrettait d'avoir quitté le chemin de traverse et les petits sentiers, qui mènent plus lentement, il est vrai, mais sûrement à la fortune. « Ah ! mes petites affaires, mes petits gains, mes petites fractions de terrain, mes jardins maraîchers qui se sont si bien vendus ! Tout au moins (disait-il encore), aurais-je bien fait de ne pas toucher à la *Folie*, où ma fillette aimait tant à se promener parmi les grandes herbes ; où elle allait libre et contente, à travers les ruines, étudier le paysage, dont elle rapportait de si beaux aspects. »

Ainsi se plaignait ce brave homme en son patois; assez souvent il se consolait en vendant un vieil arbre, une poutre, une grille, un fragment de l'ancienne Folie. Il y trouvait tantôt des pierres, tantôt des médailles, ce qui faisait dire à trois lieues à la ronde : « Voyez, compère, à tous coups de bêche, on trouve un trésor dans ces ruines. » Grande augmentation des envies et des rages mal contenues du terrible général d'Avrecourt.

Ce pauvre riche, Henry Pagon, habitait, non loin de sa future *Cité*, une espèce de maison que lui-même avait bâtie à côté d'un jardin que son grand'père maternel avait laissé à sa petite-fille Henriette, à condition qu'elle le garderait au moins jusqu'à sa majorité. Ce jardin était encore un terrain posé à la traverse du village ou de la ville à venir; la fillette y plantait des roses et des tournesols, la mère y faisait venir des pommes de terre et de la chicorée, en attendant que l'on y vît pousser des maisons et des hôtels. Un vieux hêtre abritait toute la maison; le rez-de-chaussée, seul, était habité durant séjour; le père et la mère, la fille et la servante dormaient au premier étage. Un grenier plein de débris couronnait l'édifice; un pot de réséda sur la fenêtre, et deux de ces miroirs qu'on appelle « un Judas » indiquaient à l'observateur la place habituelle où se tenait la petite Henriette. La fenêtre était au nord. Une attique en briques rouges servait de *marquise* à la porte en bois de chêne à têtes de clous. Peu de chose eût donné à cet abri l'aspect d'une prison, peu de chose aussi l'aimable apparence d'une chaumière. Au demeurant, tout l'ensemble était austère et manquait de bienveillance.

Un voyageur égaré n'eût pas frappé à cette porte pour demander son chemin..., un pauvre affamé n'eût pas hésité à tendre la main à cette fenêtre où brillait un pot de réséda. De cette maison, nous l'avons dit, maître Alavoine était le visiteur unique, et chacun, le père et la mère et la fillette, le recevait de son mieux.

En sa qualité de chef de bureau à la mairie, Alavoine était l'oracle des Pagons. De son crâne fécond, en miracles, était sortie, il y avait peu de temps, l'étrange *annonce* que le vicomte André avait étudiée avec soin, et dont il sut tirer son plan de campagne, une des plus heureuses campagnes qui aient été jamais entreprises contre un ennemi désarmé. Pour être juste, il faut reconnaître que le bon sens de Henry Pagon avait résisté longtemps à cette annonce malheureuse :

« A qui donc en avez-vous, disait-il à son ami Alavoine, de vouloir me persuader que je puis tirer un certain parti du nom à donner à ma Cité, et faites-moi l'amitié de me dire, avant que je me décide à mettre en vente un pareil privilége.... à quoi donc il peut servir?

— Mon ami, reprenait Alavoine en buvant à petits traits, certain vin que Pagon récoltait dans ses vignobles d'alentour, on voit bien que vous êtes un homme des champs, et que vous ne savez pas encore la grande autorité de l'annonce. Vous ignorez aussi l'envie et la passion des hommes, quels qu'ils soient, à graver leur nom quelque part. Vous-même, quand vous étiez à l'école, avez-vous assez bravé la férule et le pain sec, pour inscrire avec un mauvais couteau les noms du polisson Henry Pagon sur les bancs et sur les tables? Vous étiez sûr que chaque lettre vous vaudrait une férule, et pourtant vous n'hésitiez pas : *Henry Pagon!* le nom et le prénom en toutes lettres; quelquefois vous ajoutiez l'année, à vos risques et périls, pour bien constater à quel âge avait commencé tant de gloire. Un peu plus tard, malgré les défenses de l'autorité, vous écriviez au charbon, sur toutes les murailles nouvellement recrépies, à la craie autour des portes fraîchement peintes : *Henry Pagon*, avec un grand parafe. Pas un propriétaire et pas un portier qui n'envoyât ce gamin-là à tous les diables. A vos premiers amours avec Mme Pagon, née Rossignol, vous graviez, je n'en sais rien, mais j'en suis sûr, dans les jeunes écorces les deux noms accouplés : *Henry, Aurore,* l'*H* et l'*A* et toujours la date : *mai* 1822. Le voici justement, ce chiffre amoureux, profondément inscrit dans le cœur de ce vieux hêtre un peu racorni par les années. Levez l'écorce, et vous retrouverez l'H et l'A primitifs, et le beau mois de mai.

« C'est l'histoire universelle. Érostrate est partout. Il n'y a pas longtemps, rappelez-vous l'ardeur de ce jeune artiste appelé Crédeville. Il voulait se faire, à tout prix, ce qui s'appelle *un nom*, et pour attirer l'attention sur ce nom sans gloire, il écrivait sur toutes les murailles : Crédeville *voleur*, bien qu'il fût un très-honnête homme ; *voleur* était là pour attirer l'œil du passant. *Crédeville voleur* est inscrit sur la plus haute des pyramides, entre les noms de Kléber et de Napoléon. Pourquoi donc a-t-on bâti l'Arc-de-Triomphe, et pourquoi ces trente millions d'argent dépensés dans la construction d'une montagne ?... Uniquement pour graver sur ces pierres le nom des capitaines de la grande armée ! En fait de récompense, il n'y en a pas de plus grande (et vous allez en convenir) que le nom d'un grand homme imposé à la rue où ce grand homme a vu le jour ; à moins qu'on ne le donne à la rue où il est mort. Ceci est la gloire suprême ; il n'y a pas d'autre origine aux grands tombeaux, porteurs de grands noms. Que de chefs-d'œuvre accomplis dans la guerre et dans la paix, afin d'arriver à cette illustre récompense ! »

Et comme Henry Pagon et sa famille ouvraient de grands yeux éblouis par ces soudaines clartés....

« Pourquoi donc pensez-vous, reprenait l'éloquent Alavoine, que le grand Corneille ait fait *le Cid*, *Polyeucte* et *Cinna* ? Tout simplement pour qu'un jour on désignât aux passants *la rue Corneille*; au même prix, *la rue Racine*. A-t-il coûté assez cher à nommer, *le quai Voltaire*? Hélas! que de sueurs, que de sang, que de meurtres, pour les hommes, pour les chevaux, pour les héros, qui seront les parrains des rues *d'Iéna*, *de Rivoli*, *de Wagram* ou *d'Austerlitz*? Des milliers de soldats ont payé cette gloire, et voyez si c'est vrai, ceux qui sont morts à Waterloo, dans les neiges de la Russie, au passage de la Bérésina, ceux-là ont perdu leur gloire et leur peine. Il n'y a pas de ruelle assez humble et de quartier assez perdu qui consente à porter ces noms malheureux. « Auvergne, à moi! voilà l'ennemi! » Pour payer ce grand cri, une si petite rue au chevalier d'Assas, pendant que vous avez dix mille mètres de terrain à baptiser!

Quoi donc (maître Alavoine, une fois lancé, parlait toujours), les rues de *Buffon*, *Cuvier*, *Grétry*, sont presqu'autant d'impasses, et vous ne pensez pas qu'un inconnu, parmi nous, dans une fièvre de gloire et d'ambition, soit tenté de donner son nom à toute une cité! Une seule rue à tous les *Saints-Pères*, une seule aux *Martyrs*, une place unique à M. de Louvois, pendant que Mme de Sévigné n'a pas de rue! Il a fallu tracer tout un quartier nouveau, pour donner sa rue à M. de Lafayette : il a fallu détrôner M. Coquenard, pour donner sa rue à M. de Lamartine, en récompense de tant de génie, et de Paris sauvé des horreurs de la guerre civile.

Et quand ces grands hommes se trouvent, à ce prix, récompensés au delà de tous leurs mérites, par quelle magie ou quel malentendu, répondez! de si petits compagnons que vous et moi, ont-ils imposé leurs noms à des places, à des carrefours, à des passages superbes? De quel droit *Véro-Dodat?* De quel droit le passage *Sandrié?*.... du droit même que j'implore ici pour la Folie-Armont! Du droit des conquérants maîtres du sol. Le superbe et l'imprévoyant y met son nom souvent ridicule, pendant que l'habile et le prudent, tel que vous, cède à prix d'or, au premier venu qui le paye argent comptant, un privilége improductif. Comptez donc sur cette annonce, et soyez sûr qu'à peine annoncée, une pareille situation amènera quantité de fous amoureux de la gloire, ou de spéculateurs qui ne seront pas fâchés d'inscrire, au coin d'une rue passagère, le nom de leur enseigne : « la rue du *Chat qui pelote*, ou de la *Truie qui file!* » Il peut se faire aussi que des amoureux nous apportent le nom de leur maîtresse : la rue Amanda, Adeline ou Victorine. Il y aura plus d'un malade, heureux de payer son médecin de cette monnaie, et le médecin en remerciera son malade. Avant huit jours, vous verrez chez vous une émeute, ou tout au moins, au feu des enchères, au plus offrant, seront cédés la gloire et l'honneur de nommer ces beaux lieux de votre découverte et de votre création. »

Telle fut la suite ingénieuse du discours de maître Alavoine en l'honneur de cette admirable spéculation. Le bientôt converti M. Pagon ne trouva rien à répondre à cette éloquente dissertation, dont la vanité humaine était la base, et, comme après tout, il ne courait pas grand risque à tenter cette aventure, il finit par mettre en vente, à des conditions débattues, le droit de donner son nom à la Folie-Armont. De son côté, sitôt qu'il eut dressé ses batteries en l'honneur de sa cousine, et même un peu de son oncle impatient du bien qu'il avait perdu, le vicomte André qui riait volontiers de la sottise d'autrui, s'aventura dans ces parages lointains. Il choisit un beau jour, et dans son *tandem*, attelé de deux chevaux pie (ils sortaient d'une grande écurie), il se dirigea sans trop de hâte dans l'antre abominable des Pagons. Il les jugeait sur ouï-dire et sur les fureurs de son oncle; il lui semblait qu'il était de bonne guerre de châtier ce maître usurier, ce marchand et ce vendeur de mauvaise foi, qui avait abusé de l'*innocence* du général d'Avrecourt, et dérangé toutes les espérances de sa cousine Aglaé. Telles étaient les pensées du vicomte en quittant l'hôtel de la rue de Tournon, habité par son père ;... mais bientôt, si mobile et si droit était ce jeune esprit, il en vint à se demander ce qu'il allait faire, et s'il lui était bien permis de se jeter à la traverse d'un homme qui lui était inconnu, qui ne lui avait fait aucun mal, et qui pouvait tomber dans ses piéges? Plus il songeait à cet obstacle de sa conscience, et plus il retenait ses chevaux, qui ne demandaient qu'à marcher. Ce fut en ce débat entre sa conscience et son bon plaisir qu'il traversa la longue avenue, entre deux rangs de curieux, qui réunit l'Arc-de-Triomphe au palais des Tuileries; si, par bonheur, il eût rencontré, chemin faisant, un ami ou quelque dame à saluer dans sa calèche, il eût renoncé sans peine à ses vastes projets.

Mais rien ne vint l'en distraire, et, tournant à sa droite, à travers des contrées inexplorées jusqu'alors, et qui commencent à peine à se manifester de nos jours, il finit par gagner les terrains en litige. Il n'était pas fâché de s'en rendre compte, avant d'aborder le nouveau propriétaire. Il vit en effet que plusieurs ouvriers travaillaient, mais en petit nombre et sans trop de sueur, à renverser la butte aux Cailles, et bientôt, à peu de distance de la butte, il découvrit les deux maisons bâties, le terrain aplani, les lots divisés; sur un de ces lots une pancarte annonçait qu'il était *vendu*. Bref, l'affaire avait bonne apparence, et ne justifiait que trop les regrets et la fureur de l'oncle d'Avrecourt.

Quand il eut parcouru toute l'avenue et dépassé les deux autres maisons qui la bordaient de chaque côté, André entra dans un terrain vague, et ne s'arrêta qu'à la maison des Pagons, située entre le village et la lisière des emplacements à bâtir. Nous avons dit comment la maison était faite ; entre les deux fenêtres qui semblaient le mieux habitées, le jeune homme serra ses guides, et d'un coup d'œil se rendit compte de la maison et de ses alentours. Il ne vit rien d'étrange et qui méritât son attention; mais à l'instant même où il allait descendre et chercher la porte, il découvrit, sous le porche à claire-voie, un spectacle inattendu qui le maintint dans ses plus mauvaises dispositions. Sous ce porche étaient deux hommes, une femme et deux enfants; les deux enfants dans la rue et la femme hors du seuil. L'un de ces hommes, tête nue, dans une attitude humiliée, implorait l'autre, et lui demandait une grâce énorme, à en juger par sa voix pleine de larmes. Le vicomte, à demi tourné vers le porche où se passait ce petit drame, en saisit les moindres détails.

L'homme à la tête nue avait sans nul doute amené sa petite famille, afin d'attendrir, par la présence de ces trois affamés, l'autre homme au cœur de rocher :

« Je ne puis pas vous payer, disait-il, je n'ai point d'ouvrage. Employez-moi, donnez-moi du temps; n'envoyez pas mon billet chez l'huissier !

— Ton billet est chez l'huissier, disait l'autre, et c'est avec lui que tu dois compter. Il me faut mon argent, j'ai besoin de mon argent. Vous êtes ainsi faits; à vous entendre, il faudrait vous loger, vous habiller et vous nourrir. » Parlant ainsi, il enfonçait ses larges mains dans ses gants de filoselle, il affermissait son chapeau sur sa tête, et, sa canne à la main, il s'éloignait d'un bon pas. Ces pauvres gens le regardaient s'éloigner, la femme et les enfants d'un regard effaré, le mari d'un œil menaçant. Sitôt que l'homme eut disparu, il montra le poing, et lui-même il s'éloigna du côté des cabarets, sans trop se souvenir qu'il avait à sa suite une femme et deux enfants.

« Voilà qui va bien, se dit le vicomte, et cette fois je tiens mon ladre. » A la fin il descendit de sa voiture; il aida son cocher à étendre une couverture à ses armes sur les deux petits chevaux; il fit signe à son chien de l'attendre avec un petit geste amical, et, du même pas, il frappait à la porte de la maison Pagon. Tout ceci avait demandé quelques instants, et Mlle Henriette Pagon, tout à l'aise, avait pu voir sans être vue, en son *judas*, ce fringant équipage et ce beau jeune homme. Pas un détail de cette petite scène, intéressante aux yeux d'une fille à marier, n'avait échappé à Mlle Henriette.

Elle eût dessiné, de souvenir, ces chevaux bien peignés, dont les pieds étaient vernis; ces harnais dorés, ces mors brillants comme l'argent; ce carrosse ou plutôt ce fauteuil doublé de soie amarante, à plus forte raison avait-elle remarqué le jeune homme. Il était vêtu à ravir; ses cheveux blonds sortaient à profusion de son chapeau à petits bords: il portait une barbe à la Henri IV, une cravate en satin, rattachée par une épingle en rubis, semée de diamants. Le gilet, l'habit, la chaîne et les gants de peau de daim, tout l'ensemble, elle avait eu le temps de tout voir. Cependant, comme s'il eût dédaigné de tirer le cordon fané de la sonnette, le jeune homme, à petits coups de sa badine à pomme d'or, frappait à la porte. Enfin, la servante ouvrit la porte à ce personnage éblouissant.

VIII

Quand il entra dans cette vaste salle du rez-de-chaussée, où il comptait bien déployer toute son insolence acquise et naturelle, le jeune homme resta très-étonné de se rencontrer, non pas comme il l'attendait dans un salon vulgaire, entouré de quelques fauteuils couverts de housses grisâtres, mais dans un vrai musée, abondamment rempli de tableaux, de sculptures et de dessins. Ces murailles recrépies à la chaux vive, étaient garnies des fragments les plus étranges et les plus divers.

Bien peu de tableaux étaient entiers; il fallait même une certaine attention pour se reconnaître au milieu de ces toiles attestant l'incurie et l'ignorance des temps passés. Évidemment ces lambeaux avaient appartenu à des chefs-d'œuvre, ils en avaient gardé l'énergie et le coloris. C'étaient, tout ensemble et tour à tour, des lèvres souriantes ou féroces, des regards pleins de tendresse et de pitié; le front dévasté du vieillard se heurtait à la crinière ardente du jeune homme. Ah! que cette femme était belle qui portait ce voile enchanté ! voici la main d'une reine, et voilà la main d'une enfant! L'une commande encore et l'autre est encore à son jouet. Tel fragment parmi ces précieux fragments représente un éventail, tel autre une épée. Admirez les pieds nus de la nymphe et le sein de la déesse; ici, Niobé laissait tomber sa couronne; un peu plus loin, la Psyché brisait son miroir.

C'était un mélange exquis, ravissant, douloureux des plus vives couleurs; tous les âges de la peinture et tous les maîtres étaient représentés dans ces lambeaux.... Quand le vicomte, oublieux de s'annoncer, eut bien considéré ces richesses mutilées :

« On se connaît en peinture ici! s'écria-t-il avec l'accent de la plus grande surprise.

— Ou du moins, monsieur, reprit une voix d'un beau timbre, on aime ici les belles choses, d'une telle passion, que l'on s'efforce de n'en rien perdre. »

A ces mots, le vicomte André, retirant vivement son chapeau qu'il avait laissé sur sa tête :

« Je vous demande pardon, madame, il m'avait semblé que j'étais seul. »

A peine il eut dit *madame!* il se reprit :

« J'ai fait une mauvaise entrée, et je vous en demande humblement pardon, mademoiselle; c'est ceau, dédaigné par les maladroits, est souvent tout rempli de la plus belle couleur. Ce morceau peut faire juger un peintre. Ayons le respect, mon enfant; le respect, c'est la foi, c'est le commencement de toute science.... » Ainsi, ce brave homme honorait l'ancienne peinture; il n'a peut-être pas possédé, dans toute sa vie, un tableau complet, mais il disait qu'il n'y avait pas un seul peintre dont il ne possédât un bel échantillon. Il m'a donné grand nombre de ces précieux fragments; j'en ai acheté beaucoup.

« Chaque dimanche, en venant du Louvre, où nous allons ma mère et moi, après la messe, nous entrons chez quelque ancien ami de mon vieux parent; je monte au grenier, je cherche et souvent je trouve. Ah! c'est une grande joie! et songez que parfois, dans un coin de ces tableaux mutilés, tout à coup le nom du maître éclate et brille à vous éblouir! »

Elle disait cela très-gentiment, sans emphase, et le vicomte à l'entendre oubliait l'objet de sa mission.

« Voici cependant, lui dit-il, des fragments qui sont presque des tableaux complets, et d'un autre âge, à coup sûr?

— Vous avez raison, monsieur, reprit-elle, ils sont d'hier. Ils appartiennent au petit art, aux petits artistes, qui plaisaient tant à Mme de Pompadour. Ils viennent de Luciennes, ils viennent de

Trianon. C'est moi, personnellement, qui les ai rencontrés et sauvés de la ruine; ils appartenaient à cette pauvre Folie-Armont, ma voisine et mon berceau. Je la regrette; il n'y avait rien de plus charmant.

— Vous avez bien de la bonté, reprit le vicomte; autant qu'il m'en souvienne, il n'y avait rien de plus triste. On y voyait des arbres qui ressemblaient à des poissons, des rochers taillés en géants, des oubliettes remplies de sable et des tombeaux pleins de riens. Comment faites-vous, mademoiselle, pour regretter tout cela?

— C'est que je suis patiente et studieuse. Un jeune homme est trop pressé de tout voir et de tout savoir; une jeune fille a du temps devant elle; elle interroge, elle devine. Ainsi j'ai deviné cette balançoire de Lancret, sous le badigeonnage d'un barbouilleur. Cette jolie tête où Boucher a laissé sa fleur, servait à cacher l'œil-de-bœuf de la salle à manger. Ces grands seigneurs d'autrefois ne savaient rien garder et regarder; celui-ci défaisait ce que l'autre avait fait. C'est en vain qu'ils ont tout bouleversé dans ma chère Folie, ils ont laissé les merveilles que vous voyez: ce Flûteur de Clodion, cette Ariane de Houdon, cette Égérie de Coysevox. C'est brisé, c'est mutilé, mais ça respire. Ils ont même négligé d'emporter ces médaillons de leurs rois, de leurs ancêtres, de leurs amours.

« Je les ai ramassés, je les ai réparés ; les voilà renaissants. Ne dirait-on pas qu'ils me remercient de les avoir retirés de la poussière et de l'oubli ? »

Voilà comme elle parlait ; le jeune vicomte la trouvait charmante et ne se trompait guère.

« Ah ! disait-il, quel goût, quel esprit et quel bon sens ! »

Malheureusement, pendant que ces jeunes gens commençaient à s'entendre, le père Henry Pagon rentra, accompagné de son inséparable ami et conseiller Alavoine, et, tout d'abord, chacun de ces trois hommes s'inquiéta du rôle qu'il allait jouer. Bientôt remis, le vicomte, en sa qualité de Parisien qui ne doute de rien :

« Monsieur, dit-il, à M. Pagon, j'ai lu avec le plus vif intérêt votre annonce dans le *Constitutionnel* d'avant-hier, et je viens pour traiter avec vous.

— Monsieur, reprit le bonhomme Pagon, je ne vous cacherai pas que je ne m'attends guère au succès de cette annonce, et qu'elle s'est faite un peu malgré moi, par la volonté de mon ami, M. Alavoine que voici. Même, en ce moment où vous me parlez en personne, il me semble douteux qu'un monsieur tel que vous, ait quelque intérêt à donner son nom à des projets en l'air ; cependant, comme il ne m'appartient pas de résister à un désir que j'ai provoqué, faites-moi s'il vous plaît vos offres, et tâchons de nous entendre, avec le conseil et par l'intermédiaire de M. Alavoine, mon ami. »

Alavoine alors prenant la parole, et ces messieurs s'étant assis, chacun sur un siége de paille (il n'y en avait pas d'autres dans l'établissement) :

« Monsieur, reprit Alavoine, en mettant, comme on dit, *les points sur les i*, monsieur est venu, sans doute, pour acheter le droit de donner son nom aux deux rues et au passage que nous sommes en train de construire et de tracer dans la *cité Pagon?*

LE VICOMTE ANDRÉ.

C'est cela même, monsieur; et vous, monsieur, étant consentant de me céder ce privilége, et moi de l'acheter, quel prix en voulez-vous?

ALAVOINE.

Je le disais, il n'y a pas longtemps, à mon ami Pagon, nous vendons une fiction; ce n'est pas à nous à en fixer le prix, c'est à celui qui l'achète. Ainsi, monsieur, faites vos offres, vous nous trouverez très-faciles à les accepter.

LE VICOMTE.

Mon Dieu, messieurs, si c'est la première fois que vous vendez ces sortes de fictions, c'est aussi la première fois que j'en achète. Enfin, coûte que coûte, à la guerre comme à la guerre, et si vous voulez vous obliger, par acte authentique, à donner à vos immeubles, présents et à venir, les noms que j'apporte.... cela vaut bien pour moi, dix mille francs.

ALAVOINE.

Dix mille francs !

HENRY PAGON.

Dix mille francs !

LE VICOMTE.

Eh bien messieurs, si ce n'est pas assez, dites-moi votre prix à votre tour, et je verrai si j'en veux passer par là.

HENRY PAGON.

Vraiment, monsieur, ça me semble assez bien payé, ce que vous m'achetez là, et si j'étais que de vous, j'aurais commencé par en offrir la moitié : pensez-y !

ALAVOINE.

Est-ce que vous avez, maître Pagon, des conseils à donner à monsieur? Il vous offre un prix, vous signez le contrat, on le paye et tout est dit, moins les épingles de rigueur.

Ce mot d'*épingles* eut bientôt gâté, dans l'esprit du vicomte, la bonhomie apparente de M. Pagon; il pensa qu'il jouait une comédie avec son compère Alavoine, et bien qu'il y sentit une certaine répugnance, il donna suite à son projet.

LE VICOMTE.

Va donc pour dix mille francs, messieurs, plus

les épingles; il ne s'agit plus que de passer le *fait double entre nous*, et je pense bien que c'est M. Alavoine qui aura la bonté de le rédiger. »

Sur quoi maître Alavoine tira de sa poche un grand étui; cet étui contenait à son extrémité un cornet plein d'encre, et dans son intérieur, deux belles feuilles de papier timbré. Ainsi le vicomte dictait, Alavoine écrivait, Pagon doutait, Henriette et sa mère écoutaient.... comme on écoute un conte de fées :

« Entre les soussignés, le vicomte André, propriétaire à Paris, et M. Henry Pagon, propriétaire à la Folie-Armont, il a été convenu ce qui suit: M. le vicomte André s'engage à compter sur table, en billets de la Banque de France, une somme de dix mille francs à M. Henry Pagon, à condition que M. Henry Pagon donnera au passage et aux rues de la cité qu'il fait bâtir les noms de : *Grande rue Harpagonne, Petite rue Harpagonne, et passage des Harpagons*, lesquels rues et passage étant nommés, ledit sieur Henry Pagon ne pourra, sous aucun prétexte, effacer les noms susdits; lesquels noms seront inscrits en lettres d'or, de vingt centimètres de hauteur, sur une table en marbre noir, d'un mètre de longueur.

— Ajoutez, s'il vous plaît, maître Alavoine, reprit M. Henry Pagon, qui prenait goût à ce jeu-là, que ces trois tables de marbre noir seront gravées, posées, et entretenues aux frais de M. le vicomte André.

— Soit, reprit le vicomte ; et, s'il vous plaît, monsieur, ajoutez que si par une intervention quelconque, ou par une cause inattendue, ladite souscription « rue Harpagonne, et passage des Harpagons, » était effacée par le fait dudit sieur Henry Pagon, ledit sieur Pagon payerait, au comptant, un dédit de 100 000 francs. Fait double entre nous, etc. »

Ici M. Pagon se frotta les mains d'une joie assez mal contenue. Ici maître Alavoine eut un éclair de triomphe, et Dieu sait s'il se hâta de transcrire la seconde copie ! Ses deux copies étant bien et dûment relues, furent signées par les hautes parties contractantes ; chacun semblait heureux de cette aventure inespérée. Henriette était la seule qui cherchait en tout ceci un mystère qu'elle pressentait et qu'elle ne pouvait pas comprendre.

« Et les épingles ? reprit l'opiniâtre Alavoine.

— C'est vrai, monsieur, reprit le vicomte. En même temps il tirait de sa cravate le bijou qui la retenait.

— Mademoiselle, acceptez, disait-il, cette épingle en échange de la vôtre ; » et, sans mot dire, il prenait l'épingle du fichu d'Henriette, et la remplaçait par ce rubis qui brillait comme le soleil.

Il attacha l'épingle de la jeune fille à sa cravate, une petite épingle en or, qui avait pour tête un fruit rouge comme il en vient encore d'Amérique, et qui valait bien un petit écu. Puis, ayant relu et plié l'engagement de Henry Pagon, il l'enferma avec soin dans un portefeuille à ses armes, non pas sans avoir compté les dix mille francs auxquels il s'était engagé. L'*acquit* était au bas du billet. Il partit en saluant Mlle Henriette uniquement, et pendant qu'il allumait son cigare à la porte, Henry Pagon, maître Alavoine et Mme Pagon croyaient rêver.

« C'est un fou! disait l'employé de la mairie.

— Ou peut-être un amoureux d'Henriette, reprenait la mère.

— Ah! pour le coup, ma femme a raison, s'écriait Pagon tout joyeux, c'est un amoureux d'Henriette; et voyez s'il est charmant : payer dix mille francs le plaisir de donner notre nom à notre cité! Quoi de plus simple, en effet : Henry Pagon, Henriette Pagon et Mme Pagon, cela fait bel et bien le passage et la cité des Harpagons. Que dites-vous de cela, ami Alavoine? Et toi, ma petite Harpagonne, et toi, ma grande Harpagonne, qu'en dis-tu? »

Dans sa joie, il eût voulu saluer une dernière fois le jeune vicomte.... le vicomte était déjà bien loin. »

IX

Sur l'entrefaite, un grand bal fut donné, dans feu le Jardin d'hiver, au bénéfice des employés de la liste civile de S. M. le roi Charles X. Quand, par malheur, elle tombe, une vaste monarchie entraîne en sa chute une suite de ruines et de misères ! Comme on va vite, en ces siècles changeants !

La liste civile et le Jardin d'hiver sont déjà au rang des fables. Le bon roi Charles X a rejoint les Capétiens, ses ancêtres ; vous ne trouveriez pas un arbre, une fleur du Jardin d'hiver. Il a vécu ce que vivaient ses roses. Oasis d'un jour, paradis d'une heure ! En ce beau lieu s'étaient donné rendez-vous les arbres des tropiques et les plantes de la Sibérie. Un printemps éternel régnait sur ces gazons toujours verts, au bord de ces eaux transparentes. Plaine, vallon, montagne, sentier, forêt, nous n'étions pas dignes de votre abri si doux et si rare. Une fée, en ces lieux, les avait portés d'un coup de sa baguette, une sorcière avec sa verge d'airain les remporte. Une ville entière a grandi sur ces doux espaces. O perte irréparable ! Il est resté sous les pierres taillées, le Jardin d'hiver !

Plus de tièdes journées pour nos jours chargés de neige, plus de soirées splendides pour nos fêtes du soir.... Cette fête était la dernière, et l'on eût dit que chacun voulait assister aux derniers moments de l'Éden parisien.

C'était la mode alors et le grand bonheur des danseurs et des danseuses de l'Opposition, de danser pour le roi que son peuple avait abandonné; c'était l'usage aussi que plusieurs braves gens eussent un regret pour le roi qui n'était plus. Si bien que, les uns par vanité, les autres par attachement, le grand nombre pour voir et pour se montrer, souscrivirent au bal du Jardin d'hiver. Le vicomte André, sa cousine Aglaé, l'oncle d'Avrecourt, trois royalistes de l'ancienne roche, ne furent pas les derniers à accepter la fête de la bienfaisance et de la fidélité. Il y avait même assez longtemps que la cousine et le cousin n'avaient été si complétement, celle-ci la cousine de celui-là, celui-là le cousin de celle-ci. Cette intimité, dont le jeune André s'étonnait, datait justement de l'heure où il était venu apporter à son oncle l'engagement souscrit par M. Henry Pagon, et si l'oncle était resté sérieux, ne comprenant guère cet étrange moyen de rentrer dans ce qu'il appelait *sa cité*, la cousine, habituée aux représentations du Théâtre-Français, et qui souvent avait vu M. Provost jouer l'*Avare*, un de ses bons rôles :

« Mon cousin, dit-elle, en effet vous êtes charmant. Ce « passage des Harpagons » vaut une comédie, et, pour un rien, je vous embrasserais. » Ceci disant, elle tendit sa joue.... un peu plus que sa joue à son digne cousin. Puis, voyant la petite épingle :

« Ah mon Dieu ! fit-elle avec l'accent du plus profond mépris, qué que ça, mon cousin ?

— Qué que ça, ma cousine ? *c'est* les arrhes du marché.

— Et si vous me donniez cette épingle ?

— Bien volontiers, ma cousine, en échange donnez-moi la vôtre. »

Elle en avait une assez jolie ; une perle noire, et qui faisait ressortir la blancheur de son cou.

Elle la tira de sa collerette, mais quand elle l'eut regardée à deux fois, elle la remit où elle l'avait prise :

« Non, non, j'y perdrais trop ; pas de ça, Lisette ! » Et le sourire disparut.

Admirez cependant le caprice ingénu du cœur humain ! Ce refus d'une épingle était chose assez dure à qui venait d'accorder un baiser ; la cousine était, en ce moment, la véritable *Harpagonne*.... eh ! bien, ce refus *inespéré* rendit tout content notre vicomte. Il venait de se rappeler le beau sein que la modeste épingle protégeait naguère, et la rougeur charmante de la fillette, en l'échangeant.

Ce jour-là, maître André quitta sa cousine un peu plus tôt que d'habitude; il tremblait pour son épingle, et, rentré chez lui, il la piqua en grand triomphe au beau milieu d'un coussin *brodé par les fées*, où tourbillonnaient, dans une ronde à tout éblouir, la *séduisante* à côté de la *coquette*, la *marquise* et la *baladine*, la *ronce* et la *tubéreuse*, avec tant de : Louise, Agathe, Anna, Pichenette. Ici, chaque épingle avait son nom, presque sa date, et.... *Qui s'y frotte s'y pique*. Il admira, pendant dix minutes, cette humble églantine d'un autre monde, au milieu des topazes, des opales, des roses, des nœuds, des chiffres, des rubis de ce monde-ci.

Cependant revenons à notre bal du Jardin d'hiver. Les petites gens arrivèrent de bonne heure, heureux, Dieu le sait, de s'emparer des belles places, et de se donner de la danse à cœur joie. Il n'était pas tout à fait onze heures quand M. Pagon, madame et mademoiselle Pagon (ils faisaient volontiers ronfler leur nom propre depuis leur concordat avec le vicomte André), suivis de maître Alavoine, qui commençait à dessiner ses prétentions, entrèrent dans la rotonde, où déjà les danses étaient animées. Les Pagons n'étaient rien moins que des Parisiens; ils ne connaissaient personne à cette fête; ils s'amusèrent volontiers à ce mouvement, à ce bruit, à ces concerts de voix et d'instruments, mêlés aux murmures des sources jaillissantes.

Tout jasait, murmurait, causait. Cachée en son coin de fleurs sauvages, Henriette obéissait au pressentiment qui l'avait conduite en ce lieu charmant. Non pas, certes, qu'elle espérât revoir si vite et si bien ce jeune homme élégant qui lui inspirait peu de confiance à vrai dire, et pourtant le rencontrer n'était pas impossible. A tout hasard, elle s'était parée de son rubis; puis, comme elle se savait très-jolie, et qu'elle était plus qu'à demi coquette, elle s'était arrangé une toilette exquise, moitié dame et moitié peintresse, où la mode et les beaux-arts, mademoiselle Ode et dame Nature avaient fait des prodiges. Ses beaux cheveux semblaient plus légers sous cette couronne empruntée aux *Moissonneurs* de Léopold Robert : épis, bluets, coquelicots, diadème champêtre, et digne accompagnement d'une robe en tulle, à la grecque, et telle que la portait Mirto, blonde comme les blés, lorsqu'elle disputait le prix de la lyre à Pindare. Ah! qu'elle était jolie, et joliment enrubannée au souffle harmonieux de ces brises légères! Les bras charmants, les mains charmantes, la main droite un peu plus forte et plus vaillante que la main gauche, habile à tenir le crayon! L'Atalante d'Allegri, ornement des jardins de Choisi, eût envié la jambe et le pied de la belle artiste. Ses deux yeux, clairs et brillants, voyaient toute chose. Elle ne perdit pas une des splendeurs de ces jardins d'Armide.

La fête, à minuit, tournait presque au vertige, et pourtant, dans cette foule, en ce moment suprême, à travers le tourbillon, elle vit entrer (la sensitive !) Aglaé, la belle et la superbe, Aglaé d'Avrecourt au bras du vicomte André. Elle était vêtue à ravir, d'une façon splendide, en tulle, en dentelles, en fleurs de toutes les saisons de l'âge d'or et du printemps. Elle était vraiment flamboyante, et les bras nus, l'épaule nue, et toutes les nudités décentes que montre hardiment une belle personne à son zénith. Elle marchait dans un concert d'admiration, d'adoration, de murmures, la tête haute, un bouquet à la main, un collier de perles à son cou. Les amoureux eux-mêmes, et leurs amoureuses s'effacèrent, laissant passer cette beauté. Elle acceptait ces hommages et ces admirations comme une dette ; et, sans accorder un regard à personne, elle voyait toute l'assemblée : à la fin, son regard s'arrêta sur les yeux brillants de la jeune Henriette qui la contemplait avec une admiration mêlée de terreur. Et de même qu'elle n'avait pas compté sur la présence en ce lieu du vicomte André, Henriette avait compté moins encore que le jeune homme aurait à son bras cette muse insolente.

Ainsi, son étonnement était double. A voir ces deux jeunesses se regarder, interroger et deviner sa rivale, on eût dit deux statues dont les deux cœurs battaient profondément.

Mlle d'Avrecourt fut la première à se remettre ; elle avait plus d'habitude et de savoir-vivre ; elle avait appris, de bonne heure, à cacher ses plus vives sensations sous un rire affable et dédaigneux. Sans mot dire, elle se laissa conduire à la place qui lui était réservée au milieu de la rotonde. Elle fit asseoir son père à sa droite et quand son cousin fut à sa gauche, et qu'elle se fut bien assurée qu'il n'avait pas vu, et que maintenant il ne pourrait pas voir cette inquiétante vision, son beau visage reprit sa sérénité. Les danseurs alors de se produire autour de la belle, et d'implorer l'honneur d'une valse. Elle promit à celui-ci, à celui-là, sans trop songer à son cousin, qui laissait le champ libre. Elle accorda sa première valse au jeune prince d'Oronzoff, attaché de l'ambassade russe. Il dansait à merveille, elle valsait à ravir, et tous les deux disparurent dans le tourbillon. Ce fut alors que le vicomte se vit aborder par M. Pagon. Il était partout, M. Pagon, très-curieux, très-attentif, très-jaloux de tout voir, pour son argent.

« Vous voilà, mon parrain, dit-il au vicomte, en appuyant sur ce mot *parrain;* je suis content de vous rencontrer, pour vous dire que nous avons quelque chose à changer au traité de l'autre jour. Oui, monsieur, après un jour ou deux de réflexions, avec les bons conseils de ma fille et de ma femme, j'ai pensé que nous avions vendu un droit qui ne doit pas se vendre, et que je vous ai pris un argent qui me gêne et m'attriste. Ainsi, c'est convenu, je vous rendrai vos 10 000 francs, pas plus tard que demain, et vous garderez le droit de baptiser ma rue et mon passage, à condition que vous resterez notre ami. »

Ces paroles, pleines de bonhomie et de naturel semblèrent atterrer le vicomte. Il avait bien voulu tendre un piége à cet usurier de village, mais il avait honte de voir ce pauvre homme avec si peu de défense, et tendant le cou au lacet. Le remords de sa méchante action avait déjà pointé dans son âme, et maintenant que sa victime innocente s'en rapportait à sa bonne foi, il fut sur le point de lui expliquer ce dangereux problème. Il en fut empêché par l'apparition de sa cousine, la valse étant achevée, et son danseur s'étant incliné devant sa brillante partenaire, qui lui fit un beau salut.

« Eh! justement, voilà maître Henry Pagon, s'écria le général.

— Pour vous servir, mon général.

— Que je suis content de vous voir! reprit M. d'Avrecourt. Et vos dames se portent bien?

— Vous leur faites trop d'honneur, les voici là-bas qui ouvrent de grands yeux, pour savoir avec qui j'ai l'honneur de causer. »

A ces mots « les voici là-bas! » Mlle d'Avrecourt tourna la tête.

« Ah! se dit-elle, mes pressentiments ne m'avaient pas trompée ; » et comme en ce moment le vicomte était, lui aussi, dans une contemplation muette, admirant la petite Harpagonne et la trouvant charmante en ses frais atours, relevés de bonne grâce et de bonne humeur :

— Vous ne m'aviez pas dit, mon cousin, reprit Mlle Aglaé, que Mlle Harpagonne fût si belle.

— Et moi, reprit le vicomte André, je suis sûr que je n'en savais rien ; je l'avais très-mal vue, et je me repens....

— De quoi, s'il vous plaît, vous repentez-vous, monsieur le vicomte, et ne jugeriez-vous pas à propos de porter à miss Harpagonne tous vos repentirs ?

— Je me repens, ma chère cousine, d'avoir porté dans cette famille et dans cette maison d'honnête apparence un grand trouble, et peut-être un déshonneur immérité. Mais il est temps encore de prévenir tant de malheurs, et j'atteste ici le général qu'il ait à me confirmer la validité de ses accusations contre M. Pagon ? A ces mots, le général qui se sentait soutenu par sa fille, se répandit en mille imprécations contre ce faiseur d'affaires qui l'avait ruiné sciemment.

— Sans nul doute, Henry Pagon savait à l'avance les projets de la ville sur les terrains qu'il m'a escroqués ; vainement j'avais sollicité, moi qui vous parle, la plus légère indication qui me fît persister à conserver la Folie-Armont, les bureaux de la ville ont été sourds; je le crois bien, ils avaient été soudoyés par ce Pagon de malheur, que j'aurais traité tout à l'heure selon ses mérites, si je n'attendais pas ma vengeance éclatante, avant midi prochain. Soyez donc en repos, mon beau neveu, et laissez reposer messieurs vos remords. »

Cette déclaration, si formelle qu'elle fût, ne semblait pas avoir convaincu le jeune homme, et Mlle Aglaé eut grand tort, quand elle aurait dû calmer ce faible esprit par un semblant d'amitié, de le rudoyer impitoyablement.

« C'est bon, dit-elle; allez, mon cher cousin, à la plus riche. Ici, tout au plus on vous ferait heureux; là-bas on vous offre une fortune; et tenez, sotte que je suis, je ne veux pas d'autre preuve de votre intelligence avec Mlle Harpagonne, que cette aimable entente entre le joyau quelle porte, et le bijou que vous portez. Elle a votre épingle, vous avez la sienne, et je ne sais rien de plus piquant que cet accord parfait de deux cœurs à l'unisson. »

Elle disait tout cela, toujours sous le rire et sous l'éventail, en levant la tête, et ses beaux yeux, à demi fermés, qu'elle ouvrait parfois tout chargés d'étincelles. Hélas! l'adorable et la cruelle, on eût voulu la battre.... et l'adorer!

Le fait est qu'elle tenait dans ses serres de tourterelle ce bel oiseau bleu, qui se laissait torturer à plaisir. Il l'avait tant aimée, et tant il l'aimait encore! Et pourtant, rien n'était plus vrai; sur le point de se rendre à ce bal, lorsqu'il aurait dû choisir sa plus brillante épingle, et la moins compromettante aux yeux de sa cousine, il en avait pris une au hasard. Le hasard le servant bien, le poussa sur la plus modeste, et sa cousine avait bien le droit d'en être un peu jalouse ou mécontente. Il se regimba cependant contre cette remarque assez désobligeante : « elle est riche! » et, mécontent, il se leva et quitta son siége, sans trop savoir de quel côté diriger ses pas, lorsque sa cousine, l'arrêtant d'un geste :

« Écoutez-moi, lui dit-elle à voix basse; allez prendre un peu d'air là-bas, dans le premier salon, et remettez-vous, en causant avec vos amis. Mais si vous allez du côté de la sirène.... si vous franchissez le Rubicon de cinquante chaises qui vous séparent, elle et vous, renoncez, mon beau cousin, à la conquête de votre cousine. Avant que vous ayez touché la robe de la petite Harpagonne, Mlle Aglaé d'Avrecourt aura donné sa parole au prince d'Oronzoff. »

Comme elle achevait sa menace, l'orchestre préludait au cotillon, et le prince, en grand triomphe, arrivait pour réclamer la promesse de Mlle Aglaé d'Avrecourt.

Sur quoi le vicomte André, très-décidé à ne pas déplaire à cette belle personne qui le traitait déjà en fiancé, et dont il pardonnait la colère, en songeant que cette colère était de l'amour, allait chercher un peu de calme à l'entrée du premier salon, lorsqu'un sourire échangé entre le prince et sa cousine, l'avertirent qu'il faisait fausse route; ou plutôt c'est l'instinct, c'est la passion qui le veulent ainsi. Donc le jeune homme eut bientôt franchi « le Rubicon, » sans trop savoir ce qu'il allait dire et ce qu'il allait faire, et quand il se vit en présence de l'aimable Henriette, il oublia toutes les défenses de la superbe Aglaé. D'ailleurs comment résister à ce contentement, à cette joie, à cette intime reconnaissance, à ces regards qui disaient tant de choses? En voyant son humble épingle au col de ce beau jeune homme, Henriette en fut éblouie; elle n'avait jamais rêvé tant d'espérance et tant d'orgueil. De son côté, le vicomte obéissait au charme; il s'abandonnait à l'enchanteresse, et tout de suite Henriette, avant que le jeune homme eût offert son bras, et peut-être aussi, le jeune André, avant qu'Henriette eût accepté son invitation, les voilà qui se mêlent à la foule des danseurs. Ils n'avaient pas dansé de la soirée; on eût dit qu'ils s'étaient réservés l'un pour l'autre. En ce moment le *cotillon* commençait.

L'origine du cotillon se perd dans la nuit des

temps; c'est une invention galante, assez semblable au labyrinthe de l'île de Crète ; une suite de tours et de détours, où deux amants se perdent et se retrouvent, se quittent et se reprennent, fiers et contents, Dieu le sait! le danseur de montrer sa danseuse à ses rivaux, pendant que la danseuse oppose à ses rivales ce Don Juan de sa fantaisie. Il n'y a rien de leste et de plus joli que le cotillon, bien dansé par la jeunesse élégante. Il admet toutes les intentions, toutes les grâces, toutes les coquetteries; c'est à qui parmi ces jeunesses amoureuses, augmente en ses espiègleries les contentements de cette réunion de tous les bonheurs.

Après s'être un peu contenus dans leur joie, et quand ils eurent laissé leurs voisins donner la vie et le mouvement à la danse, Henriette et son camarade André s'abandonnèrent librement à toutes les inspirations de cette fête aux mille aspects si divers. Ils dansaient, ils valsaient, ils exécutaient les plus galantes figures, et tour à tour séparés, réunis, leurs regards se faisaient toutes les promesses que fait le doux avril au mois de mai. Ils furent bien vite un spectacle : on les regardait, on les admirait, on finit par les applaudir. Les honnêtes femmes disaient : « Le joli couple ! »

« Ah ma chère, disait à sa camarade une célébrité parmi les femmes compromises, quel parfait cavalier; comme il mettrait une coquette de profession à la mode, et quel dommage qu'il ne hante que les femmes comme il faut! »

Cependant, quand ils virent qu'ils étaient seuls à être regardés, et quand ils entendirent qu'on les applaudissait, soudain la fillette et le garçon s'arrêtèrent, quelque peu honteux, mais bien contents. Le vicomte André était à mille lieues de sa cousine et de ses premières amours.

« Tant mieux pour elle et pour moi, se disait-il, qu'elle devienne une illustre princesse! »

Henriette, la triomphante, eût donné le bras à quelque élève lauréat de l'atelier de Paul Delaroche ou d'Eugène Delacroix, qu'elle n'eût pas été plus à son aise. Ah! le beau rêve!... Et voyant sa modeste épingle à la cravate du jeune homme, elle comprit qu'elle ne rêvait pas.

Un nouvel incident très-inattendu mit le comble au triomphe éclatant de Mlle Pagon. Cette fête de la bienfaisance, après le bal, se composait d'une exposition de tableaux, offerts par les peintres modernes, à ces royalistes déshérités de leur roi légitime. C'est l'usage en ce monde enchanté des beaux-arts, où chacun vient en aide à son voisin, en songeant qu'il peut être aidé à son tour : à la moindre prière, ils sont prêts, l'*histoire* aussi bien que le *genre*, et le *paysage* avec la *charge*. Ici l'on pleure, on rit plus loin : faites vos adieux au soleil couchant; saluez le doux lever du soleil!

L'œuvre achevée est exposée aux yeux des amateurs, elle est mise en loterie, et qui la gagne en va décorer sa maison.

Tout le salon carré du Jardin d'hiver était rempli de ces esquisses, de ces images, de ces fantaisies offertes par les jeunes peintres à l'exposition de la liste civile. Beaucoup de médiocre, un peu de mauvais, d'assez jolies choses; tout le niveau du petit art qui se fabrique, à tout heure, aux deux extrémités de la grande ville. Aussitôt que le salon fut ouvert, les curieux s'y portèrent, et des premiers, Henriette et le vicomte, en vrais camarades. L'un et l'autre étaient habiles, et savaient comment se regarde un tableau. C'est vu tout de suite, ou bien l'on n'en finit pas de le regarder. Ils allaient donc, sans trop s'arrêter, d'une toile à l'autre, quand tout à coup le vicomte André tombe en arrêt (c'est le mot) sur un ravissant paysage où l'on eût dit que Claude le Lorrain avait jeté les plus vives et les plus douces couleurs de sa palette. Au premier abord, ce paysage était peu de chose : une île au milieu du flot qui court, un saule aux branches étendus, le dernier rayon se jouant çà et là.

On voyait, sur les bords du fleuve, un bateau sans avirons, qui semblait échoué dans les herbes fraîches. Tout au loin, s'étendait la campagne, à travers les gazons brûlés. C'était triste, agreste, bien senti; très-calme, avec un profond sentiment de la nature et de sa douce majesté. Pas un homme, et pas même un troupeau dans le lointain : rien que la vie universelle, ingénument répandue. On voyait que le peintre était resté seul, entre l'eau, la terre et le ciel, et son idée, errante du nuage au flot qui jase.

« Ah! que c'est joli! s'écria le vicomte, et ne seriez-vous pas de mon avis, mademoiselle, vous qui êtes si habile à distinguer sur des fragments, grands comme la main, Raphaël du Corrége, André del Sarte du Parmesan? »

La jeune fille écoutait et regardait sans mot dire; une aimable rougeur était montée à sa joue, et si elle était contente, ce n'était pas tout à fait du tableau qu'elle avait sous les yeux.

« Vous êtes vraiment, disait-elle au vicomte, en vos moments d'indulgence. On vous accorde assez volontiers que ce tableau est heureusement copié dans un espace étroit, sous un ciel qui manque à la fois de vie et de chaleur. Mais quelle inexpérience en tout ceci! Que d'hésitations puériles, que ce peintre est loin de l'idéal ! »

Cependant, le jeune homme était loin de se rendre à toutes ces bonnes raisons; il discutait avec sa voisine, il la trouvait injuste.

« Jalousie de métier, disait-il; la main qui a dessiné cette barque est une main puissante, et je m'y connais.

Ils parlaient un peu haut : leurs voix d'abord, le tableau ensuite, eurent bientôt attiré une certaine foule.

« Or, n'en déplaise à madame, je suis tout à fait de l'avis de monsieur, s'écriait un jeune ébouriffé de blond, digne élève de Jules Dupré ; ceci est bel et bien de la peinture en belle pâte, avec un ragoût d'Italie ; un filleul de Claude Lorrain. M. Jules Dupré mettrait dix ans à effeuiller ce saule, il n'y parviendrait pas. »

Ce rapin (c'en était un) fut suivi de plusieurs autres, dont les peintures, plus ou moins enfantines, étaient appendues à ces murailles. Quand ils eurent sans envie étudié l'œuvre en litige, ils partirent tout d'une voix, et tout haut, sans se gêner, disant :

« Voilà enfin une belle chose, et l'œuvre excellente d'un vrai peintre, un vrai Louis Cabat, un Marilhat, un Rousseau. »

Plus ils parlaient, plus Henriette semblait confuse, et plus le vicomte était content.

« Heureux le billet gagnant, disait-il ; je donnerais mille écus de ce petit tableau.

— Vraiment, monsieur, reprit M. Dubois, mille écus ! j'en donnerais cinq mille francs, moi qui vous parle. »

Il était grand connaisseur en peinture, ce M. Dubois, très-brave homme et très-bon acheteur.

Les peintres l'aimaient, parce qu'il avait toujours beaucoup d'argent à leur service ; ils le craignaient aussi, parce qu'en fin de compte, il faisait toujours avec eux un bon marché pour sa galerie. A ces mots : *cinq mille francs*, la curiosité toucha au délire ; chacun voulut voir le chef-d'œuvre.

« Retirons-nous ! » disait Henriette ; et son visage était plein d'angoisse.

Le vicomte pensa d'abord qu'elle avait peur de sa cousine et de son oncle, qui venaient d'entrer tous les deux dans le salon, suivis du prince Oronzoff. Elle ne voyait ni le prince, ni le général, ni Mlle Aglaé ; elle ne s'occupait que de son père et de sa mère qui étaient à deux pas d'elle. Elle n'eut pas le temps de les rejoindre et de leur dire : « Taisez-vous ! »

« A la fin, s'écria M. Pagon, je retrouve à la fois le peintre et son tableau. Eh bien ! ma fille, il me semble que ta petite composition a bien fait son chemin dans ce monde ?

— Sur la terre et sur l'onde, ajouta M. Alavoine.

— Eh quoi ? c'était vous ! s'écria le vicomte, en pressant la main d'Henriette avec un respect, rempli de la plus douce émotion.

— Amis, je savais bien que je la connaissais, s'écriait un des rapins à ses camarades, c'est la jeune fille du Louvre, elle y vient tous les dimanches, et M. Ingres lui a fait un jour compliment de son dessin de la Belle Jardinière. »

Alors les voilà qui s'inclinent, les voilà qui l'admirent et qui lui disent : « mon confrère ! » Heureuse, honteuse, elle l'était.

« Ce n'est plus cinq mille francs que je donne, s'écriait M. Dubois, va pour six mille.

— Et moi, dix, reprenait le vicomte, en plaçant sa carte au bas du tableau.

— Allons, ma fille, il est temps, partons, disait M. Pagon, qui pleurait de joie ainsi que Mme Pagon et ce brave Alavoine; il est temps, la carriole est là-bas qui nous attend. »

A ce mot : *la carriole,* il y eut bien des seigneurs et bien des petites dames qui se fussent moqués volontiers, à commencer par le prince et la belle Aglaé; mais les rieuses furent contenues par le vicomte, et les rieurs par les rapins.

« Quoi donc, mademoiselle et cher confrère, vous avez à peine une carriole, lorsque tant de gredins ont un équipage? Une carriole, au propriétaire de ce coucher de soleil ! Vous auriez droit à monter dans le char du soleil! » Ainsi disaient les rapins tout joyeux.

Et du même pas, ils conduisirent *la fille du Louvre* à son char de triomphe. Il est vrai que le vicomte André la tenait toujours par la main.

Dans le vestiaire, il l'entoura de petits soins,

comme ferait un père pour son enfant bien-aimée. En vain les rapins lui voulaient mettre ses mules qu'elle avait brodées; il les délivra de cette peine. Il lui présenta son manteau, puis sa capeline. Avec elle, il descendit lentement les quatre ou cinq marches qui séparaient le Jardin d'hiver des Champs-Élysées. La pluie à torrents tombait, mêlée à la bise. Hélas! la *carrriole* était ouverte à tous les vents : c'était un vieux landau de la banlieue, et qui ne fermait plus.

« Mais vous allez périr de misère et de froid, là-dedans, dit le vicomte à la dame un peu confuse. Acceptez, s'il vous plaît, ma berline. Il fit avancer sa voiture; il y fit entrer cette protégée de la lampe merveilleuse. Il posa sur ses membres délicats, la peau de tigre dont il se servait dans les plus rudes hivers; puis la petite Harpagonne et sa mère, et le père Harpagon avec son ami Alavoine, étant bien installés dans ce carrosse, le cocher, qui savait le chemin, toucha du côté de la Folie-Bremont. Les rapins applaudissaient à l'action du vicomte, et la douce Henriette, fermant ses yeux, se laissait aller nonchalante à ce beau rêve.

— Ah! tu portes de pareilles artistes; nous te louons pour le reste de la nuit, dirent les rapins au cocher de la carriole, et tu souperas avec nous. »

Pendant que le vicomte remontait au vestiaire,

où il avait laissé son manteau, Mlle d'Avrecourt, au bras du prince, et suivie de son père, descendait les marches couvertes de tapis, avec la majesté de Junon, lorsqu'elle descend des nuages de l'Ida.

Elle avait tout vu, tout compris; elle n'était pas indignée ou méprisante; elle n'était pas triste. Il lui suffisait que sa rivale fût une artiste, une faiseuse de tableaux, pour que soudain s'évanouît toute sa colère. Hors de son monde, Aglaé ne s'inquiétait guère, et son cousin eût donné le bras à quelque saltimbanque de la foire, à quelque danseuse du tas de la danse, elle ne s'en serait pas émue davantage. De son côté, soit qu'il ne l'eût pas vue, ou n'eût pas voulu la voir, le vicomte André laissa passer sa cousine, et, pendant qu'on lui cherchait son manteau dans ce vestiaire en désordre, voici la conspiration qui fut ourdie, au bas du vestibule, entre une douzaine de petites dames et de petits messieurs, plus sérieux cependant que la compagnie à laquelle ils prêtaient main-forte.

C'est l'attrait et le malheur de ces bals par souscription : chaque femme y peut aller pour son argent, les honnêtes et les perverses, la duchesse et la fille. Il y avait beaucoup plus de celles-là que de celles-ci, dans ce bal du Jardin d'hiver, et comme les dames du demi-monde avaient été tenues toute la nuit en respect par les honnêtes femmes, elles n'étaient pas fâchées d'avoir leur revanche, en prenant jusqu'au lendemain, aux mères, leur garçon; aux femmes, leur mari; aux jeunes filles, leur fiancé. C'est la coutume et la vengeance de ces drôlesses; elles n'y manquent guère. Il faut dire aussi, tant les hommes sont lâches et vicieux, que rien n'est plus facile à prendre que cette revanche du carton sur le fer, du plâtre et du vernis sur les beaux visages, des filles de portier sur les grands noms qui viennent des croisades. Mais quoi! le bel enjeu de la soirée, entre ces dames qui se connaissaient toutes, et qui savaient à quelles lâchetés elles avaient affaire, était justement de séduire et d'enlever le vicomte encore tout rempli du génie et de la beauté de son amoureuse. Il méprisait, nous l'avons dit, ces Pasiphaë des imaginations perverties; il ne voyait nulle gloire à les soumettre, et nul plaisir à les suivre. Il trouvait que la plus belle entre ces infantes de rebut ne pouvait lutter, sous aucun rapport, avec la plus simple et la moins coquette des honnêtes femmes. Mais c'est le penchant de ces têtes fêlées : plus il les tenait à distance, et plus elles se faisaient un point d'honneur de lui faire porter, même un instant, leurs chaînes vénales.

« Je parie avec vous, disait la petite Fanny à la grande Laura, que tout à l'heure, ici, je l'invite, je l'enlève, et je le fais souper, avec nous, à la Maison d'Or?

— Tope là ! reprit Laura, et vite; et vous, sur vos gardes meurtrières.... voilà l'ennemi ! »

Alors Fanny Mercier (c'est son nom de demoiselle; elle avait commencé par être la baronne de Guérande); en toute hâte, se blottit dans le carrosse de M. de Canonville, et le valet, s'adressant au vicomte André, qui cherchait une voiture de place :

« Si monsieur le vicomte voulait entrer dans le carrosse de Monsieur, Monsieur lui offre une place de bon cœur. »

André qui connaissait la voiture, entra sans méfiance, et fouette cocher !... Le coupé partit au trot de deux grands chevaux.

« Enlevé ! s'écria Fanny Mercier, le vicomte est à moi !

— Pardieu ! dit-il, vous avez fait là une belle trouvaille !

— Ah ! reprit-elle, en fixant sur lui des yeux pleins de larmes (elle pleurait à volonté), si j'étais digne encore de l'attention du vicomte, et s'il voulait se rappeler qu'il m'a fait la cour autrefois, quand j'étais la baronne de Guérande !... Hélas ! faites cela par pitié, mon cher André. Tendez une main secourable à la malheureuse qui s'est perdue. Elle est au fond de l'abîme, aidez-la ! Peut-être un jour, glorifiée et sanctifiée par l'amour véritable, serez-vous fier de votre ouvrage.... »

Elle débitait ces belles choses, les mains jointes, à la lueur des lanternes, dont le reflet animait son visage. Un autre eût été pris à ce *requiem* de la Bohême galante.

« Ah! disait André, la bonne farce, et la grande comédienne! Es-tu donc assez amusante, avec tes lon-lan-laire, et que ne dis-tu, tout de suite, avec ta cousine Marion de Lorme :

Ton amour m'a refait une virginité!

Elle alors, comprenant qu'elle était devinée, elle se mit à rire, à son tour.

« Corne de cerf, vous n'êtes pas facile à prendre, André, mon mignon, et vous êtes rude à la tentation! Je vous ai cependant vu si tendre et si soumis, à genoux, vous qui baisiez le ruban de ma ceinture.... Ah! c'était le bon temps!

— La ceinture en valait la peine, ô mes amours! Elle était nouée en façon de nœud gordien. Un plus heureux que moi, a tranché ce nœud-là. Mais s'il vous plaît, Fanny, où me conduisez-vous?

— Choisissez, dit la baronne avec sa voix de mystère, ou de souper tête-à-tête avec moi, chez moi, ou de souper en grande compagnie à la Maison d'Or?

— Va pour la Maison d'Or, ma petite baronne, et « plus on est de fous, plus on rit! » disait la chanson. J'aurais cependant donné quelque chose pour rentrer tout bêtement chez moi.

— Donnez-moi ce brimborion d'épingle, André, vous êtes libre, et je vous fais reconduire à votre hôtel, sans souper.

— Non, reprit le jeune homme : à la Maison d'Or! » Et comme si le cocher l'eût entendu, le coupé s'arrêta sur les marches de la Maison d'Or.

La compagnie était attendue en ce lieu de plaisance, et déjà tout était prêt à la recevoir. André et la dame entrèrent dans un petit salon où flambait un grand feu.

« Personne encore? dit-il; voilà un souper qui commencera de bon matin.

— Vous verrez que ces dames auront été faire un bout de toilette à leur visage, répondit la baronne en s'installant au coin du feu. On ne reste pas impunément au bal, quand on n'est plus de la première jeunesse, et nos danseuses n'ont pas été fâchées :

De réparer du bal le réparable outrage.

— Ah! que je m'ennuie, ajouta la baronne, un pied sur les chenets, quel métier! Une honnête femme, à cette heure, est retirée honnêtement dans son alcôve, elle dort; les autres veillent. Sur ma parole, mon cher vicomte, vous faites bien de ne pas nous fréquenter.

A cette morale inattendue, en lieu pareil, le vicomte cherchait une réponse qui ne fût pas ridicule, lorsqu'il vit entrer une dame, en ce moment célèbre au delà même du monde étrange dont elle était la reine. On l'appelait, de son surnom, *la Topaze;* elle avait commencé par être une basse courtisane, et de chute en chute, à travers ces fanges méotides, effrontée et babillarde, à force d'entasser les mépris sur les insolences, elle était devenue une quasi-reine. Sans esprit, elle avait souvent des reparties piquantes, qui faisaient crier au miracle. Elle était sotte et vaine, adroite au besoin; une âme de boue, un corps de fer; lâche, et ne redoutant aucune aventure; avare, avide, et cependant préférant souvent son caprice à l'argent. Cette femme-là est vieille comme le monde; les Athéniens l'appelaient Phryné *le Crible.*

« Un tête-à-tête? un rendez-vous? dit-elle en entrant. Recevez, chère baronne, les compliments de votre humble servante.... »

Et comme elle vit qu'elle n'avait pas frappé juste :

« Excusez-moi, dit-elle, si je porte un jugement ténébreux. »

Alors, s'adressant plus directement au vicomte :

« Il ne faut pas en vouloir, mon cher monsieur de la Vertu, à madame notre nouvelle amie, si elle vous a tendu un piége mal tendu; il n'y a que ces baronnes pour tout de bon, ces dames du vrai monde, ces pêches à quinze sous, pour enlever à une heure du matin, et pour le conduire à la Maison d'Or, un innocent qui toute la nuit s'est amusé honnêtement à danser avec une fillette, pour le bon motif. Ces dames mariées avec un vrai mari, au véritable arrondissement, qui ont habité toute leur vie une maison bourgeoise, et qui se jettent, à l'étourdie, en nos accidents, ne savent jamais l'heure et le bon moment de la pêche aux amoureux. Les maladroites qui vont sur nos brisées sans savoir le premier mot de notre profession !

— Quelle pitié ! Tantôt leur ligne est trop tendue et se brise.... ou bien les mailles du filet sont trop lâches, et le poisson pris, leur échappe. Il faut apporter une grande prudence en tous ces manéges. Quant à moi, tout bien posé que vous êtes, monsieur, et toute fière que je serais de rencontrer un cavalier tel que vous, dont pas une de mes amies ne saurait se vanter, ce n'est pas moi qui vous aurais enlevé dans mon carrosse, après toutes les extases dont vous vous êtes enivré cette nuit.... Pardonnez, chère baronne, cette petite leçon, que je vous donne en passant, et tâchez d'en profiter.

— Certes, reprit la baronne en retirant son pied dont l'étalage était inutile, le résultat de mon enlèvement vous donne tout à fait raison, Mlle Topaze ; j'ai pris un hibou croyant prendre un merle blanc.... Mais qui diable aussi se serait douté, même vous, Topaze, avec toute votre habileté et votre prudence, que ce même jeune homme ici présent, ce Joseph du Jardin d'hiver, se trouverait mal à la seule idée de souper avec nous à la Maison d'Or, parce qu'il aura dansé le cotillon avec une jeunesse? Et si vous saviez que cette jeunesse à laquelle monsieur veut rester fidèle en ce moment, et fidèle à tout prix, il a fait naguère, le complot de la déshonorer publiquement, et de barbouiller sa maison de façon que le père, la mère et la fille aient sur les bras, pas plus tard que ce matin, toute une émeute.

— Eh quoi! vous savez toutes mes trahisons? s'écria le vicomte.

— Mon Dieu oui, dit la baronne, le général d'Avrecourt me dit tout, d'autant plus que j'ai quelque intérêt à le savoir riche. Il m'a raconté les écriteaux qui seront posés demain, sur la maison de votre amoureuse ; il nous a même invitées, moi et mes camarades, à venir, sur les quatre heures, dans nos calèches, pour jouir de ce charmant spectacle; et pensez donc si nous y manquerons ! »

Il n'en fallait pas tant, pour que le jeune homme, en ce moment, comprît tout son crime. Il en avait eu le pressentiment cruel lorsqu'il tenait dans sa main la main d'Henriette, et maintenant que la vengeance de son oncle allait s'accomplir :

« O madame, dit-il à Topaze, il faut que j'empêche un grand malheur ! Prêtez-moi votre voiture, et je vous donnerai demain, tout ce que vous voudrez. »

A ces mots, ses yeux éperdus se portaient sur la glace de la cheminée. O surprise ! il y vit une image couverte de la pâleur de la mort. C'était son propre visage ! En même temps, il sentit un grand frisson qui circulait dans ses veines, et bientôt la fièvre ardente s'empara de son cerveau. Il était si malheureux, qu'il fit pitié même à Topaze : elle lui offrit son bras pour descendre.... A peine assis, il s'évanouit dans la voiture qui l'emportait.

C'était la fièvre et c'était la fluxion de poitrine ! A passer par tant d'émotions et de remords, le vicomte André fut vaincu. Il fallut réveiller son père et sa mère, et le porter dans son lit, sans trop savoir quels ordres il donnait d'une voix confuse. Il remerciait Topaze, appelait Henriette ; il maudissait son oncle, il avait des moqueries et des rires qui s'adressaient à sa cousine. Il fut entre la vie et la mort pendant neuf jours. Il pleurait, il se lamentait ; il demandait grâce ! il suppliait son père et sa mère :

« Allez près d'elle et sauvez-la ! Dites-lui que je l'aime.... invoquez mon pardon ! »

Ces pauvres gens éperdus, qui n'avaient que ce fils, qui le croyaient frappé de folie, écoutaient ses discours sans y rien comprendre. Il y avait longtemps qu'ils ne voyaient plus le général et sa fille Aglaé : ils éloignaient de toutes leurs forces, cette alliance dont ils étaient menacés. Ils ne savaient pas quelle *Henriette* invoquait leur pauvre enfant. A la fin, quand la fièvre eut cessé et que cette âme en peine se calma, le jeune homme expliqua à ses bons parents, très-étonnés et très-heureux, toutes les confusions de son cerveau.

X

Voici cependant ce qui s'était passé dans la maison menacée, et comment s'était accompli jusqu'au bout le crime du jeune André. Le lendemain du bal au Jardin d'hiver, la famille Pagon, réunie au déjeuner, repassait les incidents de la veille, et le père et la mère ne tarissaient pas en éloges sur l'esprit, le dévouement, la grâce et la beauté du jeune valseur.

« J'ai vu le moment où il m'embrassait, disait la mère.

— Et moi, donc, reprenait le père Pagon, je ne sais pas ce qu'il a voulu me dire, mais il m'a commencé un petit discours qui ressemblait fort à une demande en mariage. »

Ils s'extasiaient l'un l'autre sur l'admiration du vicomte pour ce tableau dont l'auteur était encore inconnu. Que d'éloges, que de succès, et quel prix il offrait de ce *chef-d'œuvre!*

« Et toi, ma fille, tu ne dis rien? reprenaient le père et la mère. Ah! comme il te regardait; comme il t'a reconduite au bas de l'escalier, dans la rue et sans manteau, par une pluie à torrents! »

Henriette écoutait toutes ces louanges sans mot dire, et cependant elle repassait dans sa mémoire, elle aussi, toutes les choses qu'il avait dites et qu'elle avait ressenties; elle revoyait, dans son propre triomphe, la défaite de mademoiselle Aglaé d'Avrecourt; elle entendait retentir à ses oreilles charmées, cette voix d'un si beau timbre et qui disait tant de choses; elle se rappelait tant de précautions qu'il avait prises à la mettre en son propre carrosse, à relever les glaces de la berline, à l'abriter sous la peau de tigre... Et pourtant sa joie était troublée; elle n'y pouvait rien comprendre; elle savait confusément qu'il y avait un mystère en tout ceci, mais quel mystère... un danger, peut-être..., et quel danger?

« Soyez sûrs, disait-elle à son père et à sa mère, que ce jeune homme est venu chez nous, avec des intentions méchantes; toutes les propositions qu'il vous a faites étaient faites pour vous nuire, et (j'en ai peur!) les amitiés d'hier cachaient un grand piége.

— Fille méfiante! disait le père.

— Ah! que te voilà bien, à n'être jamais contente, ajoutait la mère. »

Et, comme ils achevaient de déjeuner, maître Alavoine accourant :

— Eh vite, eh vite! criait Alavoine; on est en train de poser là-bas, trois belles tables en marbre noir, en lettres d'or. On lit déjà, avec une curiosité que je ne saurais vous dire : *Petite rue Harpagonne* et *Grande rue Harpagonne!* Il y en a dans la foule qui rient et battent des mains, en signe de joie; il y en a d'autres qui sifflent et qui grondent. A chaque instant, cependant la foule augmente, et pour peu que cela dure encore dix minutes, vous aurez une émeute. Ils en sont maintenant à poser la plaque principale, avec des crochets qui représentent cinq griffes acérées. Venez avec moi; ça vous regarde, et ça vaut la peine d'être vu.

Inquiets déjà, sans trop se rendre compte de leur inquiétude, les deux Pagons, suivis d'Alavoine, se hâtaient pour saluer les trois tables noires.

» Viens avec moi, disait le père Pagon à la triste Henriette.

— Avec votre permission, mon père, je reste ici; au moins quelqu'un gardera et défendra la maison.

— Nous allons et nous revenons! dit sa mère. Et les voilà partis, poussés par une curiosité que rien ne pouvait retenir. »

Ils n'étaient plus qu'à une centaine de pas de l'excité Pagon, lorsque soudain les grands murmures qui se faisaient entendre s'arrêtèrent. Alors s'étant avancés jusqu'à la première maison, qui faisait le coin principal du passage, ils virent qu'en effet, deux ouvriers en blouse attachaient solidement, par des crampons de fer, le marbre où se lisait en gros caractères :

GRAND PASSAGE DES HARPAGONS!

Quand le marbre fut posé, l'ouvrier narquois essuya l'inscription avec sa blouse, et fit un grand salut de sa casquette; alors des cris, des huées, des bravos ironiques, tous les mépris d'une foule ameutée.

« Harpagon, disait la foule, Harpagon! que les voilà bien nommés! A bas les Harpagons! » et les huées, les quolibets, et bientôt les menaces.

Épouvantés et comprenant enfin que ce mot *Harpagon*, qu'ils avaient pris pour leur nom propre arrangé pour la circonstance, était une violente injure, et les désignait à toutes les fureurs populaires, dans ces lieux écartés où le peuple était pauvre, et jaloux de toute espèce de prospérité,

Pagon le père et Pagon la mère se tenaient immobiles, et frappés de cette subite lumière.

« Hélas! disaient-ils, nous sommes perdus! Ma fille a raison, ce jeune homme était notre persécuteur. Que lui avons-nous fait? »

Alavoine en vain les voulait calmer.

« Mon pauvre Alavoine, disaient-ils, c'est pourtant vous, qui nous avez donné le conseil de mettre en vente le droit de baptiser ces maisons de malheur! Dure est la leçon, mais nous l'avons méritée! »

Et la foule, toujours croissante, entraînait ces malheureux après elle. Ainsi, sans le vouloir, ils traversèrent la grande rue Harpagonne, et la petite rue Harpagonne.

« Et notre fille aussi, notre innocente fille, si généreuse et si bonne, elle est exposée aux quolibets de cette populace. Ah! mon Dieu, que dira-t-elle, et qu'allons-nous devenir? »

Tel était le désespoir de ces pauvres gens; Alavoine les suivait tout alarmé. En effet, dans cette foule, il suffisait d'un gamin pour tourner le rire en violence. Or voilà soudain plusieurs débiteurs passés et présents du malheureux Pagon qui s'écrient : « Aux Harpagons! aux Harpagons! » Et la foule ardente arrive en courant sur l'humble maison de cette famille au désespoir.

Voilà la maison! La porte est fermée, les fenétres sont fermées! Seule à sa table de travail, Henriette est assise, attendant et pressentant le tumulte. De si loin, elle avait entendu ces cris féroces; elle aussi, elle avait fini par s'expliquer ces huées; elle avait compris ces fureurs sans nom et toujours croissantes, et quand elle vit la foule armée de pierres :

« Tant mieux, dit-elle, ils me tueront, et c'est lui qui viendra me relever morte. Ah! c'est bien fait; il sera châtié de sa trahison.... il en mourra! »

Et comme si son vœu eût été entendu par cette foule obéissante à ses mauvais instincts, les pierres tombèrent dru comme grêle, sur la maison des Pagons. En un instant les vitres furent brisées. Henriette, atteinte au front d'un silex, tomba évanouie au pied de la fenêtre, sa chute la sauva. Pensez donc à la douleur de ce père et de cette mère, accourus trop tard pour sauver leur enfant!

« A l'aide! au secours! » criait le pauvre Alavoine, et sa voix fut entendue, enfin !

Accoururent alors les voisins, les honnêtes gens, les terrassiers et les maçons qui avaient travaillé sur le terrain des Pagons, et comme au fond de cette émeute il y avait peu de colère, l'émeute fut bientôt dissipée. Ainsi passe, au dessous d'un ciel serein, un grand nuage; il pleut.... le nuage en frissonnant se brise contre un vieux chêne.... alors le ciel reparaît calme et serein.

Dans la maison, tout était brisé; la pauvre Henriette, au milieu de ces débris, fut relevée. Le sang coulait à flots de sa blessure, et cependant la blessure était peu dangereuse. En vain le médecin commandait qu'elle gardât le lit, elle n'en voulut rien faire; et, sa blessure étant pansée, elle se tint debout, fière et superbe, à sa fenêtre ouverte, regardant venir, chose inaccoutumée en ce lieu, tous ces beaux carrosses que le baron d'Avrecourt avait invités la veille, comme on invite à quelque spectacle gratis. Mais ces curieux vinrent trop tard pour que leur curiosité fut satisfaite; après le premier étonnement de ces plaques de marbre au mot: *Harpagon!* dont il avait fallu lui expliquer le sens, le peuple, honteux de sa violence, avait passé outre, et les belles dames qui s'en vinrent pour visiter la rue Harpagonne, ignorantes autant que le voyou de la rue, essayèrent en vain de rire de cette plaisanterie qu'on leur disait si plaisante.

Henriette eut donc cette consolation de savoir que ces huées ne recommenceraient pas; mais ce qui la consola tout à fait, et ce qui changea sa peine en victoire, ce fut de rencontrer (la baronne allait devant) les regards joyeux du baron d'Avrecourt et de sa fille. Ils s'attendaient à voir une personne humiliée…. ils trouvèrent une tête blessée; ils croyaient à des larmes…. ils virent du sang; ils attendaient une plainte, ils restèrent atterrés sous le regard dédaigneux de *la fille du Louvre*. Enfin, comme elle était entourée en ce moment de ce musée en débris dont elle ornait sa maison, ils pensèrent que la foule était entrée hurlante, et qu'elle avait déchiré les tableaux dont voici les fragments épars. — A cet aspect, le général et sa fille baissèrent les yeux; pleins de honte, ils rentrèrent dans la ville; il leur semblait lire, à l'avance, sur ces marbres vengeurs : *Passage des Meurtriers!*

Donc le baron d'Avrecourt s'en revint, de cette expédition, moins content qu'il ne l'eût espéré : non pas qu'il s'inquiétât beaucoup des accidents arrivés chez les Pagons, et de Mlle Pagon meurtrie.... il avait bien vu d'autres accidents à la guerre : il s'inquiétait du triste effet qu'avait produit l'espièglerie de son neveu.

« C'est trop loin de Paris, se disait-il, et de la cité des badauds; avant huit jours, ce peuple de là-bas ne s'inquiétera guère plus du passage des Harpagons, que l'on ne s'inquiète ici des rues Beaubourg, Tiquetonne, Coquenard ou Thibeautodé. Ils trouveront même un certain agrément à contempler ces beaux marbres et ces belles lettres d'or; et me voilà bien avancé avec mon compromis de cent mille francs! Mon neveu est un maladroit; ce qu'il a fait de mieux dans tout ceci, c'est de tomber malade, et d'être à la mort, juste au moment où son amoureuse a la tête fêlée. Il se fût jeté à ses pieds pour lui demander pardon, il eût brisé l'insolente enseigne, et j'en étais pour mes espérances. »

Au milieu de ces méditations, M. d'Avrecourt fut rejoint par ce même banquier, acheteur de dix mille mètres de terrain dans la Folie-Armont.... Nous avons déjà dit que M. Pagon n'avait que la parole de l'acheteur, et que le contrat était encore à passer.

A peine ces deux hommes, le banquier et le général, se furent abordés, qu'ils s'entendirent l'un l'autre, à demi-mot :

« Je vais de ce pas, disait le banquier, chez M. Pagon, puisqu'il m'a donné un si bon prétexte à rompre notre marché. J'espère un peu que ces dix mille mètres de terrain lui rentrant à l'improviste amèneront quelques sages réflexions en votre faveur. Suivez mon conseil, monsieur le baron, rentrez dans cette affaire, à tout prix. C'est un million que vous gagnerez en dix-huit mois; mais, comme en toute chose il faut un courtage, vous me passerez à 30 fr. le mètre, la portion de terrain que M. Pagon m'avait vendue à 50 fr. » Là-dessus, ils se donnent leur parole; mais ils échangent un petit engagement; en double partie : — *On ne sait ni qui vit ni qui meurt*, dit le proverbe normand.

De son côté, M. Pagon se tenait en repos.... c'était le repos d'un homme éveillé, et sachant parfaitement son véritable intérêt. — Il attendait la visite inévitable de M. d'Avrecourt.... Il vit entrer le banquier Daniel. Celui-ci, très-effrontément, expliqua à son vendeur comment il se croyait bel et bien dégagé de sa parole avec ce passage des Harpagons ; comment la *grande rue* et la *petite rue Harpagonne* avaient perdu en moins d'une heure, une bonne partie de ce qu'elles valaient avant d'être ainsi dénommées. Il était donc tout à fait dans son droit, lui, Daniel, lorsqu'il renonçait à une entreprise commencée sous de meilleurs auspices, et même il conseillait, *en ami*, à M. Pagon, d'effacer au plus tôt cette insolente épithète, ou de renoncer à ses vastes projets pour l'avenir.

Le même jour, à peu d'intervalle, Henry Pagon vit entrer dans son logis où les vitriers n'avaient pas encore remis toutes les vitres, plusieurs des locataires de ses quatre maisons, qui venaient lui signifier leur congé, et lui demander une indemnité pour le tort que ses marbres leur avaient causé. De bonne foi, pouvait-on se rendre au *café des Harpagons?* A ces réfractaires, M. Pagon répondit qu'il était prêt à résilier le bail, et qu'il s'entendrait avec eux, sur une juste indemnité.

Cette conversation entre les divers intéressés fut rapportée fidèlement à M. d'Avrecourt, qui semblait déjà fatigué de son rôle :

« Vous n'avez donc pas dit à cet entêté, mon cher Daniel, qu'il ne s'agit pas ici de mon neveu, que j'ai son dédit entre les mains, et que c'est avec moi seul qu'il peut traiter?

— Pardon, général, je l'ai dit, reprit le banquier, il m'a répondu qu'il était content de vous avoir pour adversaire, qu'il savait bien que votre neveu n'était qu'un prête-nom, et que pour rien au monde, après sa trahison inexplicable, il n'eût voulu lui demander grâce et merci.

— J'irai le voir dès demain, reprit M. d'Avrecourt. Hâtons-nous, si nous voulons réussir, tandis que mon neveu est encore entre la vie et la mort. Une explication avec sa belle Henriette pourrait tout perdre, et cette affaire est de celles qu'il faut brusquer.

— Bonne chance, mon cher général, et si vous avez besoin d'argent, rappelez-vous que j'ai cent mille écus à votre disposition! » reprit Daniel en s'éloignant.

Le surlendemain, vers une heure après-midi, les Pagons étaient réunis, selon leur habitude, en leur salle basse : Henriette, assise dans le fauteuil de sa mère, Alavoine attendant un mot de son ami Pagon, et la grande Harpagonne (ils lui donnaient ce nom-là en riant) tricotant des bas pour son Harpagon. Après un silence, où chacun de ces personnages songeait, maître Henry Pagon :

« Je suis sûr, dit-il, que vous verrez tantôt le général frapper à cette porte. Eh ! bien, qu'il y vienne, et laissez-moi faire : ou je ne suis qu'un maladroit, ou je vous montrerai cette fois, un homme habile, et qui sait mener sa barque à travers les écueils. — Oui, reprit-il, cette fois je vais mériter mon surnom. Le général est jaloux de ma cité, il la prendrait d'assaut, si c'était une ville ennemie. Il la veut à tout prix ; qu'il soit content, je la lui cède à bon compte. »

Et comme Alavoine ouvrait de grands yeux :

« Aurez-vous donc toujours des yeux pour ne point voir, Alavoine ? Et n'avez-vous pas vu que cette affaire est au-dessus de mes forces ? Ne comprenez-vous pas que depuis longtemps déjà, elle me gêne et m'inquiète ? Où donc retrouverai-je, en vingt-quatre heures, ce banquier Daniel, cet acheteur de dix mille mètres qui m'a manqué de parole, et par quel moyen, dans mes maisons désertes, remplacer des locataires qui ne demandaient qu'un prétexte à s'en aller ? Certes, l'affaire est bonne ; elle n'est pas mûre, il faut l'attendre. Enfin, quelles menaces dans l'avenir, quels bruits de mauvais présage ? Il y a trois jours, sous un vain prétexte, une émeute à ma porte ; aujourd'hui de tous côtés ces cris dangereux : *réforme !* Ils parlent déjà, ces amateurs de réforme, de se réunir en famille et de se compter dans un banquet. Croyez-moi, laissons venir le général, il sera le bienvenu. »

En effet, après un débat de trois heures, il fut

convenu entre Henry Pagon et le général d'Avrecourt, que M. Henry Pagon, moyennant quatre cent mille livres, argent comptant, et cinquante mille écus pour l'entrepreneur des terrassements déjà faits, cédait à M. le général d'Avrecourt les quatre maisons, et le terrain compris sous cette désignation : *Passage des Harpagons :* le dédit de cent mille francs étant compté pour somme réelle et reçue. Il était reconnu que les fragments de terrain, non contenus dans le tracé de la cité, restaient la propriété dudit sieur Henry Pagon.

« Lequel dit acte, étant réalisé le surlendemain par le payement intégral de cent mille écus, sera passé en bonne et due forme chez le notaire dudit Henry Pagon. » Ainsi fut dit, ainsi fut fait. Le banquier Daniel intervint pour la moitié de la somme à payer; le reste, moins les cent mille francs du premier dédit, qu'il gagnait sur le marché, fut payé par le général.

« Cette fois ma fortune est faite! disait-il à Daniel en se frottant les mains.

— Notre fortune, s'il vous plaît, mon général, reprenait Daniel, et si vous le vouliez, je sais un bon moyen de confondre en un seul, ce double intérêt »

Ainsi furent employés les trente jours que dura la maladie et la convalescence du vicomte André.

— A peine il avait eu la conscience des tortures qu'il avait subies, et la santé lui revint avant que lui revînt le souvenir. Le temps qu'il avait mis à se guérir, Henriette l'avait mis à le juger. Elle le savait malade ; il y eut un moment, quand elle comprit l'insulte faite à son père et à sa mère, où elle le trouvait indigne de pardon…. Un jour suffit pour la ramener à des sentiments meilleurs, et, tout d'abord, elle voulut lire, à tête reposée, la comédie où l'on voit Harpagon dans l'exercice de son abominable passion. Elle ouvrit l'*Avare* avec haine, elle referma le livre avec joie. Elle avait commencé par s'indigner contre ce malheureux, ennemi de sa famille, ennemi de soi-même, elle finit par en rire, et par son rire, elle fut désarmée.

« Hélas ! se disait-elle, ce n'était qu'une espièglerie, elle a mal tourné pour ce pauvre André. Qu'il vienne implorer mon pardon…. je lui pardonne. »

Au même instant, bonté du ciel ! elle vit se dessiner, une seconde fois, la silhouette des deux chevaux gris ; elle revit le jeune homme, affreusement pâle, et recouvert de cette même peau de tigre où elle s'était blottie. Aux côtés du vicomte se tenait un vieillard aux cheveux blancs ; il descendit le premier, et tendant les mains à son fils, il le déposa sur le seuil de la maison. Ils entrèrent, celui-ci appuyé sur celui-là. — Le jeune André, s'inclinant, comme il eût fait pour notre sainte reine :

« Acceptez, disait le vieillard, mademoiselle, les excuses et les repentirs d'un étourdi qui a pensé mourir de douleur en apprenant les dangers que vous avez courus par son crime. Acceptez en même temps les regrets de son père et de sa mère, et faites grâce à son repentir... »

Elle tendit sa joue au jeune homme, qui la baisa juste à l'endroit où la pierre avait laissé sa cicatrice. Ainsi furent-ils fiancés, et la famille dans laquelle entrait, par une si belle porte, la jeune Henriette s'étonna quelque peu de la fortune de ces Pagon, que le vicomte André croyait avoir ruinés. Il y eut des récits bien divers de ce mariage, et bien des ricanements, mais l'atelier de Paul Delaroche et celui d'Eugène Delacroix battirent des mains au bonheur de la *fille du Louvre!*

Aglaé d'Avrecourt, pour ne pas demeurer en reste avec son cousin, accorda sa main au banquier Daniel, propriétaire de vingt mille mètres de terrain dans la cité des *Orphéons*. C'était le nouveau nom du ci-devant *passage des Harpagons*. De cette façon, ils conservaient les tables de marbre et plusieurs des lettres d'or que le vicomte avait payées. Le soir de leurs noces, M. et Mme Daniel donnèrent à toute la *fashion* un grand bal dans leur hôtel de la rue de Provence, où ils oublièrent d'inviter *Harpagonne*. Le soir de leurs noces, le vicomte et la vicomtesse André s'en furent, en petite loge, au Théâtre-Français, où l'excellent comédien Provost jouait l'*Avare*.

Ah! comme ils s'amusèrent, et comme ils se félicitaient, en se serrant la main, de ce pauvre Harpagon qui, sans le savoir, les avait mariés!

Un an après ces justes noces, à l'heure où la Folie-Armont trouvait enfin des acheteurs sérieux, où les travaux de la butte aux Cailles étaient repris avec une ardeur inaccoutumée....

« Ah! le coquin! ah! le brigand! le traître, et l'Harpagon des Harpagons! » s'écriait le général d'Avrecourt....

La révolution de 1848 venait de remettre en question la paix de l'Europe, ainsi que l'avenir de la *petite rue Harpagonne*, et du *passage des Harpagons*.

THÉODORA

THÉODORA.

Le jour où le jeune comte Ernest de Caradeuc fut présenté à Mlle Théodora, fut, sans doute, un des plus beaux jours de sa vie. Il avait vingt ans, rien à faire, il se croyait riche avec trente mille livres de rente que lui avait laissées son père. Il venait du fond de la Bretagne à Paris, où l'envoyait sa mère elle-même, afin, disait la bonne dame, que son fils unique eût tout loisir de parcourir le cercle accoutumé des folies de la jeunesse.

Alors il reviendrait dans le château de ses pères, où il devait épouser, quand il aurait ses trente ans, une riche héritière qui grandissait paisible et sans ambition, dans un vieux château entre un étang et une forêt. Il est juste, en effet, disait la dame à son fils, que vous sachiez les vanités de ce bas monde. Il partit, pleuré des serviteurs, béni par sa mère, et content, Dieu le sait, d'être un peu libre, à son tour.

Comme il représentait un des grands noms de sa province, il eut bientôt rencontré dans la grande ville un ami pour le présenter en quelques bonnes maisons, et même à Mlle Théodora.

Vous l'avez connue. Elle approchait déjà de la trentaine. Elle était célèbre, entre toutes les parisiennes galantes, pour sa suprême élégance en meubles, en bijoux, en équipages, en toilettes. Elle était, en sa gloire de Niquée, une arbitre de la mode, et plus d'une fois, les marquises des grands faubourgs, s'étaient (j'en suis fâché pour elles) informées tout bas, du nom de sa couturière? — On racontait, dans un certain monde, que la dame ne portait guère que cinq ou six fois une robe nouvelle. Elle faisait, les jours ouvrables, deux toilettes par jour, complètes; plus une toilette supplémentaire pour les jours de bal ou d'Opéra. Les lingères ne prononçaient le nom de Théodora qu'avec respect; elle était traitée en reine au *Page*, et les *Villes de France*, quand elle daignait les honorer de sa présence, la reconduisaient jusqu'à son carrosse. Elle avait inventé, la première, le grand art d'assortir la robe au chapeau; la bottine au jupon, et les gants à l'ombrelle. Elle avait mieux que le goût de la parure, elle en avait le génie, et si loin elle poussa ce grand art pour lequel elle était faite, qu'un théâtre habile imagina d'engager, pour remplacer la grande coquette,

cette élégante Théodora. C'est notre sottise et notre
habitude aujourd'hui, nous nous éprenons de la
comédienne à l'amorce de ses dentelles, de ses rubans, de ses fanfreluches. Fantaisie est le nom de
Célimène, et Caprice est le nom de la belle Armande.

On n'a plus nul souci du talent, de la beauté.
Que nous fait le charme? A quoi bon le sourire? Il
suffit que le jupon soit de la bonne faiseuse. On
n'en veut pas davantage. Et voilà comment miss
Théodora avait été bombardée en plein drame, où
chacun l'admirait pour sa façon de porter les *bottes*
et de tenir l'éventail. C'était son talent et sa renommée. Il n'y avait pas jusqu'aux titis du boulevard,
qui ne fussent très-sensibles à ces anneaux, à ces
bracelets, à ces carcans de pierreries. L'un à l'autre, ils se disaient, en se montrant la rivière et les
pendeloques : *Diamants fins!* Et pas un, la voyant si
riche, qui ne se mît à verser les larmes les plus
amères, lorsqu'apparaissait, au quatrième acte,
cette beauté, au milieu des dangers et des douleurs
de toute sorte. On n'entendait que des gémissements dans toute la salle. O ciel! est-ce possible,
est-ce vrai? Ces *diamants fins* poursuivis par tant
de bandits !

Tout comme un autre, Ernest de Caradeuc avait
gémi plus d'une fois, sur les destinées de cette belle
au riche écrin; il ne savait rien de plus touchant
que ce beau front orné d'un diadème; et ce beau

cou ruisselant de perles. Il ne mettait pas en doute un seul instant, que ce corsage en rubis ne cachât un cœur sensible. Il faut dire aussi ce miracle : un jour que la dame oublieuse de sa richesse et de sa parure, appartenait tout entière au drame où elle jouait un rôle, elle poussa un cri si naturel, avec un geste si vrai, un regard si profond, qu'à l'instant même elle passa grande comédienne. On ne parla pendant six semaines, que du talent qu'elle avait déployé, et de l'énergie avec laquelle elle s'écriait, aux pieds de sir Arthur : « Au nom de votre mère, au nom de votre enfant, voyez, je prie et je supplie ! Ayez pitié, milord, de la triste veuve de votre ami.... — Elle a vraiment ressuscité la Dorval! » s'écriaient les petits messieurs de l'orchestre. « Elle a vraiment l'accent de Mlle Mars! » disaient les amateurs du balcon.

Le moment était donc bien choisi et mal habile pour se présenter à Mlle Théodora. Bien choisi, parce qu'en cet éclat inattendu, la dame jettera, certes, quelques rayons au front du jeune homme honoré de ses bontés ; maladroit, car avec cette augmentation de gloire et de renom, Mlle Théodora, la célèbre, augmentera ses prétentions, qui déjà n'étaient pas minces, avant qu'elle franchît le seuil des grandes comédiennes.

Mais quoi, le jeune comte était tout nouveau venu dans le pays de Tendre ; il ignorait le grand art d'arriver, comme on dit, par quatre chemins. Il fut reçu.... comme un *ancien ami*. C'est la formule usitée en ces régions galantes, où l'on est tout de suite, un ancien ami. Seulement, la dame a grand soin de vous prévenir que jamais, au grand jamais, vous ne dépasserez les strictes limites de l'amitié, soit qu'elle ait vidé, jusqu'à la lie amère, la coupe ardente des plaisirs ; soit, le plus souvent, que son innocence ait grand'peur des peines et des félicités de l'amour : « Non, non, dit-elle, et n'allons pas plus loin que la sympathie et le dévouement ! » Insistez ; la dame en hontoyant vous dira, eussiez-vous cinquante ans, comme autrefois Suzanne à Chérubin : « Taisez-vous, enfant, il n'y a pas un brin de raison dans tout ce que vous dites ! » Plus il est blasé, plus l'homme, ici présent, est touché de ce mot tendre : *enfant !*

D'autant mieux que Mlle Théodora excellait à le dire ; on le mettait dans tous ses rôles : « Enfant que vous êtes ! » Ou pour changer : « Enfant que tu es ! » Une comédienne de ses amies qui la connaissait bien, l'appelait : une grande faiseuse d'enfantillages. Bref, elle était avide, habile, ignorante, intéressée et pleine de ressources; mélange infini de comédienne et de courtisane; elle avait la vanité de la première, et l'intrigue de la seconde, On disait aussi qu'elle avait appartenu, dans sa première jeunesse, au monde honnête, et qu'elle en gardait le vernis, ce qui ajoutait à tous les dangers de cette intrigue en point d'Alençon.

Dès qu'elle sut, de ce nouveau prétendant à ses belles grâces, tout ce qu'elle en voulut savoir, Caradeuc fut classé parmi ces amoureux qu'on aime dans l'entr'acte, et qui jamais n'occuperont la scène entièrement. Lui, cependant, que son ingénuité rendait le plus impatient des hommes en général, et des Bretons en particulier, il résolut de brusquer l'aventure, et, malmené le matin, bien venu sur le tantôt, repoussé le soir, il fit, à ses dépens, un rude apprentissage du caprice et de la vanité des coquettes. Aujourd'hui on lui disait : « Prenez patience, attendez, votre heure arrive ! » et le lendemain : « Laissez-moi, vous m'ennuyez ! » Il arrivait tout content, le sourire à la lèvre, le bouquet à la main.... Paf ! on lui jetait la porte au nez. Trois jours après, il recevait le billet que voici :

« Je vous pardonne, et je vous attends à quatre heures. Nous irons dîner au *Moulin Rouge*, et vous me conduirez à l'Opéra. »

On dînait, on allait à l'Opéra, puis, au moment où Valentine prête une oreille attentive à Raoul : *Tu l'as dit !* Voilà Théodora qui s'écrie : « Ah ! je suis perdue ! » et qui s'en va, son visage dans ses mains, laissant Ernest dans la rue, et s'enfuyant au galop de ses chevaux. Ces petites scènes qui se renouvelaient trop souvent, indignaient le jeune Breton. « Pardieu, s'écriait-il, si je n'étais pas si avancé! » Notez bien qu'il n'était guère plus avancé que le bonhomme Alceste avec Célimène, ou le vieil Arnolphe avec la jeune Agnès. Il y a toujours de la Célimène et de l'Agnès dans toutes ces princesses de comédie. Écoutez-les; laissez-les dire, elles vous diront niaisement : *le petit chat est mort!*

Un sien ami, très-parisien, très-versé dans les petits mystères des coulisses, du bois de Boulogne et des petits boudoirs : « Mais, disait-il à M. de Caradeuc, comment faites-vous? Vous frappez humblement à la porte, et vous n'avez pas agité la grande cloche! » Il est écrit sur le calepin de ces dames : *Donnez, c'est la grosse cloche en amour.*

« Vous vous trompez, reprenait le comte, j'ai fêlé la cloche et n'ai rien obtenu — par-ci par-là, un sourire, un bonjour, un coup d'œil, moins que rien. J'en suis déjà, en six mois, pour toute une année de mon revenu.

— Ah! vous m'en direz tant, reprenait l'ami du jeune homme; en six mois, trente mille livres, c'est bien peu. Croyez-moi, vendez votre terre, et mangez-la. Vous verrez le profit du conseil que je vous donne aujourd'hui. »

Heureusement que ce bon conseil tomba, comme on dit, dans l'oreille d'un sourd. Miss Théodora eut bientôt épuisé, avec ce timide amoureux, toutes les rengaines de sa coquetterie, et, tout son rôle étant joué, elle tenta, mais en vain, une seconde représentation de six mois, qui eut beaucoup moins de succès que la première. Il advint en effet, que M. de Caradeuc savait par cœur toute sa Théodora, et que, n'étant plus étonné, il se trouva tout à fait dans l'état d'un spectateur vulgaire qui veut assister à toute force à quelque première représentation de l'Ambigu-Comique ou du Théâtre-Français. D'abord, on lui dit : « C'est impossible, attendez. » Il attend, il s'intrigue, il se pousse, il arrive enfin par de grands sacrifices, à l'orchestre.... Il regarde, il siffle, il applaudit, puis l'œuvre achevée : « Ah! dit-il, c'était bien la peine! » A son réveil, le lendemain, il lira, tout charmé, dans le feuilleton de M. Théophile Gautier, de M. Paul de Saint-Victor, l'analyse exacte et rapide, avec toutes les explications nécessaires de ce triste chef-d'œuvre !

« Au fait, se dit-il, étais-je assez bête et maladroit de tant me hâter, lorsque de si beaux esprits ne demandaient pas mieux que de me raconter cette infime comédie? » Si bien que, peu à peu, le jeune homme oublia les chemins qui menaient chez la dame; et pour le coup, ils en vinrent à beaucoup moins que la bonne amitié. La dame était fière et très-courtisée ; elle ne s'aperçut guère que ce timide amoureux.... manquait à sa collection.

Sur l'entrefaite, l'heure des vacances étant venue,

et sa mère aussi le rappelant, M. de Caradeuc prit
congé de Mlle Théodora. Avant de se séparer, ils
se dirent encore quelques bonnes paroles :

« Vous reviendrez, mon ami, vous m'écrirez ;
vous aurez toujours un souvenir dans mon esprit,
une place dans mon cœur. Maintenant que je vous
perds, je comprends que vous m'étiez cher. » Bref,
toute la comédie. Il y a mille années que ce duo de
la séparation se chante absolument sur la même
note. Une fois séparés, bonsoir la compagnie; on
s'écrit une ou deux fois, et bientôt l'on ne s'écrit
plus. C'est fini, bien fini.

Deux ans se passent. Il est difficile à Paris, quand
une dame à la mode a tenu le haut du pavé, quelle
s'y maintienne sans beaucoup d'efforts. Chaque jour
rendait plus difficile la tâche de Théodora. Le talent lui manquait ; la mode est capricieuse ; on ne
trouve pas tous les jours des jeunes gens désintéressés, timides et généreux. Surtout le dernier hiver
avait été funeste à notre artiste, et comme elle n'était
pas femme à s'avouer vaincue, elle se mit en quête,
au retour du printemps, des grandes villes de la
province, qu'elle voulait soumettre à sa beauté. Elle
était encore belle et superbe, et les engagements
ne lui manquèrent point, pour les plus grands
théâtres, en deçà de Paris.

Donc, toutes ses mesures étant prises, et ses
préparatifs étant faits, elle se mit en route, et se

porta de sa personne, en véritable conquérante, sur une de nos cités de la Bretagne…. Elle était sûre, au premier coup d'œil, de voir tomber la ville, à ses pieds. Que de beaux rôles, mais surtout que de beaux costumes elle emportait avec elle! Elle sera tour à tour *la dame aux doigts de fée* et la *dame aux Camélias;* elle sera Lisette et Sylvia : elle traîne après soi *le Demi-Monde* et *Diane de Lys;* Marquise et grisette, et bergère, elle allait de Dancourt à Marivaux. Quand elle approcha de la ville où elle était *impatiemment attendue,* elle se mit sur ses gardes meurtrières dans un habit de campagne, où Paris avait semé toutes ses grâces, Lyon toutes ses fleurs.

Peu s'en faut, qu'elle ne réclamât les arcs de triomphe, et les jeunes filles en robe blanche, qui la devaient recevoir. Un petit bailli qui eût préparé un compliment, ne l'eût pas étonnée; elle eût trouvé réponse à l'orateur du conseil municipal. Ma foi ! rien ne vint; seulement, sur la muraille, elle entrevit son nom en grosses lettres, mais plus d'une affiche était déchirée; elle ne comprenait rien à cette négligence. Elle avait eu pourtant le grand soin de manquer à la parole qu'elle avait donnée au directeur du théâtre, et d'arriver huit jours plus tard qu'on ne l'attendait. Le calcul était bon; l'attente irrite l'impatience, et l'impatience est le vrai commencement de l'enthousiasme. Il n'y a pas de comédienne ignorée ou célèbre, qui reste étrangère à ces petites habiletés; c'est l'A B C de la comédie errante. Et lorsque enfin la voyageuse se fut installée, elle et son bagage, à l'hôtel du *Soleil d'or*, dans le plus bel appartement; quand elle eut disposé sur les tables, tout l'attirail de sa toilette, elle se mît à sa fenêtre, où l'attendait un spectacle attristant, dont elle s'amusa.

Il n'y avait pas trois jours, après une répétition générale de quelque féérie, où le feu d'artifice, à défaut d'esprit, jouait un grand rôle, le théâtre avait brûlé. C'était à vrai dire, un édifice assez médiocre, où le bois de sapin remplaçait le fer, le moellon remplaçant la brique. — En quatre ou cinq heures, tout avait flambé: banquettes, rideaux, plafonds, décorations, la scène entière. On n'avait sauvé que l'entrée des artistes, et les loges dans lesquelles s'habillaient ces messieurs et ces dames.

Par malheur, ce que le feu avait épargné, avait été endommagé par l'eau des pompes, et c'était tout un drame, en effet, de voir ces pauvres comédiens, ces malheureuses comédiennes qui venaient disputer à ces ruines, le héros, son armure et son épée, la coquette, son éventail et ses falbalas. C'étaient des cris, c'étaient des rires et des désespoirs! D'Artagnan déplorait sa casaque de mousquetaire; Agnès sa ceinture et Mme Pernelle, sa canne à pomme d'ivoire. Un comédien plus hardi que les autres, s'était hasardé dans ces décombres, et jetait par la fenêtre, à ses camarades, les manteaux, les clamydes, les pourpoints, les bouquets de roses, la tragédie avec le vaudeville en bloc. La duègne se lamentait de son chapeau en bouillie, et la coquette eût ri volontiers de sa guipure à demi brûlée. Eh! pensez donc, si Mlle Théodora, à l'aspect de cette ruine, se félicitait de l'avoir évitée. O dieu que fût-elle devenue en perdant tout son attifage? Et voilà comme elle se consolait du malheur de ces pauvres diables, en songeant à ses propres félicités.

Elle eut donc grand soin de garder l'incognito, de se faire humble et cachée, et de bonne heure, elle s'endormit en se demandant : de quel côté elle porterait son luxe et son talent? Elle dormit d'un bon somme ; elle se releva fraîche et reposée, et parfaitement oublieuse du malheur d'autrui. Sur le midi, comme elle était enfin décidée à chercher fortune ailleurs, elle voit arriver toute joyeuse sa servante, une vraie soubrette de comédie.

« Ah! madame, disait la soubrette, attendez avant de partir. Vous savez bien, votre attentif de l'autre hiver, M. le comte Ernest de Caradeuc! Nous sommes à trois lieues de son château. Tenez, voyez : sa voiture est là prête à rouler, qui nous attend! »

En effet, deux beaux chevaux attelés à une belle calèche piaffaient dans la cour, et le cocher, un enfant de Paris, saluait la dame, en lui faisant signe qu'il était à ses ordres.

« Ah! ce pauvre Ernest, disait-elle, va-t-il être heureux et content! »

En même temps la voilà qui s'habille en costume printanier; on entasse à plaisir malles, coffres, coffrets, portemanteaux, sacs de voyage, cartons et cartons à chapeaux; le coffre aux bijoux, le nécessaire et le buvard, rien n'est oublié. Cette femme après soi traînait un monde; elle était de cet avis, que les beaux ajustements ne gâtent rien aux belles femmes, et que les belles plumes font les beaux oiseaux. Quand donc tout est bien disposé, arrangé et ficelé dans la calèche, on part. Tout allait vite et tout allait bien; les chevaux étaient contents de regagner la maison, le cocher, lorgnant la soubrette, était joyeux de cette parisienne éveillée et babillarde, la dame était heureuse de l'heureux qu'elle allait faire. Elle se voyait déjà en pleine chasse, au milieu du parc, cueillant les fruits du verger, coupant les fleurs du jardin. C'est si bon la vie à la campagne, et dans un tête-à-tête de huit jours? Ainsi bercée elle arrivait, se contemplant elle-même des pieds à la tête.

« Ah! se disait-elle, en s'adorant, les pieds d'enfant, la belle taille et les belles mains! »

Pendant qu'elle allait ainsi dans ce beau paysage, à travers les plus charmantes visions, le jeune comte, sur le perron de son château, attendait sa belle-mère et sa belle-sœur. J'ai bien dit *sa belle-sœur*.... Dans l'intervalle, il s'était marié avec la jeune voisine que lui destinait sa mère, une Bretonne bretonnante, et sa femme était, il en faut convenir, un peu vive, un peu jalouse, et tenue en éveil par toutes sortes d'histoires de Parisiens, de Parisiennes et de Paris. Jugez donc de l'étonnement de la jeune femme et de l'épouvante du mari, lorsque, par la grille entr'ouverte, ils virent arriver, dans tout l'attirail des grandes coquettes habituées à tout brûler, cette merveilleuse attifée, enrubannée, éclatante et fraîche comme une tulipe empanachée.

M. de Caradeuc, qui depuis longtemps avait renvoyé toutes ces dames dans le pays des songes, et qui n'avait plus d'autre ambition que de passer doucement sa vie entre sa femme et ses enfants à venir, fut comme atterré à l'aspect de ce fantôme. Au premier coup d'œil, il avait reconnu la dame; il se demandait : de quel droit, elle le venait relancer sous son toit domestique? Elle, ignorante du danger, et qui n'avait pas douté un seul instant des empressements du jeune homme, elle arrivait, les yeux à demi fermés, assise, ou pour mieux dire, étendue en cette calèche armoriée, les yeux baissés, les deux mains jointes, dans une chaste attitude. On l'eût prise, à la voir de loin, sous son voile, pour une jeune pensionnaire qui revient dans la maison paternelle. Ah! pensait le vicomte, en quel guêpier me voilà, et comment faire pour m'en tirer?

Au même instant, s'arrêtait la voiture au pied du perron. Cependant au sommet de l'escalier, se tenait, accourue au bruit de la roue en plein sable, la jeune comtesse, et deux ou trois vieilles parentes, attirées en ces lieux hospitaliers par la belle saison, et par certaine rencontre de deux alliances projetées, qui devaient avoir lieu le même soir. Que disons-nous? c'était pour ramener sa belle-sœur et sa mère, que le carrosse avait été envoyé à la ville prochaine, et M. Jean, le cocher, avait mal rempli sa commission, lorsqu'il ramenait une si vive comédienne et sa soubrette, aux lieu et place d'une sérieuse marquise et d'une belle jeune fille de dix-huit ans. Bon cela! vous voyez d'ici la surprise et l'étonnement des hommes et des femmes, quand ils virent arriver cette enrubannée, accompagnée d'une fillette, attifée au dernier goût de Dancourt et de Marivaux.

« Grand dieu! s'écrièrent les dames en levant les mains au ciel, qu'est-ce que cela? Voilà deux intrigantes qui nous tombent des nuées.

— Quelle surprise heureuse! murmurèrent les hommes qui se trouvèrent à la fenêtre du salon. Voilà enfin deux demoiselles de bonne volonté. »

Puis, il se fit un grand silence, et chacun attendit l'événement.

De son côté, miss Théodora réveillée en sursaut, quand elle eut vu, d'un coup d'œil, ces trois grandes figures inquiètes, et, surtout, ce visage assez joli, très-jeune et soupçonneux qui la regardait de toute cette hauteur, sans mot dire et sans sourire, et comme elle vit, en même temps, que le jeune marquis la contemplait d'un air effaré, plutôt prêt à s'enfuir qu'à venir au-devant d'elle pour lui offrir la main, à la descente de la voiture. « Allons ! c'est pour le coup, se dit-elle, qu'il faut être un fille inventive. » Et tout de suite, elle eut trouvé la seule combinaison qui les pouvait tirer, elle et lui, de ce mauvais pas.

Elle attendit sans hâte, et très-calme en apparence, que les gens de la maison vinssent ouvrir la portière et décharger la voiture. Elle fit déposer avec soin, sur un banc de pierre, ses malles, ses caisses, ses cartons, tout l'attirail d'une ingénue et d'une grande coquette en voyage. Elle-même, après avoir demandé tout bas au cocher qui donc étaient ces dames ? elle monta lentement ce perron solennel, et quand elle eut fait une belle révérence à la jeune marquise :

« Madame, lui dit-elle, j'arrive un peu tard pour vous faire mes offres de service ; et cependant je vous apporte, à votre choix, ce que nous avons de mieux dans nos magasins.

— Mademoiselle, reprit la dame d'un petit ton

sec, il faut que vous soyez dans une grande erreur, car je n'ai rien demandé, je n'ai besoin de rien, et d'ailleurs j'ai mes faiseuses et mes fournisseurs. »

En ce moment, Théodora désappointée, et comprenant qu'elle allait rougir, jeta sur le marquis un regard plein d'ironie à la fois et d'intelligence. Cela voulait dire : à votre tour, marquis, et tirez-vous de ce mauvais pas comme vous l'entendrez. Mais quoi, ce n'était pas pour rien que le jeune homme avait hanté, pendant tout un hiver, les comédies et les drames du demi-monde ; un instant déconcerté par cette apparition inattendue, il fut bientôt à sa réplique :

« Ma chère amie, dit-il à sa femme, je vous présente Mlle Théodora, la plus élégante de nos Parisiennes ; la confidente, l'amie et le conseil de toutes les femmes à la mode. Il n'y a pas huit jours que nous lisions dans le salon la charmante comédie de MM. Scribe et Legouvé : eh bien ! Mlle Théodora est une *fée* ; elle en a la grâce et le goût, le talent et l'esprit ; sa baguette est une aiguille, et chaque jour elle compose une foule de petits chefs-d'œuvre à l'usage des jeunes mariées du lendemain, ou de la veille. C'est pourquoi vous voyant, votre sœur et vous, un peu trop vêtues à la mode de Bretagne, plus jeunes certes que vos habits, et plus jolies que vos chapeaux, j'ai écrit, en grande cachette, à mademoiselle que voici, la priant d'apporter chez nous, ses robes les plus élégantes, ses chapeaux les plus frais, ses rubans les plus nouveaux. J'ai voulu qu'elle vous montrât ses broderies, ses dentelles, son point d'Angleterre, et ses mouchoirs à mille écus la pièce ; oui, mesdames, trois mille francs!

« Vous verrez aussi des jupes brodées par les fées de la rue Vivienne ; des toiles semblables à du vent tissu ; des souliers, mais là, des souliers.... (la marquise avait un pied charmant), qui n'iront qu'à vous, madame la marquise. En même temps, j'ai prié Mlle Théodora de vous offrir des colliers, des bagues, des bijoux, avec les échantillons les plus suaves de nos meilleurs parfumeurs. Bref, si vous voulez le permettre, elle remontera toute votre garde-robe, elle parera votre toilette, et pensez donc si vous serez jolie ainsi parée, au grand bal de l'Impératrice, à Brest ! »

A ce discours très-bien dit, que Théodora appuyait d'un regard et d'un geste assurés, voilà soudain que toutes les glaces sont fondues. Autant ces quatre dames avaient été rogues et rêches, pour la nouvelle arrivée, autant soudain elles furent avenantes et polies. On la fait entrer ; on la fait asseoir ; on fait monter avec le plus grand soin ces précieux cartons.

« Est-ce là tout, mademoiselle?

— Non, dit-elle, j'en ai d'autres, mais je les

ai laissés, pour d'autres clientes, à la ville voisine. »

En même temps, elle faisait signe à sa servante d'ouvrir ses cartons et d'offrir à ces dames ce qu'ils contenaient de plus précieux. Comme tous les regards étaient fixés sur les merveilles qu'on allait déballer, le bruit criard d'une voiture se fit entendre, et, cette fois, la politesse l'emportant sur la curiosité la plus vive, la marquise, le marquis et les trois dames sortirent pour saluer le nouvel hôte qui leur arrivait.

Dans un carrosse de louage, étriqué et couvert de poussière, que traînait un vigoureux cheval, mené par un homme en blouse, arrivait une dame en cheveux blancs, en robe puce, d'un visage respectable. Elle avait à ses côtés une jeune fille de dix-sept à dix-huit ans, longue et mal vêtue, mais son regard était si content, et tout son air était si plein d'aise et d'esprit, que tout de suite on oubliait cette disgrâce assez facile à réparer. Si l'équipage était mince, le bagage y répondait tout à fait par sa maigreur; une caisse, un sac de nuit, un seul carton, composaient tout l'attirail des deux dames; certes nous étions bien loin des fastueux colis de la première arrivée.

« Ah ma mère! ma sœur! pardonnez-moi, le cocher s'est trompé et ne vous a pas attendues. »

En même temps arrivaient les tantes, et voilà

toutes ces braves dames qui se jettent dans les bras l'une de l'autre, et de se sourire et de s'embrasser, et d'oublier le reste du monde, jusqu'à ce qu'enfin ces bons cœurs s'étant calmés, la marquise désigna Mlle Théodora, qui s'était éloignée par discrétion. Elle était, de sa nature, une fille patiente; une fois son filet tendu, elle attendait sa proie. Ainsi, quand l'attention de ces dames fut revenue de son côté, et quand, de nouveau, elle se fut emparée de ces âmes curieuses, elle ouvrit lentement, d'abord la caisse aux chapeaux; des chapeaux tout neufs, qu'elle avait à peine essayés sur sa tête mignonne.

Il y en avait un rose orné de blonde, un blanc garni de fleurettes. Le chapeau de paille d'Italie était orné d'une plume noire à la Diana Vernon, le chapeau lilas se recommandait par une guirlande de violettes de Parme.... on était tenté d'en respirer le parfum. Notez que chacun de ces chapeaux avait sa parure exquise. En même temps, apparurent les guirlandes, les bouquets de corsage, les ceintures, les voiles entiers, les voilettes, le chapeau de cheval et le chapeau de jardin. C'était si frais, si joli, si charmant, que ces dames tombèrent en extase. Quand elles eurent bien contemplé ces belles coiffures, elles voulurent, et tout de suite, ouvrir le coffre aux robes, et ce fut, pour le coup, des étonnements et des exclamations sans fin : « Que c'est joli ! que c'est charmant ! »

Avec Mlle Théodora, chaque heure de la journée avait sa robe indiquée à l'avance. Il y avait le peignoir du matin, à manches flottantes garnies de plissés. Pour le déjeuner, trois ou quatre petites robes printanières, qui laissent tout deviner, sans rien montrer. Après le déjeuner, troisième toilette : robes en soie légère ornées de tous les agréments, ces robes sans conséquence autorisant tous les essais. Mais, plus tard, quand le dîner réunit une société parée, il faut nécessairement des toilettes vigilantes, pleines de richesse et de goût : la mousseline brodée et garnie de dentelle, la tarlatane mousseuse, que rehausse une fleur au corsage, ou des nœuds savamment fanfreluchés, devenaient alors indispensables.

Cette robe du dîner est, comme on sait, le *criterium* de l'élégance. Une élégante peut obéir à sa fantaisie en toute espèce de vêtements, excepté pour la robe habillée. Or, la dame en avait deux ou trois des plus belles qui se puissent voir. Ajoutez, si vous voulez, à toutes ces parures la collection inépuisable : écharpes de toutes couleurs, mantelets blancs et noirs, en velours, en cachemire, en dentelles et mille choses dont quelques femmes, choisies dans le monde entier, savent seules l'usage et le nom.

Pour être exact, il faudrait décrire aussi la lingerie, une merveille, et je l'aurais essayé, si le vieux salon ne se fût rempli peu à peu des dames et des messieurs du voisinage, qui venaient dîner au château. — Plus il en venait, plus l'étonnement redoublait. La plupart de ces dames étaient jeunes encore, et, tentées, elles se mirent à faire un choix dans toutes ces magnificences.

Ces chapeaux trouvèrent une acheteuse, ces robes furent enlevées à prix d'or. En vain, Mlle Théodora, pour sauver ses chères toilettes, en avait demandé un prix fabuleux, ce prix fabuleux n'avait épouvanté personne, à la veille des fêtes de Brest, et l'émulation s'en mêlant, il ne resta bientôt plus à la *marchande malgré elle*, une jupe, un canezou, une paire de manchettes. Ses gants de Suède et ses gants de bal furent enlevés par douzaine; bref, elle vendit tout ce qu'elle ne voulait pas vendre. « Ah! se disait-elle en faisant son compte, si Mlle Ode ou Mlle Félicie pouvaient voir comment j'entends le commerce, et que je gagne sur elles quatre capitaux pour un, la profonde admiration qu'elles auraient pour moi! »

La seule personne qui ne se fût pas empressée autour de la belle marchande, et qui contemplât ces parures sans regret et sans envie, était justement la jeune demoiselle si simplement vêtue, qui était arrivée avec la vieille dame. Elle disait, de tout ce que lui offraient son beau-frère, sa mère et sa sœur :

« Vous avez raison, c'est très-joli, mais c'est trop joli pour moi, je ne saurais comment porter ces belles choses-là. »

C'était, en effet, un esprit honnête et tendre, une fille heureuse et modeste, et qui ne comprenait pas encore la nécessité de parer sa charmante jeunesse. Enfin, le dirai-je? elle était occupée autre part. On lui avait parlé d'un jeune homme qui la demandait en mariage, et justement il venait d'arriver parfumé, brossé, ciré, frisé, bien serré dans son habit et dans sa cravate. En un mot, un véritable Apollon du *Journal des Modes*, un Breton bourdonnant qui se mit soudain (l'imbécile!) à bourdonner autour de Mlle Théodora, non pas sans que la jeune Bretonne en ressentît un grand malaise au fond du cœur.

Quand tous ces ajustements furent vendus, moins une grande caisse à son nom, que Théodora défendit comme elle eût défendu la prunelle de ses beaux yeux, ces dames et ces messieurs voulurent voir les bijoux.... La dame, en effet, leur en montra de toute espèce. Il y avait des chefs-d'œuvre signés à chaque plaque, à tout chaînon des plus grands joailliers de l'Europe. Anglais, Russes, Français étaient représentés dans cet écrin, où brillaient de leur splendeur les plus belles pierreries.

Disons tout, plusieurs bracelets portaient des images différentes, et comme, au fait, ces dames curieuses voulaient savoir le nom de tous ces visages, Mlle Théodora leur improvisait toutes sortes de généalogies. Ce jeune homme en habit de sous-lieutenant, était le propre fils du grand-duc Constantin. Cet autre, une rose à la boutonnière, était le prince de Galles. Un troisième, armé d'une cravache, était le prince Esterhazy ; ce quatrième, déjà grisonnant, mais décoré de la croix des commandeurs, devenait soudain le prince de Metternich.

Écoutez la dame, tous ces bracelets étaient des bracelets historiques ; il y avait même un Humboldt, un Buffon, un prince de Conti, voire un Meyerbeer, sous les traits d'un jeune homme blond, aux moustaches frisées, et chevelu.

Le dernier écrin fut ouvert par la jeune marquise, et jugez de sa joie et de son étonnement, lorsqu'au milieu de huit perles et de quatre diamants de la plus belle eau, dans un ovale ciselé, elle reconnut, ô bonheur ! la tête de son mari, plus jeune, il est vrai, et cent fois plus souriant qu'elle ne l'avait jamais vu. Il était là sur cet émail, dans tout l'épanouissement de la jeunesse abandonnée aux plaisirs.

« O mon ami, s'écria la jeune femme, les yeux pleins de joie et mouillés des plus douces larmes, que je vous remercie et que vous êtes bon ! »

En même temps, elle plaçait l'agrafe à son corsage, et pendant qu'elle s'admirait elle-même à la glace du salon, Mlle Théodora écrivait sur son *agenda* au compte de M. le marquis : — *item*, mon agrafe en perles et diamants, représentant M. le marquis : 20 000 francs. « Pauvre marquis, pensait-elle, c'est 39 000 francs que lui coûte cette agrafe, et c'est bien cher ! »

Ces bracelets, ces bagues, ces bijoux se vendirent comme tout le reste ; à grand'peine si, dans ce salon rempli de tant de passions inaccoutumées, on entendit sonner le premier coup de cinq heures.

« Allons, mesdames, dit la marquise, allons nous parer de ces belles choses ! » puis, se tournant vers Mlle Théodora, « mademoiselle, lui dit-elle, j'ai des remercîments et des excuses à vous faire. Je vous avais prise pour une intrigante, et maintenant que vous vous êtes si bien acquittée des commissions de mon mari, je comprends que vous étiez digne de toute sa confiance. Nous ferons notre compte entre nous, ces dames et moi ; M. le marquis sera, s'il vous plaît, votre seul débiteur. Si vous voulez rester ce soir au château, je vous invite ; à moins que vous ne préfériez partir dans une heure, par le prochain convoi.

— Oui, dit-elle, je partirai dans une heure, madame, si vous le permettez. »

A ces mots, la marquise salue, et Théodora jetant un regard attristé sur ces belles parures qui n'étaient plus siennes :

« C'est dommage de les vendre à ce prix-là ! » fit-elle avec un grand soupir.

Un domestique vint pour la conduire dans la chambre où l'attendaient quelques rafraîchissements. Comme elle montait le grand escalier, toute pensive, elle sentit qu'on lui glissait un billet dans la main. C'était le jeune homme bourdonnant, qui lui écrivait au crayon une déclaration d'amour, comme cela se faisait dans les romans d'autrefois.

« Quelque sot, dit-elle ; on le veut fiancer à cette fille charmante, et c'est à moi qu'il écrit ! »

Comme elle traversait le corridor, sur le seuil d'une chambre entr'ouverte, elle vit la jeune Bretonne qui l'attendait. La jeune fille était triste et toute sa joie avait disparu.

« Hélas! mademoiselle Théodora, disait la pauvre enfant, je suis bien fâchée, à cette heure, de n'avoir pas profité de ces belles choses que vous apportiez. Je me trouve, en effet, bien simple et je ferai une sotte figure au milieu de ces dames si parées. »

Ainsi elle parlait ; elle ne disait pas toute sa peine ; heureusement que Théodora était une femme intelligente, et comprit tout ce qu'on ne lui disait pas.

« Çà, mademoiselle, hâtons-nous ; j'ai conservé justement, tout exprès pour vous, la caisse que ces dames voulaient ouvrir et que j'ai arrachée à leurs empressements. Permettez-donc, pour ma récompense, que j'aie l'honneur de vous habiller moi-même. »

En même temps, elle tirait de la caisse une parure complète, éclatante, et toute jeune, la parure même de *la fille d'honneur* ou de *la demoiselle à marier*. Ainsi vêtue, et parée à ravir, avec tant de grâce et de fraîcheur, la jeune Bretonne obéit gentiment à la métamorphose. Elle était une rustique il y avait une heure encore !... elle était devenue une demoiselle du plus grand monde ; le faubourg Saint-Germain n'a rien de plus parfait, la Chaussée-d'Antin de plus charmant.

En moins d'une heure s'était accompli ce chef-d'œuvre. Alors Théodora, bien contente, descendit, donnant la main à la jeune fille, et la montrant à son fiancé stupéfait, elle avait l'air de lui dire : Admirez ma réponse !

En même temps, elle remit à M. le marquis la *petite note*, dont le total représentait une petite fortune, et, remontant dans la calèche qui l'avait amenée, elle prit congé de tout ce monde qui la voulait retenir.

« Restez, mademoiselle, disait la marquise, vous dînerez avec nous !

— Restez, disait la jeune Bretonne, je vous en prie, et vous verrez que vous aviez raison de me faire belle. »

On eut beau dire et beau faire, elle comprit que

son rôle était joué;.... une autre plus belle, et cent fois plus digne d'être aimée, avait pris sa place en prenant ses habits.

Telle est mon histoire; arrangée avec art par un poëte comique, elle fournirait le sujet d'une agréable comédie, intitulée : *la Marchande sans le vouloir*.

Qui la voudra, la prenne, on lui dira : *grand merci!*

LE

TREIZIÈME ARRONDISSEMENT

LE
TREIZIÈME ARRONDISSEMENT.

Je m'appelle Innocent-Modeste-Armand Blugard, mon père ayant voulu corriger, par ces douces vocalises, ce que son nom patronymique avait de terrible et de trop flamboyant. — J'appartiens, par la flûte et par le tambour, à la gloire, à la danse, à la victoire, à la chanson. Mon grand-père était ce qu'on appelle un « dur à cuire. » Il avait commandé la Grande Armée en sa qualité de tambour-major, et se vantait souvent d'être entré le premier à Pampelune.

Après tant de victoires et de combats, le roi Charles X, les rhumatismes et le maréchal Soult le mirent à la retraite avec cent écus de haute paye, et je ne crois pas qu'il ait béni bien sincèrement *les dieux qui lui faisaient ces loisirs*. Il était vaste et colossal, même parmi les tambours-majors. Quand il s'en revint, non pas dans ses foyers, mais dans ceux de son fils, qui était mon père, il rapportait un habit galonné sur toutes les coutures, trois chemises chamarrées de reprises *perdues* (c'est le cas de le dire), et sa canne à pomme d'argent, insigne héroïque et fabuleux de ses commandements. S'il faut tout dire, il ramenait aussi une ex-cantinière appelée Mme Bérésina, parce qu'elle avait fait, avec sa mère, toute la campagne de Russie. Il l'avait élevée à la dignité de son épouse de campagne. Il disait qu'elle s'était attachée à lui, par vanité.

Au fait, c'était elle (au moral) qui portait le grand sabre et la badine des géants portés (au physique) par ce grand homme. Ainsi l'on a vu, plus d'une fois, un chien barbet se jouer dans la crinière du lion.

Je serais à côté de la vérité, si je disais que le retour inespéré de mon grand-père amena chez nous une joie ineffable. On ne l'attendait plus guère, et quand il apparut sur l'humble seuil de notre maison, qu'il avait cherchée assez longtemps dans les faubourgs de Paris : « Ah mon Dieu ! » s'écria mon père. Il y avait dans cet : « Ah mon Dieu ! » pour le moins, autant de gêne que de contentement. Mon père était un esprit pacifique, un bonhomme, ami de la solitude et du silence. Il avait échappé à la conscription, qui n'était pas complaisante en ce temps-là, grâce à sa taille et à son épaule droite, un peu moins haute que l'autre épaule.

« Ah mon Dieu ! » cela voulait dire aussi : « Voilà le héros dont je suis sorti !... » Depuis plusieurs années mon père était veuf ; j'avais perdu ma mère en venant au monde ; il avait été pour moi une seconde mère, un bon père, un bon maître. Il m'avait enseigné toutes ses douces vertus ; il m'avait appris la musique. *Innocent* était mon vrai nom ; je n'en méritais pas d'autre. Une vie à l'ombre, une étude à la légère, et pas d'autre ambition que d'être un premier violon quelque part, voilà tout mon rêve. « Ah mon Dieu ! » mon grand-père était donc devant moi ! Voilà donc sa canne et son bonnet de grenadier surmonté d'un plumet tricolore, et ses bottes rouges brodées d'or, et les breloques de ses deux montres ! Quand je dis : ses deux montres, il n'avait que les deux breloques, attachées à deux balles de mousquet. Ces deux balles lui rappelaient qu'il était toujours l'heure et le temps de mourir pour son Empereur. Pour embrasser mon père à son aise, il fut obligé de s'asseoir sur un banc, devant la porte. Il mit son bonnet à ses pieds, il me prit sur ses genoux, et frôla ma joue avec ses moustaches grises qu'elle en fut tout en sang. « Parbleu ! disait-il, sacrebleu ! me voyant prêt à pleurer : c'est donc une demoiselle que ce petit mioche-là ? »

Quant il eut expliqué à mon père l'ingratitude et la mauvaise conduite des Bourbons à son égard, ses états de service, sa pension et son attachement pour Mme Bérésina, il entra sans façon dans la maison, et, voyez le malheur! il ne s'en fallait que d'un pouce, tout au plus, pour qu'il enfonçât le plancher de sa tête. « Ah mon Dieu! » reprit mon père. Il avait fait bâtir la maison à son usage, et peut-être, en son for intérieur, il espérait qu'elle ne serait pas habitable à ce phénomène. Mon père, heureusement pour lui, n'avait rien d'héroïque. Il ignorait toute espèce de résistance. Il s'était habitué à considérer un tambour-major dans la garde impériale comme un *nec plus ultra* de l'espèce humaine. Il était d'ailleurs bon fils comme il était bon père, avec moins de plaisir peut-être. Il est écrit que la tendresse est descendante: elle ne remonte guère plus que le flot, à sa source.

Donc on déposa dans le plus bel endroit de la salle basse, où fut dressé le lit du *major*, sa canne et son sabre, et tout son fourniment. Dans un cabinet à côté, la Bérésina fut logée. Au deuxième et dernier étage, qui avait été fait uniquement à la taille de mon père, lui et moi nous nous trouvions comme en citadelle où les grandeurs d'ici-bas ne pouvaient nous atteindre. Au bout de huit jours, les nouveaux habitants s'étaient tassés dans la maison où rien n'était changé, sinon qu'il y avait de plus, une aimable cantinière, un fabuleux tambour-major.

Malheureusement, la guerre et le tambour, la

gloire et la victoire et le bruit des camps, rien ne les apaise, une fois qu'ils ont rempli l'âme et l'esprit d'un simple mortel. L'enfant qui joue en posant sur son oreille un coquillage où murmurent tous les bruits de la vaste mer, comme si l'Océan tout entier était enfermé dans cette coquille aux bords ciselés, est assez semblable au vieux soldat revenu de la plaine et du mont, de l'abîme et du danger. Rien ne saurait calmer cette furie intime, où le bruit du canon se mêle aux plaintes des mourants, pendant que la voix qui commande excite et soulève au loin ces courages amoncelés dans l'espace.

Au bout de huit jours, qui furent assez calmes, mon grand-père et sa dame de compagnie en revinrent à chanter leurs plus belles chansons. Ils buvaient, en deux heures, plus de vin que mon père et moi n'en buvions dans la semaine; ils fumaient plus de tabac qu'on n'en fumait dans toute la banlieue; ils jouaient aux cartes, et se les jetaient par la figure. Ils riaient, ils criaient, ils se disputaient; et même, haut la main ! plus d'une fois la cantinière d'Italie a frappé son major. Alors c'étaient des rires, des gaietés, des bombances ! A table, ils n'avaient jamais faim; ils ne se couchaient pas avant minuit, et ronflaient dix heures de suite à renverser les murailles.

A dix heures, ils dormaient encore. Au beau

temps, tout allait assez bien : ils sortaient pendant de longues heures pour se promener au Champ-de-Mars, où l'on passait des revues, et sur le côté Est de l'École militaire, à l'angle du fossé. Là, ils s'asseyaient et causaient avec les hommes aux arrêts, dont la chambrée était à leurs pieds. Pensez donc si cette naine et ce géant, qui venaient des batailles lointaines, étaient écoutés par ces conscrits! Quand la sentinelle en avait assez, elle finissait par leur dire : « Au large! » Ils couraient la bordée et cherchaient fortune au carrefour de Saxe ou dans l'avenue Lowendal, qui les menait aux Invalides.

Là, nouvelle fête; on se retrouvait, on se reconnaissait, on s'embrassait, et souvent on s'abreuvait. N'avait-on pas servi sous le même drapeau et porté le deuil du même empereur?

Peu à peu, ces heures de répit, que donnaient mon grand-père et sa compagne à mon humble père et à monsieur son fils, diminuèrent à mesure que disparaissaient les beaux jours. La pluie au dehors, le rhumatisme au dedans. Force alors fut de garder la maison. Nos deux captifs, pour se distraire, imaginèrent, un jour qu'ils avaient reçu leur paye (elle avait aussi, en sa qualité de cantinière, une petite pension), d'acheter chacun un tambour pour s'entretenir la main et se distraire au coin du feu. Ils firent un bruit à tout briser; mon père en pensa mourir d'épouvante. Alors je me dévouai au repos de la maison. Mon héros de grand-père, outre la passion du tambour, avait la rage aussi de m'apprendre l'escrime et la charge en douze temps. J'avais d'abord témoigné une horreur profonde pour tout exercice guerrier ; à ce seul mot : une épée ! il me semblait que j'étais mort ; toucher un fusil, et manier une épée était pour moi même chose. Au seul battement du fer, j'étais prêt à me trouver mal. Mais ces odieux tambours nous poursuivant de leurs tempêtes, nous murmurions mon père et moi : *Tambours ! Tambours ! Tambours !*

« Allons, dis-je à mon grand-père en détournant la tête, apprenez-moi à tenir une épée. »

Aussitôt il laissait ses baguettes, et sa camarade emportait la peau d'âne. Avec une grande patience, il faut le dire, et toute paternelle, il m'enseignait, d'abord avec des bâtons, plus tard avec des fleurets, les secrets de l'épée. Il y était très-habile. A Berlin, il avait donné un assaut d'armes, et tenu tête aux plus grands tireurs de l'Allemagne. Il était très-renommé pour ses attaques et ses parades. Il se plaisait à assouplir mes membres rebelles ; il me tenait des heures entières à sa démonstration et quand enfin je demandais grâce, il avait un bon rire. « Et le fusil ? » disait-il ensuite. Il m'avait acheté un petit fusil ; il m'avait fabriqué de petites cartouches et je faisais feu par la fenêtre. — Il me forçait à respirer la suave odeur de la poudre, ajoutant que le cerf Coco n'en faisait pas d'autre à Franconi.

Non-seulement la Bérésina était de moitié dans ces leçons militaires, mais encore elle avait voulu m'enseigner une science à laquelle elle tenait presque autant que mon grand-père à ses armes. Bérésina était une danseuse admirable ; elle avait poussé l'art de la danse aussi haut qu'il pouvait aller. L'avant-deux, la gavotte et le rigodon n'avaient point de secrets pour elle. On la citait dans toute la quinzième demi-brigade pour les enjolivements de son entrechat. La première, elle avait montré à porter : *Harme !* avec sa jambe gauche, à présenter *Harme !* avec sa jambe droite. Elle avait fait danser le cotillon, même à messieurs les sapeurs. Sa taille était petite et cambrée, au dire de messieurs les voltigeurs. Bref, elle m'apprit tout ce qu'elle savait, dans le déploiement des belles grâces applaudies au bal du Sauvage ou du café des Aveugles. L'avouerai-je ? Après les premières timidités, je trouvais à cette danse extraordinaire un vrai charme, et l'on m'eût pris pour un désossé, tant je bondissais agréablement. « Ça va bien ! disait la dame ; il est déjà bon valseur. — Ça va bien ! reprenait le major, il a le coup d'œil et la main d'un saint Georges, et ça n'a pas quinze ans.... » Si leur admiration était naïve, elle était sincère. Ils s'attachèrent à moi tous les deux, comme on s'attache à l'héritier de tous ces petits biens qui ne coûtent guère et que l'âge emporte ; et moi, qui en avais d'abord si grand'peur, je commençais à m'y faire, et j'en oubliais parfois, Dieu me vienne en grâce ! ma rêverie et mon violon. Soyons justes pour l'un et pour l'autre : ils avaient les meilleurs sentiments du monde. Ils nous aimaient, mon père et moi, mais à leur façon brusque et bruyante. Honnêtes cœurs, mal élevés. Ajoutons, à leur mémoire, une heureuse louange : ils étaient simplement de braves gens. Ils avaient mené une vie honnête et courageuse ; ils avaient payé de leur personne aux plus cruels et solennels moments de notre histoire.

Leur dépense était peu de chose ; ils rapportaient fidèlement à la maison leurs économies ; ils contaient de bonnes histoires, ils riaient bien. On ne pouvait s'empêcher de respecter ce vieux débris des anciennes batailles, qui prenait déjà la majesté des fables dont le bruit se perd dans la nuit des temps. On ne pouvait s'empêcher de sourire à la bonne grâce, au dévouement de cette femme encore jeune et si vaillante : un lion quand elle n'était pas la plus forte, une enfant sitôt qu'il fallait venir en aide à quelque souffrance. Elle était cantinière et dame de charité tout ensemble. Enfin, s'ils avaient été moins bruyants, si mon père avait eu moins peur des jurons et des tambours, rien n'eût manqué au bonheur de notre humble maison.

Ce bon père était plus qu'un homme.... une sensitive. Il haïssait le tapage, autant peut-être que Bossuet haïssait l'hérésie. Il était né petit, caché, humble, avec des sens si parfaits! Un bouton de métal blessait sa vue, un son criard déchirait son oreille. Il aimait l'ombre et la paix, comme un rossignol caché dans l'arbre : il parlait à voix basse et de la voix la plus égale, et comme il parlait, il fallait lui répondre. Il fuyait la rue et son bruit, la plaine et son soleil; voilà pourquoi il s'était bâti, sur la lisière où Paris s'arrête enfin, où va commencer la campagne, une maisonnette à l'écart: un jardin sur le devant de la maison, à la suite un jardin, disons mieux, une double tonnelle où la vigne folle et toutes les plantes grimpantes étalaient confusément leur feuillage et leurs fleurs. Là, jusqu'au retour de son père, il avait vécu doucement, simplement, d'un aimable et doux travail dont il avait le monopole. Il excellait à tourner, à évider, à parer une flûte; il en jouait d'une façon charmante, et les instruments sortis de ses mains étaient recherchés par tous les amateurs de l'Europe. Ah! que de soins, que de zèle, et quelle intelligence exquise à tailler dans le bois le plus doux, le plus sonore et le mieux choisi, ce frêle instrument célébré par Virgile, également cher à l'idylle antique, à la tribune, à la tragédie. Euripide et Sophocle ajoutaient le son de la flûte aux saintes évocations des chœurs thébains;

Aristophane appelait la flûte en aide à sa malice immortelle. Au pied de la tribune où Cicéron devait parler, tantôt pour sa maison à défendre et tantôt pour attaquer Verrès, une flûte, au ton juste et bref, indiquait au maître orateur le diapason que sa voix devait prendre. Une flûte était le don précieux qu'échangeaient entre eux les bergers de Virgile. Sur sa flûte enjouée, à l'ombre heureuse du hêtre, ornement des campagnes, Tytire célébrait Amaryllis. La flûte accompagnait les chansons de Théocrite et l'ode inspirée de Pindare ; Anacréon l'invitait à ses festins ; Horace, en son *Art poétique*, a célébré le doux instrument avant qu'il fût doublé de cuivre et d'airain, et plus semblable à la trompette guerrière qu'au chalumeau du jeune et beau Dametas.

Mais voyez si je suis savant, quand il s'agit de cet ami et consolateur de mes beaux jours !

Mon père était donc un grand flûtiste ; il avait le souffle et le doigté, il avait l'inspiration, le contentement, l'écho mélodieux des fêtes anciennes ; il en eût remontré au grand Frédéric lui-même, un terrible flûteur. Quand il était son maître et que, sa flûte achevée, il l'animait d'un souffle ingénu, corrigeant, ajoutant, retranchant, il était le plus heureux de tous les hommes. Il était vraiment ce qui s'appelle un grand artiste ; il l'était pour lui seul, non pour la foule ; il jouait d'abord pour lui-même, et puis pour moi, son fils, pour les oiseaux du jardin, pour l'alouette matinale et le pinson, pour le merle et le rouge-gorge.

Et quand venait avril, plein de feuillées, à la pure clarté de l'étoile, et provoqué par le chantre amoureux des doux rayons, mon père, de sa flûte enchantée et digne des mélodies de Mozart, luttait, d'un souffle égal, avec l'oiseau.... l'oiseau lui répondait. Les muses se plaisent à ces demandes, à ces réponses, dans le calme heureux d'un beau soir.

Je n'ai pas dit encore en quel lieu mon bon père avait posé son tabernacle. Il l'avait choisi convenable à sa fortune, assez loin du centre, et dans un quartier malheureux, où la prison, l'hôpital, les fabrications bruyantes, appellent incessamment ou retiennent jusqu'à la fin une foule de petites gens, qui se contentent de contempler, de loin, le Louvre et les Tuileries, l'Arc de Triomphe et ses splendeurs. De la dot de ma mère et de ses propres deniers, mon père avait acheté, sur la limite extrême du Paris des puissants et des riches, cette humble maison au milieu d'un grand jardin plein de vieux arbres. Mais le digne artiste était, sans le savoir, un si vrai poëte, il savait si bien arranger et parer sa pauvreté décente, qu'il avait, pour ainsi dire, isolé ces vieux arbres et son toit paisible de toutes les tristesses d'alentour.

Son domaine innocent était posé sous un pan du ciel bleu et transparent : qu'on se virât à gauche, à droite, au levant, au couchant, au midi, on tournait le dos à l'hôpital pour saluer la *Porte d'Italie* et la Porte de Gentilly. *Choisi!* — le bien nommé, n'était pas loin; des deux côtés de la route, on rencontrait les plaines d'*Ivry,* où flotte encore un souvenir du blanc panache. A l'extrémité du jardin s'ouvrait la *Poterne des Peupliers;* la *Fontaine Malaret* nous donnait le restant de ses eaux limpides. Nous avions sous les yeux les *Deux-Moulins,* non loin du *Moulin des Prés,* sur la lisière du petit *Champ de l'Alouette.* Ah ! les jolis noms que c'étaient là !

Sans compter que la rue du *Génie* avait son débouché dans la rue de la *Reine-Blanche.* On eût dit vraiment qu'un digne édile et conservateur des temps d'autrefois s'était complu à parer de ces chères désinences les ruines, les tristesses et les misères du faubourg. C'est là, pourtant, dans ce beau lieu, que mon grand-père, après ses caravanes, était venu nous rejoindre avec sa digne associée, et qu'ils s'étaient fait si vite adopter.

Hélas! quand nous pensions, mon père et moi, que l'un et l'autre étaient apaisés par le calme et la paix de nos solitudes, soudain la révolution de Juillet, terrible explosion, vint soulever ce quartier des misérables. Les Gobelins, la Salpêtrière et la Pitié, la Bièvre et son cloaque, et tant de greniers, de masures, d'ateliers pleins de jeunesse et de pauvreté, ameutèrent autour de nous des colères, des vengeances, des folies. Mon père et moi pensâmes en mourir d'épouvante ; en revanche, à cette révolution terrible, on eût dit que le grand-père puisait une nouvelle existence. Il criait : « Victoire ! »

Il jetait en l'air sa béquille inutile ; et plus de rhumatismes, et plus de goutte ; au contraire, il se parait de nouveau comme aux jours de grandes revues. Oui dà, les vieilles culottes brodées étaient bien un peu justes ; le bonnet à poil en avait beaucoup perdu, mais la toute-puissance et l'autorité du plumet tricolore faisaient un point de ralliement de la tête qui les portait. Puis, le sabre était intact, le ceinturon se serrait encore à la taille, et quand notre major eut repris sa grande aventurière de canne, emblème auguste de ses bruyantes fonctions, le peuple entier de 1830 le vit avec orgueil, parcourant la rue avec ses bottes de sept lieues, en criant : « Aux armes ! aux armes ! »

Trois jours après les *trois jours*, mon grand-père était redevenu le major d'une vingtaine de tambours. Qu'il était superbe alors ! Il avait vraiment vingt coudées, et s'il passait sous l'Arc de Triomphe, il baissait la tête, comme s'il eût redouté de se briser le crâne à ces hauteurs. Vous n'avez jamais vu plus de zèle et d'activité, plus d'énergie et de dévouement à la chose publique;

on le rencontrait à tous les postes difficiles : à la Chambre, aux Tuileries, au Luxembourg, sur les marches de l'Hôtel-de-Ville. Il restait, d'habitude, harnaché pendant deux fois vingt-quatre heures, et c'était pour mon père et pour moi des heures de repos. Mais quand il rentrait au logis, il se posait sur le seuil de la porte, en faisant un moulinet jusqu'aux toits (les petites hirondelles en piaulaient dans leurs nids), et ses vingt tambours ne le quittaient pas, sans lui donner une aubade. Ah! que Béranger a fait une belle chanson avec le refrain, que nous avions inventé mon père et moi :

Tambours, tambours, tambours, tambours !

Il fit plus, le grand-major ; aussitôt qu'il eut définitivement aubadé la révolution de Juillet, et quand fut revenu le rhumatisme expiateur de tant de gloire, il établit chez nous, le malheureux! une école de tambours, si bien que la maison ne fut plus habitable à mon doux père. Il la quittait dès le matin, portant avec lui le pain de son déjeuner, et quelque flûte ou flageolet tourné par lui, tout empreint de l'odeur de la cire vierge. Ainsi, dans la campagne, aux beaux jours, ou, s'il pleuvait, sous quelque maisonnette du Jardin des Plantes, notre voisin, il se consolait en composant ses charmantes mélodies.... Quand il rentrait, tout était calme, et je transcrivais, sur un grand cahier de papier rayé, les compositions de la journée.

Au bout d'un an, mourut mon grand-père; il mourut comme un autre homme, avec patience, et malgré les soins, l'attachement, les larmes de sa chère Bérésina. Il nous dit adieu à tous les trois, d'un regard tendre, en murmurant quelques vieilles prières qui lui revenaient du temps où il était petit. C'était l'héritage de sa mère. Il fallut fabriquer un cercueil pour ce géant. Quand on le transporta au cimetière, il fut impossible de le faire entrer dans notre caveau de famille. A ses obsèques silencieuses, nous assistions tous les trois. Je portais sous mon bras trois couronnes ; je donnai l'une à mon père et l'autre à Bérésina, qui en parut tout heureuse. A mon tour, je déposai la troisième sur la fosse à peine fermée. Il me sembla que mon père, en lisant sur la croix noire ces paroles sacramentelles : « Qu'il repose en paix! » se sentit soulagé par ce mot : *la paix!* Puis nous revînmes en notre logis, où s'étaient réunis tous les tambours du quartier, pour faire honneur à leur major. Nous rapportions la canne et le sabre, ornements de son cercueil. Par une ruse innocente, et la seule qu'il eût imaginée en toute sa vie, mon père avait avancé de deux heures les obsèques du major, pour éviter la dernière aubade. Il n'en perdit pas un coup de baguette.... Dieu merci, ce fut la dernière!

Il resta seul avec moi (Bérésina était partie on ne sait où), jusqu'au jour où lui-même, à son tour, il perdit le souffle inspiré qui l'avait fait vivre. Il n'y eut rien de paisible et de si doux que cette mort, avant l'heure. On n'entendait aucun bruit, du côté de la rue et sur le jardin. Je venais de jouer en pizzicato sur mon violon, à la sourdine, un fragment de la *Symphonie pastorale*, et mon père marquait la mesure de sa main mourante. Il me dit adieu sans se hâter, me recommandant trois choses : de garder ma fortune ; de me marier de bonne heure, et surtout d'éviter les abîmes et les hontes du treizième arrondissement. Le treizième arrondissement était, avec le bruit, la seule horreur de mon père, et je lui promis, à genoux, d'observer ses commandements. Il mourut en me bénissant. Un roitelet chantait sur le saule au moment où j'enfermais dans le tombeau tout ce que j'aimais ici-bas !

Le treizième arrondissement, l'épouvante et l'horreur des honnêtes gens, représente à Paris une espèce de terrain neutre, où viennent se réfugier incessamment les faiblesses, les vices et les corruptions de la grande ville. Il n'est pas de bonne mère, au souvenir de ce terrible arrondissement, qui ne pousse un profond soupir de regret du fils qu'elle a perdu, ou de pitié pour le fils de sa voisine. En ces lieux des joies passagères et des ténèbres que rien ne dissipe, arrivent, imprudents, les enfants de la joie. Ici la dette, ici le jeu, ici surtout les unions du mariage libre, avec toutes ses conséquences d'enfants sans nom, de parents sans pitié, d'infortunés traînant leur chaîne à travers ces domaines sans limites. Le mariage libre est la plaie inguérissable du *treizième*, — ainsi l'on parle; — quiconque une fois a franchi le seuil formidable où le sans-gêne est roi, où l'on ne connaît plus ni le remords des actions coupables, ni la honte des liens passagers, l'homme est perdu, la femme est perdue. Aux yeux de mon père agonisant, le treizième arrondissement apparaissait semblable à ces lieux d'asile où la dette, et le vice, et le crime échappaient, dans les temps anciens, au châtiment, à la surveillance, à la loi.

Même, en pensant aux défenses de mon père, aux serments qu'il avait exigés, de sa voix mourante, il me semblait qu'il avait méconnu la chasteté de ma vie, et le respect de mes travaux. Je l'ai dit : sa mort me laissait seul au monde; il était tout pour moi; il avait été mon père et ma mère, et mon maître; il restait mon exemple; sa pensée errait, paternelle et souriante, autour de mon toit domestique. Aux jours d'été, il me semblait entendre encore sa flûte adoucie, inspirée et suave. Il avait écrit, modeste, et sans autre ambition que de mettre au dehors ses émotions les plus intimes, une suite de mélodies et de chansons; c'était ma fête et mon plaisir de les redire à l'écho du petit jardin; je les chantais à l'oiseau volage, à l'abeille errante, à l'insecte heureux, bruissant et caché dans l'herbe. Ah! le doux musicien, le doux rêveur, l'aimable et sympathique inspiration!

Un jour que la bise était rude aux petites gens comme moi, je jouais de mon mieux dans la salle basse, et sans y rien changer, les dernières compositions de mon père; j'y mettais tout mon zèle, et le son le plus juste. Ainsi j'étais tout absorbé dans mon étude et ma contemplation. Soudain, sans que j'eusse été averti par aucun bruit du dehors, et comme j'attaquais ce que mon père appelait *un rondeau brillant*, j'entendis, à mes côtés, chose incroyable! un son léger de cor ou de cornet à piston, qui m'accompagnait avec un respect voisin de l'extase. A coup sûr, l'homme ici présent était un habile artiste, et d'un bon naturel. Avec toutes les puissances bruyantes dont son instrument disposait, il s'effaçait devant le violino-primo écrit pour la flûte : et tant de zèle, et d'attention! Nos deux instruments réunis produisaient un effet ravissant et tout nouveau.

J'en étais tout charmé, et comme on fait en un rêve, où l'on entend des voix qui nous plaisent, pour retenir les chanteurs invisibles, j'hésitais à me retourner, de peur que l'apparition disparût!

Cependant j'allais toujours, tournant la page, et pénétrant dans cette musique bien comprise, et pourtant si nouvelle pour mon accompagnateur inconnu. L'œuvre achevée, alors je tournai la tête, et je vis près de moi, tout souriant, tout bouclé, jeune et beau, bien fait de sa personne, avec toutes les apparences les plus heureuses de la force et de la santé, un jeune homme, un voisin. Plus d'une fois, au bout du jardin, sous les arbres, ou longeant, sur le minuit, le seuil de ma maison, il m'avait entendu me récitant ces mélodies à l'infini, et comme il était lui-même un bon musicien, il avait fini, soit pure fantaisie ou soit l'occasion de ma porte ouverte, par entrer chez moi.... et voilà comme il s'était présenté.

Nous échangeâmes, sans mot dire, une poignée de main, et tout de suite, et tout à son aise, il me raconta qu'il était, comme on dit, un enfant de la balle. Son père était un musicien, disons mieux, un ménétrier de village. En vain le brave homme avait passé par toutes les épreuves: concours du Conservatoire, accessits, premier accessit, deuxième, premier grand prix, concerts, musique gravée, et son portrait aux carreaux du célèbre éditeur Maurice Schlesinger, dont le père avait été le premier éditeur du *Freyschutz*. Le talent seul avait manqué à tant de renommée, et, de succès en succès, papa Bernard en était arrivé à montrer la musique aux jeunes demoiselles des environs de la Salpêtrière, aux jeunes seigneurs de la rue de la Clef.

Même il avait peine à vivre, et, pour ajouter quelque provende à toutes ces besognes, il devenait chef d'orchestre, en été, du bal de Flore; il conduisait la fête, en hiver, du bal des Lavandières. Du reste, un brave homme. Il s'était plus tard expliqué à lui-même que la société n'était pas injuste envers son génie, et qu'il était payé selon ses mérites. Voilà ce que disait son propre fils, mon nouvel ami, jusqu'à présent mon seul ami. Quant à lui, tout au rebours de son père, il était né musicien, mais il avait beau faire et tenter l'aventure, il restait un musicien sans nom et sans emploi dans l'orchestre ingrat de ce bas monde. Il jouait volontiers de tous les instruments..., jusqu'au point où la difficulté commence. Il s'arrêtait prudemment au bord de l'abîme, et laissait sauter, disait-il, les martyrs de la flûte et du violon. Mais aussi, conséquent avec sa prudence, il s'était gardé de rien demander, qu'un peu de joie, au trombone, à la trompette, au cornet, à tous les cuivres.

Il se rendait à l'orchestre en amateur; au bal, il était payé par le sourire des plus belles danseuses. Musicien le dimanche, il était financier le reste de la semaine; il s'occupait du Trois pour cent et des Quatre-Canaux, qui lui donnaient, bon an mal an, trois à quatre mille livres. « Chez moi, disait-il en faisant le gros dos, il y avait l'étoffe, à la fois, d'un Paganini et d'un baron de Rothschild, mais l'obstacle et le guignon !... »

Tel il était, un vrai boute-en-train, bon enfant, bon compagnon, toujours le mot pour rire, et c'eût été d'un vrai sauvage, de repousser cette main joyeuse et bienveillante. Il allait et venait, une fois le jour, de la maison de son père à la Bourse; il appelait cela les deux antipodes. S'il était pressé d'arriver, il me disait bonjour en frappant à ma vitre; il entrait le plus souvent, pour m'apporter les bruits de la ville, et sitôt que nous avions le temps, vite au pupitre! Alors, je reprenais mes droits de maître absolu, et M. Jean Bernard redevenait mon esclave; il me suivait d'un souffle obéissant. Autant il était superbe en sa vie, autant il s'effaçait dans son jeu; ses yeux brillaient à m'entendre; rien qu'à lire avec déférence ce qu'il appelait les *silences* de mon père, il sentait petiller entre ses deux sourcils comme un éclair de génie. Il avait trouvé dans ses rires, pour mon père et pour moi, deux jolis noms : « les Cachottiers. »

Que de peine avez-vous prise, messeigneurs, s'écriait-il dans le véritable accent de Frédérick Lemaître à la Porte-Saint-Martin, pour rester inconnus? Avec la moitié moins de soucis, vous seriez célèbres; ton père eût régné sur les concerts du

Conservatoire, et tu serais aujourd'hui chef d'orchestre à l'Opéra !

Je riais avec lui ; je le laissais dire. Il était ironique et plaisant, de bonne grâce et de bon conseil ; enfin sa profonde admiration pour mon talent ne gâtait en rien les belles qualités dont il était doué. Bien vite, il devint mon guide et mon conseil, hormis en musique, et je ne faisais rien sans le consulter.

Un jour, je m'aperçus que ma chère maison était vieille et menaçait ruine ; un des murs était plein de lézardes, l'autre avait tassé. Il y avait vraiment *péril en la demeure*, et quand mon ami Jean Bernard me vint voir le dimanche, il me trouva en grande conférence avec moi-même, et avec mon architecte. Bonté divine ! il ne fallait pas moins de deux fois mille écus, pour remettre en ordre toutes choses, et c'est en vain que je me brisais la tête : où donc trouver tant d'argent ?

« Te voilà bien embarrassé d'un fétu, s'écria M. Jean, mon conseil. Donne-moi ta rente ; avec vingt-cinq mille francs que cela peut valoir, je t'achète une vingtaine d'actions, dans ma compagnie ; elles te rapporteront, volontiers, tes douze cents livres de rentes, et nous réparerons largement ta maison, avec les sept mille francs qui restent. »

Ainsi fis-je, oublieux des recommandations de mon père, qui m'avait bien dit : « Veille sur ta fortune ! » Oui, mais il m'avait dit aussi : « Garde bien la maison ! » Mon ami Jean m'acheta fidèlement les actions qu'il m'avait promises ; il me rapporta les sept mille francs de surplus, mais, la maison étant réparée, il se trouva que je devais un millier d'écus ajoutés à ce que j'avais dépensé déjà. J'en eus la fièvre.

« O pauvre esprit ! s'écriait M. Jean. Tu avais une ruine, on te fait un château ; te voilà logé comme un prince, et tu pleures ! Allons donc, prends ton violon, je t'ai déjà trouvé de bonnes leçons ; dans huit jours, je te fais entendre à quelqu'un.... tu m'en diras des nouvelles ; bref, dans six mois, tes mille écus seront payés. »

Cependant les deux écoliers que Jean m'avait trouvés, et qui me rapportaient déjà deux fois cinquante francs par mois, étaient gens de peu de génie et me donnaient bien de la peine. Ah ! que je revenais attristé de ces leçons ! Il me semblait que je volais leur argent à ces tristes sires. Ils tenaient le violon d'une main pesante ; ils appuyaient sur ces cordes légères ; ils faisaient de leur archet un instrument de supplice.

« Ami Jean, c'est impossible, on perdrait sa main et son âme à ce métier.

— Eh bien ! reprenait Jean, laissons le violon ; enseignons le contre-point.... »

Donc il me trouva deux élèves de contre-point,

ce qui fut, pour moi-même, une grande occasion de l'apprendre. On ne saura jamais de quelles tristes inventions, mes élèves et moi, nous avons gâté un si beau papier de musique.

« Ami Jean, ton contre-point est un métier d'idiot que tu m'imposes ; autant vaudrait enseigner aux jeunes demoiselles l'art de composer les poëmes épiques et les tragédies.

— C'est vrai, disait Jean ; mais rassure-toi, j'ai trouvé ta fortune et ton repos. »

Ce qu'il avait trouvé, c'était une vieille dame, au beau milieu du faubourg Saint-Germain, dans un vieil hôtel dont les voûtes se souvenaient encore des œuvres de Gluck et de Rameau. La dame était ancienne et malade, impotente, aveugle à demi ; l'ouïe et le goût de la musique étaient seuls restés à ce doux fantôme.

Elle avait tout d'abord adopté mon ami Jean, pour son musicien de chambre ; il lui jouait sur un piano d'Érard, qui s'indignait de ces frivolités, toutes sortes de contredanses et de polkas de sa composition. Bientôt le piano l'avait fatiguée, et mon ami Jean lui avait proposé d'entendre un brin de violon, joué par un sien camarade.

« Oh que non pas ! s'il est aussi fort que vous sur le piano, disait la dame.

— Il joue un peu mieux que Paganini ! » s'écriait M. Jean.

Bref, je fus accepté, je fus introduit, et je jouai de mon mieux ces petites compositions paternelles auxquelles je revenais toujours. Bientôt la dame y fut sensible : elle y retrouvait, disait-elle, un accent du bonhomme Grétry. Elle aimait mon violon, et plus d'une fois, d'une voix fluette, elle accompagnait mes chansons. D'ordinaire elle était seule, ou bien un sien ami, qui paraissait m'entendre avec plaisir, s'asseyait près d'elle, au pied de sa chaise, et m'encourageait du geste et de la voix. Cela dura trois mois de suite; hélas! peu à peu, l'ouïe, à son tour, disparut de cette frêle existence. Il fallut que messire Jean m'accompagnât de son cornet, pour que la bonne dame eût encore quelques perceptions de nos élégies. Une fois, que j'appuyais sur la quatrième corde, et que Jean soufflait d'une force inaccoutumée :

« Ah! dit la dame en sanglotant, pour le coup, je suis morte! Hélas! je n'entends plus rien. Je n'avais plus que ce plaisir pour vivre encore!... »

Elle nous tendit la main, et nous fit donner à chacun cent écus, puis, détachant de sa robe, une épingle en émeraude, elle me la tendit, sans mot dire. Arrivés au seuil du salon, et la porte étant fermée :

« Adieu, madame! Adieu, m'écriai-je, esprit bienveillant, intelligence exquise, âme innocente.

— Adieu, reprenait Jean, chère âme en peine, bienveillante aux pauvres artistes.... »

Lui et moi, nous étions tout en larmes. Le surlendemain, la dame était morte. On ne pensa pas à prévenir de pauvres diables tels que nous.

Pensez donc si j'étais triste, et si mon ami Jean se reprit, de plus belle, à me consoler.

« Voici pourtant que tu as acquitté le tiers de ta dette, me disait-il ; il faut un peu te reposer. »

Je ne demandais pas mieux que de revenir à ma vie errante et d'aller, çà et là, tout au loin, dans la vallée aux Loups, par exemple, à la poursuite de quelque idée au gré de mon caprice, en attendant que le dimanche eût rendu mon ami Jean à mon oisiveté. Il me semblait que ma maison réparée était moins gaie, et que le souvenir de mon père était moins vif sur ces murailles récrépies. Je trouvais l'écho moins joyeux, l'air moins léger.

Certes, je ne disais ma peine à personne, et pourtant elle avait été devinée.... Une invisible main avait profité de mon absence pour décorer ma muraille attristée, avec un soin pieux qui me toucha jusqu'aux larmes. Les tambours, les fusils, les armes de mon grand-père, avaient servi, moi absent, à composer un trophée en l'honneur du major, et de notre gloire militaire. Le manteau du major était, sur la muraille, suspendu, en guise de rideau, à la canne à pomme d'argent.

Des deux côtés, les tambours qui faisaient tant de peur à mon père ; au milieu, encadré dans les épées de combat, les fusils, les sabres, les fleurets avec lesquels mon terrible grand-père aimait à m'instruire.

On n'avait oublié ni les baguettes, ni le cor de chasse. Au sommet de l'œuvre, en guise de couronnement, s'élevait le bonnet, surmonté de l'aigrette. Une place était accordée, en ce trophée, à la flûte, au flageolet, aux outils de mon père, et moi-même étais-je représenté par un archet et par le manche d'un violon. C'était superbe, et je fus tout charmé de cette parure domestique.

Il me semblait que la maison était pleine de ces splendeurs. Je pensai d'abord que mon ami, Jean n'était point étranger à cette aimable surprise..., il me jura ses grands dieux qu'il eût voulu, pour beaucoup, être l'inventeur de cette heureuse décoration, mais qu'il ne pouvait accepter cette gloire, et je vis bien, par plusieurs détails, qu'une main plus savante avait présidé à ce pieux souvenir que je saluais de l'âme et du cœur.

Mon histoire est monotone ; attendez, la voilà qui se manifeste, et vous verrez si j'avais le droit d'écrire les mémoires que voici :

Jean me dit un jour :

« Tu t'ennuies ; il n'est pas bon que l'homme soit seul, c'est écrit dans le saint livre. Un bon violon d'Amati, un archet souple, une maison neuve, un grand trophée, un vaste jardin, douze cents francs de rente, et de quoi payer ses dettes, c'est joli, tout cela. Mais, que diable! on est en pleine jeunesse, et l'on n'est pas sorti de son trou, voilà le mal! Tu es un homme, un grand artiste, et tu n'as rien vu! Tu ne sais rien de rien, ni des passions, ni des amours, ni des intérêts et des douleurs de ce bas monde. Halte-là, mon maître! (il parlait comme Buridan) pas tant d'égoïsme, amusons-nous.... »

Et comme il me voyait hésiter :

« Voulez-vous du moins, reprit-il de sa voix solennelle, rendre un service au père lamentable de votre ami Jean Bernard? »

Alors il m'expliqua pourquoi donc et comment son père était le Strauss d'un bal plus que champêtre. Il conduisait, dans une vaste salle ouverte à toutes les beautés peu farouches de la grande ville, un immense orchestre, un tourbillon plein de fièvres, où la danse ardente allait sans cesse et sans fin. Or, son père était malade; il n'osait guère confier son bâton de mesure à quelque intrigant, convoiteur de ce poste envié, et c'est moi que la famille Bernard, après ample délibéré, avait bombardé jusqu'au pupitre!

En vain je voulais me récuser, disant que j'étais peu propre à conduire une pareille armée.... Jean répondit qu'à tout prendre, elle allait toute seule une fois lancée, et que lui-même il la conduirait sans peine, s'il était seulement un second violon, et non pas un infime cornet à piston.

« Tu verras, tu verras, reprenait-il, de quelle hauteur nous dominons toutes ces folies; tu seras au premier rang pour tout entendre et pour tout voir, en même temps que, si haut posée, ta sagesse est à l'abri des tentations. Enfin, que t'importe? Ou cela t'amuse, et tu gardes le sceptre ; ou bien cela te gêne et te fatigue ! à bas la dictature ! et, disait, feu Talma :

« J'ai gouverné sans peur, et j'abdique sans crainte. »

Il était si gentil, si plaisant, si gai, disant toutes ces folies, que, ma foi ! je me laissai faire, et je consentis :

« Tu le veux, lui dis-je, eh bien ! me voilà chef d'orchestre, et je te suis dans ce carnaval, à condition que, par respect pour mon violon, je le laisse au logis.

— C'est bien, » reprit-il avec joie..., et le surlendemain (c'était, il m'en souvient, un vendredi, treizième jour du mois) mon ami me présentait aux confrères concertants du père Bernard.

A ma grande surprise, il me sembla que je n'étais pas inconnu de cet orchestre placé sur les limites des deux mondes, l'Opéra-Comique et l'Opéra. Ils savaient, je ne sais comment, que j'étais un habile artiste et plus d'un, parmi les musiciens, me vint saluer, tenant à la main un des instruments de feu mon père. — Ils applaudirent, quand je montai au pupitre, et comme si quelque mot d'ordre eût été donné à mon intention, les instruments étant accordés, et pendant que le public entrait dans la salle, ils jouèrent, sans trop de bruit, une innocente ouverture de Dalayrac. Si bien que je me sentis tout de suite à mon aise, et me voilà conduisant l'orchestre en maître qui n'aurait fait que cela toute sa vie.

Un murmure d'approbation, et le bruit redoublé des archets sur les violons, signala ce premier effort. Peu à peu se remplit la salle, alors le bruit vint avec la foule ; en ce moment disparaît Dalayrac, *la Belle et la Bête* faisant place aux *Huguenots*. Bientôt les femmes en falbalas, la gorge nue et les épaules nues, montèrent comme une marée. Ah ! pauvre de moi, quelle épouvante ! et que j'avais de peine à me reconnaître en ce tourbillon tout paré, tout brodé, ambré des femmes à la mode, accompagnées, les unes de quelques gros messieurs sur le retour, les autres de petits jeunes gens, leurs danseurs ! La litanie étrange, accrochée au nom de ces nymphes de la Grande-Chaumière ! Sur mon estrade, et tout en jouant chacun sa partie, il y avait des exécutants qui se disaient l'un à l'autre, et sans trop se gêner :

« Voilà Florinde avec son quart d'agent de

change, et la grande Ariane avec son étudiant en droit. Ces dames portaient, en effet, des noms qui disaient leur vie entière : il y avait la Voyageuse, la Tarlatane, la Gypsy, le Cricri, l'Étourneau, la Besoigneuse et la Paméla. Au premier abord, elles se ressemblaient toutes : le même air, le même habit, la même insolence aux regards; des fanfreluches, en veux-tu? de la gaze, en voilà! Du rouge un peu, de la nudité beaucoup. Celle-ci jouait à l'ennui, celle-là visait à la majesté.

J'avais si souvent entendu l'ami Jean proclamer ces beautés féroces, raconter leurs appétits insatiables, leur luxe et leur dépense, et tant de piéges, et d'amorces aux innocents tels que moi, que je fus ébloui et tout tremblant des abîmes où j'allais tomber. Mais quoi, je me rassurai bien vite : elles étaient, les unes et les autres, beaucoup moins jeunes et moins belles que M. Jean ne l'avait dit. D'ailleurs, tout entières à leur proie, à leur curiosité du moment, elles n'avaient pas un seul regard pour l'orchestre, et pour l'humble chef d'orchestre. Il semblait à ces infantes que cette musique était là, de toute éternité, pour servir à leurs évolutions. Quand elles eurent bien tourné autour de la salle, elles se mirent à danser tout simplement, comme des honnêtes femmes, la contredanse et la valse, allant d'un bon pas, c'est vrai, mais qui n'avait rien d'extraordinaire. Ici s'arrêta la première partie, et dans l'entr'acte :

« Au fait, dis-je à mon ami Jean, je me ferai volontiers à mon orchestre, et même à ces danseuses. Ça n'est pas plus amusant et plus dangereux que je ne pensais.

A mon discours, Jean se prit à sourire :

« Attends, me dit-il, la deuxième partie, et tu verras si ça brûle ! »

A la deuxième partie, en effet, jugez de mon étonnement et bientôt de mon épouvante, lorsqu'en lisant la partition que j'avais sous les yeux, je reconnus que mon ami Jean avait composé, à l'intention de ces jupes incendiaires, un pot-pourri plein de tapage, à tout brûler, des plus douces et des plus chastes mélodies de mon père. Il avait entremêlé, dans un tintamare ineffable, la *prairie* au *ruisseau*, l'*étoile* à la *fleur*, le *rêve* au *sommeil*, *avril* au mois de *mai;* mon père appelait ainsi ses élégies. O pauvre homme ! qu'aurait-il dit voyant ses rêves charmants, transposés par une plume infernale, à l'usage de la famille hurlante des saxhorns, des saxtrombas, des saxophones ! — Son « Alouette » *roucoulait*, avec accompagnement de saxophones-baryton ; son merle sifflait en saxophones-ténor ; son « aurore » s'éveillait au fracas du trombone saxchromatique à six pistons ! Plus j'avançais dans cette épouvantable lecture, et plus vous m'eussiez vu pâlir, trembler et chercher une fuite.

« Allons, courage ! as-tu peur ? me disait Jean, son piston à la main. Ne vois-tu pas tous ces messieurs qui te regardent, et qui te ménageaient cette surprise? Allons, hardiment, et ceci fait, ça ira tout seul ! »

Plus mort que vif, je donnai le signal, et tous ces cuivres, d'abord très-doux, commencèrent, mêlés à la flûte, aux violons, qu'ils laissaient rire et jaser entre eux. Bientôt, à la quatrième ou cinquième mesure, il y eut dans tout l'orchestre un sauve-qui-peut universel, et la tempête, un instant comprimée, envahit toutes les âmes d'alentour. Cette fois, toute la danse était changée; la foule, emportée à ces bruits voisins du tonnerre, était à nos pieds, se démenant dans une espèce de convulsion pleine de furie. On voyait briller ces regards, on entendait râler ces poitrines; les pieds ne touchaient plus à la terre; un mouvement unique enroulait ces groupes sans nom. Moi-même, en cet instant, je perdis la tête, et, plus violent que la musique hurlante sous mes yeux, je donnai le signal à tous les cuivres, à l'ophicléide, à la basse, au tam-tam, au chapeau chinois, à la grosse caisse, aux cymbales. Ah! que de bruit! J'étais fou, j'étais enragé; je ne voyais rien, je n'entendais rien.... Quant tout à coup, dans un grand silence, au milieu de ce tumulte, apparut une femme.... On l'appelait la Véronèse ! Alors, Jean me dit à l'oreille :

« Ami, voilà le danger, soyons aveugles, et frappons fort ! »

Je frappai si bien, qu'à mon appel répondit un beuglement parti du trombotonar, un instrument de Satan. A ce signal furieux, nos cuivres à dents de serpents, de toutes leurs gueules ouvertes, poussèrent un hurlement digne du chien aux trois têtes. Que dis-je ? Il y avait des musiciens qui cassaient des chaises ; il y en avait d'autres qui tiraient des coups de pistolet ; un carillon sonnait en faux bourdon. Tous les bruits étaient déchaînés sur notre estrade ; à nos pieds s'agitaient toutes les passions. Mais la plus belle et la plus vivante entre toutes, une flamme au milieu des tempêtes, c'était sans cesse et sans fin.... la Véronèse ! Elle arriva, déjà triomphante, et soudain sa beauté se fit place au milieu de la foule ébahie. Elle avait l'épaule nue, et le sein nu paré d'un bouquet de tubéreuses. La ceinture était relâchée et la robe flottante ; on voyait les deux bras, semblables à deux serpents, parés d'un collier d'or. Qu'elle fût belle ou laide, à tout prendre, on n'en savait rien ; mais elle était légère, et bondissait comme une panthère.

Une fois dans la danse, elle attira tous les regards ; elle fut l'incendie, on ne vit plus que ce brasier ; elle avait une façon de se virer de tout le corps, de s'arrêter net, en levant la jambe avec une cambrure indescriptible! Alecto, Mégère et Tisiphone en robe de bal, voilà toute la Véronèse! Elle était palpitante aux pieds de notre Etna déchaîné! Je me mis à la contempler de toutes mes forces, oubliant de conduire.... oui-da l'orchestre, obéissant à l'impulsion de cette Atalante, allait toujours.

Elle avait inventé je ne sais quelle danse à son image, un véritable tohu-bohu de pas perdus, tantôt dans les airs, tantôt sous sa robe aux plis lascifs; elle était le frémissement même. Et pensez donc si je restai confondu, quand je découvris que ses yeux étaient fixés sur les miens. A droite, à gauche, en avant-deux, elle ne me perdait pas de vue; un instant même elle me fit, de son petit doigt, un signe imperceptible. « Ah! cette fois, m'écriai-je, allons-y, c'est décidé. J'obéis, tu m'entraînes, me voilà! » Et d'un bond je tombai, de l'orchestre, en plein bal. Il m'a semblé que la musique, en ce moment, redoublait d'ironie et de rage. En vain l'ami Jean s'écriait : « Où vas-tu?.. » J'étais ivre et fou. Un danseur tenait ma danseuse et l'entraînait dans la valse ardente.... il tomba sous mon étreinte, et je m'emparai de la Vénonèse au moment où des voix humaines, des basses-tailles ajoutaient leurs vociférations aux beuglements universels.

C'était la première heure, en toute ma vie, où je

m'étais vu si près d'une femme ; elle exhalait, sous
le feu de sa double prunelle, toutes les senteurs
dangereuses ; elle était pour moi la surprise et
l'enivrement. Sitôt que je la tins dans mes bras,
bondissante, je me rappelai les leçons et les danses
que m'avait enseignées la Bérésina dans ses instants
de bonne humeur, et je fus tout de suite un bon
grotesque, un gai compagnon, un taille-vent de
barrière. On m'admirait (j'étais nouveau) presque
autant que ma danseuse ; en un clin d'œil j'avais
conquis l'âme et l'esprit de toutes ces dames.

Ces filles du hasard riaient de ma folie ; elles applaudissaient de la main, du regard, de l'éventail,
pendant que les hommes entouraient ma danseuse
d'un concert de louanges. Elle et moi, cependant,
nous étions tout entiers à la danse ; elle me riait
d'un rire éclatant, puis soudain elle me dit :

« Donne-moi ton épingle.

— Elle est à toi, repris-je, en échange de ces
fleurs qui nous montent au cerveau. » Elle prit l'épingle.

« J'y consens, prends mon bouquet, » dit-elle
en se cabrant…. Dans un transport frénétique,
je le pris avec mes dents. Là s'arrêta la chanson,
la danse et la musique…. Il était temps !

L'ami Jean était près de moi et me regardait
plein d'inquiétude ; il me fit asseoir en me disant
tout bas : « Tu es fou, tu as perdu le bon sens. Où

diable as-tu donc pris ces danses d'Idalie et de Paphos! Quelle infante en savait assez long pour si bien t'instruire? Ainsi, je suis ta dupe et tu m'en peux remontrer?... Cependant, calme-toi, contiens-toi! Prends garde à ces entraînements! Voyons, souviens-toi que tu es un grand artiste, et reviens à toi-même. Il n'y a ici qu'illusion, mensonge et vice : pas une de ces femmes qui ne soit destinée à l'hôpital; bien peu parmi ces hommes qui ne soient voués à la honte, ou tout au moins à la ruine. » A ces paroles je n'attachais pas encore un sens bien distinct, tant mon esprit était troublé. Il faut dire aussi que l'odeur des tubéreuses mêlées aux violettes, que j'avais passées dans ma boutonnière, ajoutait à mon spasme. Enfin, j'étais ivre; je voyais tourner devant moi toute chose, je succombais sous cette immonde tentation.

Un certain bruit qui se fit dans l'assemblée, un murmure plein d'agitation, me tira quelque peu de ma torpeur. En tournant la tête, je vis venir, traversant la foule en toute hâte, un homme hors de lui, menaçant, furieux. Le passions précoces avaient dévasté son visage; à sa démarche, à son geste, et même à son habit, on voyait encore le reste et le souvenir lointain de la bonne compagnie... Hélas! tout cela était ravagé, dévasté. A mesure que cet homme avançait, la Véronèse, attachée à ses pas et tremblante, le retenait avec des larmes et des plaintes. Peine inutile; il s'avança jusqu'à moi et, d'un geste insolent, il m'arracha violettes et tubéreuses en les foulant à ses pieds. Certes, je courais un grand danger en ce moment! L'amour, l'orgueil, la vanité, remplissaient cette âme usée au contact des plus mauvaises passions. La Véronèse était sa danseuse, il était son danseur; il avait été, jusqu'à ce soir, le héros de la danse échevelée et sans vergogne. Je lui avais tout pris en dix minutes, sans le vouloir, et sa maîtresse, et sa renommée, et ce qu'il appelait *sa gloire*. Il m'eût déchiré sur l'heure, s'il m'avait tenu à l'écart, de ses mains tremblantes de fureur.

Insulté par lui, je cherchai d'abord à me rendre compte de son offense. Il était devant moi, plein de menaces; je le regardais comme on regarde un fantôme en rêve. A la fin, poussé par un instinct irrésistible, et tremblant de peur, j'allais fuir; le regard de mon ami Jean me contint; je m'arrêtai, en faisant volte-face : « Misérable !... » et le frappant d'un revers de ma main... Il tourna sur lui-même et tomba!

« C'est bien fait! s'écria mon ami Jean, c'est bien fait; voilà comme il faut traiter ces tyrans de tabagie. Il sera moins superbe une autre fois, et ces dames en auront moins peur. »

Il me donna le bras, et sortit en disant à ce triste héros :

« Nous sommes à vos ordres, monsieur. »

Je passai une mauvaise nuit. Ce moment d'énergie avait usé tout mon courage, et, né poltron, je dormis comme un poltron, parmi toutes sortes d'images confuses : des pistolets, des violettes, des écharpes, des épées, du vin de Champagne et du sang, des chansons, des blasphèmes. Je revoyais tour à tour la Véronèse et son danseur, puis tout d'un coup je fus réveillé par le trombotonar. Je poussai un grand cri... Mon ami Jean était à mon chevet et me regardait avec compassion.

« Tu as peur? me dit-il, ça n'est rien, ça se passera. Lève-toi, et préparons-nous comme pour une fête. Il faut qu'on nous voie en bon état, calmes et sérieux. »

Grâce aux soins de ce fidèle ami, je fus bien vite un homme présentable; à sept heures frappantes, nous vîmes entrer mon adversaire et ses témoins. Il avait changé de costume; il portait une longue redingote à brandebourgs; dans sa poche de côté, s'étalait un foulard rouge qui sortait par un des bouts, ce qui produisait, de loin, l'effet du ruban de la Légion d'honneur. Bref, il était tout semblable à ces bretteurs que l'on appelait, en 1814, les *raseurs*, et qui se vantaient volontiers des hommes qu'ils avaient tués.

Ses deux amis ne valaient guère mieux; c'étaient deux chevaliers de la même espèce, et vraiment, tous les trois étant sous mes yeux, je les regardai sans peur.

Je n'en saurais dire autant de leur contenance. Ils parurent plus que surpris, quand ils virent mon trophée au beau milieu de la muraille, et cette étrange collection, chez un simple musicien, de fleurets, de sabres, d'épées, de couteaux et de tambours. Il fut convenu, après quelque avant-propos, que l'on se battrait au bout du jardin, près d'une porte cachée dans la haie. Elle donnait sur la campagne; il serait très-facile d'y traîner celui des deux antagonistes qui serait tué. Quant au choix des armes, ce fut à peine une question. Il fut laissé à ce terrible monsieur.... Je ne sais plus que son nom de danseur, il s'appelait l'Etourneau. M. de l'Étourneau. Il restait là, tout surpris de me trouver si calme, et, de son côté, Jean se frottant les mains :

« Que vous faut-il, monsieur, l'épée ou le pistolet? Choisissez.

— L'épée est l'arme des gentilshommes, » reprit M. de l'Étourneau.

Il parlait encore, et déjà je décrochais les épées, en homme habitué à les bien tenir. Mon mouvement imprudent n'échappa ni à M. de l'Étourneau, ni à maître Jean, et quand ces messieurs se furent écriés :

« Non, non, pas d'épée, un sabre suffira. »

Jean décrocha les sabres.

« Allons, messieurs, dit-il, aux témoins. Je suis seul, vous êtes deux, mais entre gens d'honneur.... » et nous entrâmes dans le jardin.

En ce moment toutes les leçons du major, mon maître et mon grand-père, me revinrent en mémoire. Il me semblait que, la veille encore, j'avais fait un assaut d'armes avec lui, et j'entendais sa grosse voix : Çà, monsieur, bon pied, bon œil, qu'on se fende, et de façon à se relever bien vite; les yeux sur l'épée opposée à la vôtre, afin de porter de bons coups et de tromper les feintes. Et n'oublions pas qu'il y a le fort et le faible à toute épée; avec le fort, qui s'étend de la garde au tiers, on doit se défendre et parer les coups ; avec les deux autres tiers de la lame, on attaque, on riposte et l'on tue...

Avec moins de soin il m'avait expliqué le sabre. Il appelait le sabre « un bâton aiguisé. » Telles étaient mes pensées en me posant dans une longue et vaste allée, au milieu du potager, et tout de suite, mon adversaire et moi, nous voilà, fer contre fer. Il était habile et peu brave; il avait le coup d'œil rapide et la main lourde. Il était traître aussi, et me poussa tout à coup une botte à vous percer le flanc.. J'enveloppai son fer, et, du même revers que la veille, avec le plat de mon arme, je lui coupai la figure. Il avait le nez brisé; il crachait ses belles dents, dont il était si fier. Il avait lâché son arme inutile, il pleurait sur sa beauté perdue.

« Ah! mon Dieu! » disait-il.

Sa colère même était tombée ; ah! vraiment le pauvre homme ! — Et comme on était en train de le ranimer avec de l'eau fraîche et du vinaigre, apparut dans le jardin, échevelée, au désespoir, appelant son cher Auguste, devinez qui? la belle Véronèse! Elle se jeta dans ses bras, elle l'embrassa à l'étouffer, puis, se tournant vers moi, qui avais encore le sabre à la main, elle me dit mille injures : que j'étais un lâche, un meurtrier, un royaliste. A la fin, tous les quatre, on les emballa, tant bien que mal, dans le carrosse qui avait amené la dame, et messieurs les témoins semblaient assez mécontents, non pas du résultat de ce beau duel, mais de rentrer en ville à jeun! Restés seuls, avec une suffisante envie de goguenarder :

« Pardieu, monsieur, me dit Jean, tu nous la donnes belle avec ta peur! Tu t'es conduit comme un héros. Tudieu! quel sang-froid, quel soufflet, quelle blessure, et danser comme tu danses! Sans compter l'art de converser avec les dames, et de cueillir à belles dents les fleurs de leur sein! Mais toi-même, Ingénu numéro deux, tu es la violette de ces campagnes! Et moi qui tremblais pour ta vie! et moi qui pleurais le grand artiste, mort d'un coup d'épée à la fleur de son âge!

« O Jupiter, roi des dieux et des hommes, que j'étais simple et naïf! »

Ainsi plaisantait ce brave garçon, le rire aux lèvres, une larme dans les yeux.

« Et la Véronèse? As-tu vu la Véronèse? Il n'y a pas de tragédienne égale à celle-là!

— Ne ris pas, lui dis-je, elle est très-belle, et j'en suis fou.

— Avec ton épée et ton sabre, et cette balafre et ton émeraude, et ta façon de danser, sois tranquille.... elle est à toi! »

Il ne croyait pas si bien dire. En effet, le lendemain, pas plus tard, sur les quatre heures de l'après-midi, et comme j'étais encore à me reposer des émotions de la veille, un grand chariot, plein de meubles, s'arrêtait à la porte de ma maison. C'est en vain que je voulus renvoyer les deux hommes qui retiraient les meubles du chariot pour les déposer chez moi, ils me répondirent qu'ils savaient bien ce qu'ils faisaient; — et tout le rez-de-chaussée, en un clin d'œil, fut rempli d'un mobilier du plus étrange aspect. Le luxe et l'indigence étaient mêlés dans ce Capharnaüm misérable et chatoyant. Des fauteuils couverts de soie et de taches; des chaises brodées et boiteuses; des porcelaines ébréchées; un tapis fané, une causeuse où le cigare avait laissé tomber ses flammèches, un tas de brimborions gagnés à toutes sortes de loteries et de petits billards, telle était cette ménagerie.

Une glace en deux morceaux, une pendule arrêtée à minuit, sur un cadran rayé par les mains du valet qui la monte ; une douzaine de vilaines lithographies, représentant la *veille* et le *lendemain* des noces, le *coucher* de Margot, le *lever* de Jeanneton ; le portrait *à l'huile* d'un vieux général étranger, chargé de ses croix et de ses cordons omnicolores. C'était lugubre, abject et drôle à la fois.... Surtout la toilette était un morceau curieux. Quand elle fut chargée de ses ustensiles : éponges, pinceaux, peignes édentés, cheveux blonds, cheveux bruns, eau de perle, eau de Jouvence, et toute la pharmacie à l'usage de ces dames, mon logis en fut infecté. On n'avait pas même oublié de vieux bouquets, de pauvres arbustes morts dans leurs caisses, un serin dans sa cage, des bouteilles en vidange, des rideaux de satin, et des malles bourrées de linge, de dentelles et de friperies. Bref, j'en avais jusqu'au plafond, et j'allais crier : à l'aide, au secours ! quand enfin apparut la dame et maîtresse de tous ces biens.... C'était Mlle Véronèse en personne !

« A coup sûr, dit-elle, vous ne m'attendiez pas, monsieur. Il est écrit par je ne sais quel empereur, sur un carreau de vitre : *Souvent femme varie, bien fol est qui s'y fie*. Eh bien oui, j'ai varié ; je ne veux plus d'un danseur camus et brèche-dent ; je vous adopte, et me voilà, moi, mes meubles et mon chien. »

Elle tenait, en effet, un vilain griffon chassieux sur ses genoux, et, sans attendre une réponse, elle congédia son monde et s'installa chez moi. Je vous ai dit toute ma faiblesse. Il n'en fut jamais de plus grande. En ce moment, je voyais ma faute, je comprenais toute ma honte ; et quand j'aurais du mettre le feu à la maison et m'enfuir sans détourner la tête, je restai misérablement en proie à cette indigne créature ! Ah ! déjà comme il y avait à déchanter ! Comme elle était peu semblable à son masque ! Elle n'était que mensonge et friperie ! O comédienne !

La Véronèse avait perdu toute la beauté qui m'avait frappé ; sa friperie et ses habits de tous les jours, ses cheveux mal peignés, l'accent de sa voix, pleine de notes aiguës, l'aspect de ce mobilier qui attestait toutes les turpitudes, et que dis-je? un piano, que j'oublie ! un piano de pacotille, où clapotaient les cordes détendues, et cinquante ou soixante volumes des cabinets de lecture, tout souillés de la graisse des cuisines et de la pommade infecte des boudoirs....

Elle n'avait pas d'autre fortune. Abjection ! était son nom.... Et moi, le fils innocent de ce père innocent, dont le devoir eût été de jeter à la porte à coups de pied cet abominable échantillon du *treizième arrondissement*, l'horreur de mon père et mon déshonneur, je me laissai, ô lâche! envahir par cette ignoble compagnonne, et librement elle installa ses crimes et ses corruptions dans nos douces murailles! Bien plus, elle fit de moi son complice! Elle me mit à l'œuvre, et je rangeai en maugréant tous ses vieux meubles. L'heure du dîner était venue : elle s'asssit à ma table, et mordit à mon pain d'une dent superbe. Elle mangeait peu, elle buvait beaucoup; elle me fit boire, et puis sa causerie et ses chansons, les menus propos, les quolibets, la nuit qui tombe, et Jean qui n'était pas venu ce soir, et qui me croyait bien tranquille, en pleine méditation, essayant sur mon violon quelque innocente cantilène.... O misère, ô vaine recommandation de mon père au tombeau! Une voix me disait, implacable, ironique : « Innocent, mon ami, te voilà pour le coup dans les abîmes et dans les hontes du *treizième arrondissement!* »

Rassurez-vous, je ne vous dirai pas toutes mes misères; elles sont notées, depuis la première de ces unions lamentables. Vingt-quatre heures ne s'étaient point passées, que j'avais déjà reconnu la sagesse des conseils paternels. Esclave! je portais un fardeau plus lourd que l'Etna.

Cette fille était naturellement méchante et stupide. Elle changeait, à la même heure, de pensée et de visage.

Aujourd'hui je la voyais sous son aspect féroce; elle n'eût pas hésité à mettre le feu aux galeries du Louvre pour cuire son déjeuner du matin.... le lendemain elle faisait la bonne et la niaise. Elle parlait, d'une petite voix languissante, de ses heures d'innocence et de vertu. Elle appartenait, à l'entendre, à la race antique; elle était encore au berceau quand elle avait perdu son père, un gentilhomme, et sa mère, une fille des croisés! Bientôt mariée, à seize ans, avec un indigne mari, elle avait vu passer son héritage en fumée, et l'horrible pauvreté l'avait perdue. Elles ont toutes la même chanson à leurs lèvres flétries, le même rouge à leurs joues ridées. Cependant j'en avais peur : j'avais compris, en moins de huit jours de ce mariage au *treizième*, qu'il n'était pas de violence et de lâcheté dont mon aimable *épouse* ne fût capable, et voilà justement pourquoi je l'écoutais avec patience et prudence, et mon grand air de bonhomie.... Un seul doute, un haussement d'épaules, elle eût brisé tous mes meubles. Ah! l'ennuyeuse et la honteuse vie! Il y avait des moments où madame était, disait-elle, une grande artiste; alors elle tapotait, sur son piano sans accord, des billevesées de couturière; elle chantait, à vous briser le tympan, les grands airs de l'Opéra ou du café-concert. Elle était tour à tour, une Malibran, une Damoreau, une Sontag, toujours un phénomène.

Elle savait aussi barbouiller sur des toiles impossibles des châteaux, des ruisseaux, des ormeaux. Elle en remontrait, pour la peinture et le paysage, à Jules Dupré, à Corot, à Louis Cabat. Je la haïssais au bout de huit jours, je l'exécrais au bout du mois. Dieu me pardonne, elle m'a fait songer au meurtre.... Au bout d'un an, je l'aurais tuée en holocauste sur les autels du treizième arrondissement.

A chaque instant, je sentais la honte et l'abandon tomber et m'envahir, comme un voile funèbre. Moins reclus est le lépreux dans sa vallée. On évitait de frôler la muraille de mon jardin ; le seuil de ma maison était désert. Une vieille servante qui m'avait élevé comme une mère, voyant mon logis si misérablement envahi, avait pris la fuite en pleurant. Les pauvres gens ne s'arrêtaient plus sous ma fenêtre ; ils ne me tendaient plus leur main bienveillante. Et plus de sourires, plus de saluts dans tout le quartier : les jeunes filles qui m'étaient naguère avenantes et souriantes, m'évitaient en revenant de l'ouvrage ; les vieillards me regardaient avec une pitié dédaigneuse. Autrefois, si quelque étranger demandait ma demeure, c'était à qui se hâterait de répondre : « Il est là-bas, sous ces vieux arbres ! » J'étais pour eux le poëte et le musicien, le propriétaire, le brave homme. Aujourd'hui, même dans ma rue, on ne me connaissait pas.

Je n'avais plus de nom, de profession, plus d'état civil. — Qu'un petit enfant du quartier, au temps des abricots et des prunes, s'avisât d'en cueillir dans mon jardin plein d'abondance, aussitôt une voix rèche appelait et rappelait l'enfant ; le fruit qu'il avait cueilli chez moi, sa mère irritée le jetait à la rue, et le mendiant osait à peine le ramasser. Du haut en bas la réprobation était unanime, universelle! Les marchands, si l'on venait de ma part, refusaient un crédit de vingt-quatre heures ; il fallait les payer à l'instant même, eux qui naguère prenaient mon argent avec regret. Plus de crédit, plus de repos, de respect, de bon voisinage. Eh! plus de liberté, plus de loisir. J'appartenais, de l'âme et du corps, aux gémonies de l'arrondissement déshonoré. O chaîne impitoyable, et comment la briser? Jean Bernard fut le seul qui ne m'abandonna pas. Le premier jour, il avait froncé le sourcil, quand il vit cette aventurière apporter chez moi ses guenilles.

« Tiens-toi bien! me dit-il ; fais le tendre et le passionné, persuade à ses beaux yeux qu'ils sont charmants. Ta seule chance heureuse, à présent, serait de persuader à ton *épouse* que tu ne peux pas vivre sans elle, et qu'elle est une déesse à tes yeux.... *Nescio vos!* Elle disparaîtra comme une fusée, avec cet espoir que peut-être on dira le lendemain sur le boulevard : « Il s'est brûlé la cervelle pour la Véronèse! »

A coup sûr, le conseil était bon : j'eus le malheur de ne pas le suivre; il me semblait que Jean, parlant ainsi, se moquait de moi. Jean avait raison. Sitôt que cette malheureuse, avec la finesse aiguisée du sauvage, eut compris quelle était ma haine et mon opprobre, elle s'attacha comme une teigne, à ma personne. On eût dit qu'elle s'était juré à elle-même de me châtier pour ma résistance à ses abominables lois.

« Eh! pardieu, disait Jean, voilà le chiendent! Par les épaules, et jette-moi ça à la porte.... »

O faiblesse inexcusable! elle m'avait dit qu'elle se tuerait, si je l'abandonnais! Un jour même elle avait voulu se frapper d'un couteau sous le sein gauche, et ces violences auxquelles je ne croyais pas, m'arrêtaient dans mes meilleures résolutions. Puis, elle jouait à la petite santé ; elle était malade; elle se plaignait de sa poitrine ; elle avait (disait-elle) une hypertrophie du cœur. Elle répétait souvent, en levant ses yeux au ciel, *sa patrie :*

> O fatal oracle d'Épidaure !
> *Tu ne m'as pas caché* que les feuilles des bois,
> A mes *pauvres* yeux tomberont encore,
> *Et que ce sera* pour la dernière fois.

Voilà comme elle arrangeait et gaspillait les plus beaux vers. Elle savait, de la même façon, deux ou trois fables de la Fontaine ; voici comme elle déclamait le rôle de Phèdre (elle voulait débuter au Théâtre-Français) :

O soleil, je te viens *saluer* pour la dernière fois.

Chaque jour, je sentais grandir mon secret désespoir. Chaque jour le mur d'airain qui me séparait du monde civilisé, grandissait de vingt coudées. Hélas! que j'étais à plaindre! O mon père, en quel bourbier est tombé ton malheureux fils!... J'étais comme un voyageur qui a perdu sa voie. Un immense dégoût de moi-même avait remplacé la joie intime et légère d'un artiste heureux de tout, content de peu!

—Tant mieux, donc! te voilà malade, et tu mourras bientôt, disait Jean; c'est encore une façon de te sauver.

Véritablement j'en serais mort, si je ne m'étais point aperçu que la créature avait, de son côté, la nostalgie. Elle était fille de la fange, et brûlait d'un secret désir de rentrer dans le sein de sa mère. Il y avait sous mon toit trop de silence, et trop de solitude au fond de mon jardin, pour que cette malheureuse en pût supporter davantage. En même temps, que de déceptions sur mon compte! Elle m'avait rencontré dans une fête échevelée... elle ne trouvait qu'un ami de la solitude: elle me croyait riche... et j'étais pauvre; elle m'avait pris pour le chef de ces trompettes, de ces violons, de ces danses sans nom... à peine on entendait ma musique! Elle m'avait vu comme un héros, le sabre à la main, et le bourreau des crânes... j'étais un pauvre être incapable de mal, incapable de bien, rougissant comme une pensionnaire, et quand elle me lançait à la face une gaillardise, un mot à double sens, restant bouche béante et sans rien comprendre!

« Ah! qu'il est bête, et que je m'ennuie! » écrivait-elle à son amie Hortense de Navarin, car ces drôlesses prennent volontiers le nom de nos victoires, et depuis longtemps je l'aurais quitté, si j'en avais tiré quelque chose.... Il n'a rien, qu'une maison que je ne puis emporter. » Ce billet fut pour moi un salutaire avertissement. J'avais mon projet. Je priai donc mon ami Jean de venir, un jour d'échéance, m'apporter le revenu de mes actions, d'en faire sonner bien haut la valeur, et de bien me recommander de ne pas égarer ces billets au porteur. Jean fut un instant à me comprendre.

« Hum! disait-il, tu veux donc qu'elle te vole?... Ah! c'est très-fort, ce que tu fais-là! Pardieu, je te comprends. C'est écrit : *Plaie d'argent n'est pas mortelle.* Allons, sois tranquille, on fera ce que tu veux. »

En effet, le surlendemain, vers midi, c'était le

30 du mois, mon homme arrive avec un grand sac d'écus sous le bras :

« Mon ami, me dit-il, je te félicite, et tu seras riche avant peu. Nos actions montent, que c'est une bénédiction. Voici ton semestre. »

Et faisant sonner ses écus, il me compta douze cents francs que j'enfermai dans mon tiroir.

« Je te prie en même temps, ajouta mon trésorier, de te charger désormais de ces actions. Elles valent trop d'argent pour que j'en réponde, et puis quelle faute de garder des actions au porteur!

— Qu'est-ce à dire : *au porteur?* demanda Mme Véronèse en chiffonnant un sourire, et déjà ses yeux convoitaient ces précieux papiers.

— Madame, une action au porteur, cela veut dire qu'elle n'a pas de maître. Elle appartient à l'occupant. Au contraire, l'action *nominative*, pour être transférée de vous à moi, par exemple, a besoin d'être signée. On la perdrait dans la rue, elle ne profiterait à personne, et l'on pourrait toujours mettre haro sur le faussaire qui se présenterait en signant un faux nom.... »

Telle fut la très-nette et très-claire explication de l'ami Jean.

Il partit. Je priai Mme Véronèse de serrer mes actions dans son secrétaire, qui fermait mieux que le mien, et elle ne se fit pas prier. Même il me parut qu'à partir de ce jour où elle se sentait nantie, elle fut moins aigre et moins violente; elle me laissait respirer.

« Dis donc, mon fils, me dit-elle, quelques jours après, j'ai rêvé que les voleurs forçaient mon secrétaire et qu'ils emportaient *nos* actions.

— J'en serais fâché, lui dis-je; elles représentent toute ma fortune.

— Et ça vaut donc gros, ces morceaux de papier?

— Dame, à cette heure, ça vaut... vous le voyez, deux mille quatre cents francs de rentes.

— Et pas moyen de les reprendre au voleur?

— A moins de le prendre la main dans le sac. Mais je crois que vous avez raison, il est dangereux de garder chez soi, de pareilles valeurs. Je les veux porter chez mon notaire, ou les mettre à mon nom.

— Comme tu voudras! fit-elle... Elles sont cependant diablement cachées, et toi-même, si je le veux, tu ne les retrouverais pas. »

Au bout d'une heure, elle reprit la parole en me disant :

« Si tu étais bien gentil, nous irions consulter une somnambule; elle nous donnerait peut-être un bon conseil.

— Sur quoi? lui dis-je.

— Oh! sur quoi?... sur tout. Sur ma santé, sur la tienne, et sur *nos* actions. Ces gens-là, ça voit tout, et ça ne sait rien. D'ailleurs, elle loge ici près dans une maison qu'on m'a montrée. »

En même temps, elle mettait son châle et son chapeau, elle prenait mon bras, et nous voilà partis. Jamais elle n'avait été si modeste, et si câline avec tant de bonhomie. Elle avait tout à fait le calme et le contentement d'une honnête bourgeoise qui s'en va grossir son pécule et celui de ses enfants à la caisse d'épargne. On pressentait à son petillement qu'elle était en quête d'une mauvaise action.

Le taudis de la sorcière était semblable aux descriptions de ceux qui les savent faire. Il y avait, dans le coin d'une salle obscure, une humble vieille, en jupe sordide, la tête chargée d'une longue coiffe, et les genoux appuyés contre une table en noyer. Elle ne dormait pas; c'était, bel et bien, une sorcière. Elle avait, sous sa main mal lavée, un jeu de cartes, empreint de toutes sortes d'images, qu'elle agitait d'un geste convulsif. A peine elle accorda un regard à ma compagne; au contraire, ses yeux restèrent fixés sur moi.

« Vous! dit-elle à la Véronèse attentive, en lui désignant du doigt je ne sais quel mélange de valet de pique et de roi de carreau, votre destinée est si simple, qu'il ne faut pas être un grand sorcier pour vous la dire. Dans la rue en ce moment passent vos destinées. Regardez bien.... »

Dans la rue, en effet, du côté de la porte d'Italie, arrivait dans un magnifique landau à deux chevaux, conduits par un postillon en grande livrée, une belle demoiselle. Elle était fière et superbe ; sa robe de velours, son chapeau, couvert d'une plume noire et son voile en dentelle, les bracelets dont ses bras étaient chargés, la chaîne d'or qui flottait à son cou, son pied qu'elle appuyait, bien chaussé, sur le devant du carrosse, enfin tout l'ensemble éclatant, frais, splendide, indiquant une des reines éphémères de la mode. A ces côtés se tenait, plus modeste et moins triomphant, un pâle jeune homme.... une ruine ! Ils venaient, elle et lui, d'assister aux courses de la Croix-de-Berny, sur les confins de la vallée de Bièvre. Il semblait fatigué ; elle était triomphante, et la Véronèse, à ce beau spectacle, à ce grand rêve, applaudissait du fond de l'âme. Elle ne vit pas, tant elle était occupée, une autre femme à pied, dans la rue, et traînée avec mépris, par un chenapan du plus bas étage, au cabaret du coin. Plus loin encore, une autre errante, un balai à la main, nettoyant le ruisseau fangeux. La sorcière m'avertit d'un coup d'œil, comme si elle m'eût pris à témoin des trois destinées de la femme abandonnée à tous les vices.

« Des oreilles pour ne pas entendre et des yeux pour ne rien voir ! » dit-elle à voix basse ; enfin quand la Véronèse eut suivi jusqu'au bout du sentier le léger équipage, elle parut fort aise et contente des destinées qu'on lui montrait.

Ce fut mon tour d'interroger l'avenir. La sorcière y mit beaucoup d'insistance. Elle tailla les cartes à quatre ou cinq reprises, marmottant des noms entrecoupés : *gloire* et *salut; bataille* et *spoliation; vie heureuse*. Enfin, quand elle se fut bien parlé à elle-même, elle me dit :

« Il y a dans tout ceci une obscurité profonde ! Un grand soldat qui vous aimait, une femme qui veille sur vous et qui ne vous abandonnera jamais (Ici se rengorgea Mlle Véronèse); un héritage... un vol très-profitable ; une bataille ; vous serez général... Vous abattrez une citadelle... Ici du sang, mais vous vivrez longtemps... Je vois, en effet, que vous serez le dernier à payer le passage sur le pont du Carrousel... »

Elle agita encore une fois les cartes, en murmurant : *Bon musicien, bon ami, bon soldat, brave homme, imprudent, fortune perdue, amour, fidélité, beaux enfants*. Puis enfin, elle poussa un grand cri :

« Ah! malheureux! Insensé! triple ingénu! Le sort en est jeté! Rien ne peut t'arracher aux malheurs de ta destinée... Hélas ! tu mourras comme tu as vécu, dans le treizième arrondissement! »

Ici, Véronèse se prit à sourire, et je fus sur le point de me trouver mal. De tout ce que m'avait dit la sorcière, je n'avais guère entendu que ce mot terrible : *Treizième arrondissement!* Au milieu de plusieurs choses assez vraies, elle en avait proféré qui me semblaient stupides. Moi, un général d'armée, un héros, et voyant la fin de soixante-dix ans de péage, accordés au pont du Carrousel! Je revins tout pensif; ma compagne, au contraire, était légère et gaie. Il lui semblait déjà qu'elle traversait la ville émerveillée, en carrosse à la Daumont, et que le vainqueur de la course déposait à ses pieds la coupe d'argent toute remplie de belles pièces d'or.

Le lendemain, l'ami Jean, qui passait, m'appela d'un geste, et quand nous fûmes au détour de la rue :

« Eh bien! me dit-il.

— Ça marche, elle y mord. Je suis volé!

— Bon cela! mais, crois-moi, le plus tôt sera le meilleur. En rentrant chez toi, tu diras d'un air négligent : « L'ami Jean et moi, nous passons la journée, après-demain dimanche, à Meudon, et nous reviendrons un peu tard. Si vous voulez venir avec nous, ça nous fera plaisir. »

— C'est comme fait, répondis-je.

— Alors, tu la verras toute joyeuse. Elle acceptera *subito*, cette aimable partie.

« Aller à Meudon! Je n'y suis pas retournée depuis le jour de ma première communion! » dira-t-elle de sa petite voix. Donc elle accepte ; mais l'instant d'après : « Mon cher ami, je suis un peu souffrante, et le vent est aigu. Quant à votre ami Jean, je ne sais pas ce que vous lui trouvez d'aimable. Il est brutal, mal élevé, de mauvaise compagnie, il sent le tabac. Allez ensemble, allez ; vous vous amuserez beaucoup mieux qu'avec moi. M. Jean ne m'aime guère, et je le lui rends bien. Cependant, si ça vous fait plaisir, je lui ferai bon visage au retour ; vous trouverez le dîner prêt, mais pas avant six heures. »

« Voilà, mot pour mot, ce que dira la belle, et demain, de bonne heure, elle sera sortie. Elle ira prendre un bain, c'est le prétexte de ces dames... elle ira bel et bien chercher un logement pour ses meubles, pour les tiens.... tout sera prêt le samedi, tu seras dépouillé le dimanche.

— O dieux et déesses ! m'écriai-je en jetant mon chapeau en l'air. Quelle aubaine ! Ah ! que la dame emporte, à son gré, mon argent, mes chaises, mes râteaux, mes actions, mon petit flûteur, tout mon bien ; ça ne sera pas trop cher ! Je serai libre, et j'irai, je viendrai, je poserai tout à l'aise ! O bonheur ! Je serai mon maître ici, là-bas, partout. Je parlerai si je veux parler, je me tairai si je n'ai rien à dire, et j'ouvrirai ma porte et ma fenêtre, afin que les passants comprennent qu'ils peuvent regarder dans ma maison !

« Puis, bientôt, quand revient le printemps, je reprends mon violon, mon cher violon…. Caché derrière les charmilles, je joue avec tant de cœur, dans un ton si juste et si vrai, que les fillettes, comme autrefois, se glissent sous ma tonnelle en fleurs, et m'écoutent, si bien cachées, et pensant que je ne les vois pas ! » Ainsi je babillais, j'étais fou, j'étais mieux que fou, j'étais heureux !

Quand l'âme est en joie, alors il faut bien lui demander tout ce qu'elle peut contenir de réel et de charmant. Donc je tenais ma dupe ; elle était là qui méditait sa petite infamie, et moi je mis en musique et je chantai à ma Dulcinée cette ronde qui vaut pour le moins : *Nous n'irons plus au bois*, de Mme de Pompadour.

Bergère, bergeronnette,
Dansons sur la gaie herbette.

Je m'en vais chercher des fleurs,
Et sur ces fleurs sont les cœurs
Des aimables pastourelles.

Bergère, bergeronnette,
Dansons sur la gaie herbette.

Les bergers les vont cueillant
Et hardis les réveillant
Se saisirent des plus belles.

Bergère, bergeronnette,
Dansons sur la gaie herbette.

Mais amour qui ne veut pas
Qu'on prolonge ces ébats
Fait envoler les fleurettes.

Bergère, bergeronnette,
Dansons sur la gaie herbette.

Hélas ! les pauvres bergers
Aimant des cœurs si légers
Sont trompés par les fillettes.

Bergère, bergeronnette,
Dansons sur la gaie herbette.

Puis amour qui veut aussi
Qu'on leur fasse un peu merci,
Vous les remet en courage.

Bergère, bergeronnette,
Dansons sur la gaie herbette.

Ainsi toutes nos amours
Bien ou mal s'en vont toujours,
On les cherche davantage.

Bergère, bergeronnette,
Dansons sur la gaie herbette....

Tout se passa, mot pour mot, comme il avait été dit. Il faut que maître Jean soit un devin. Il avait deviné la figure et l'accent de la donzelle; il avait indiqué toutes ses réticences. Le bain même, il savait tout. Il vint enfin, ce jour bienheureux de la délivrance, et, sans nous inquiéter du reste, nous fûmes nous promener nonchalamment à Meudon, dans ce bas Meudon où l'hiver régnait encore. On comprenait cependant que le mois de mars était proche, et que décembre était loin. Nous étions au 15 février, en plein carnaval La montagne était silencieuse ; on n'entendait que le bruit de l'eau claire et froide, on ne voyait personne dans les champs.

Nous allions, contents l'un et l'autre, et sans inquiétude. En ce moment, nous ne le disions pas, mais nous l'aurions pu dire, Mlle Véronèse est bien occupée : elle a pris, chez les déménageurs une voiture à trois chevaux ; elle a commandé quatre hommes. Elle a déjà caché dans sa poche, avec mes actions, tout l'argent que j'ai laissé : car j'ai tout laissé, pour qu'elle ne se doutât de rien. Elle fouille ici, là, partout. Elle emballe en toute hâte ses vilains meubles ; elle emporte, avec le sien, tout mon linge, elle me dépouille, et la voilà partie on ne sait où ! Bon voyage à la dame, et qu'elle se fasse pendre ailleurs !

Sur les quatre heures nous étions rentrés, tant nous étions sûrs que cette femme était une drôlesse. Elle avait fait table rase : elle avait pris les actions, elle avait pris l'argent, elle avait dégarni ma commode et mon buffet, elle avait emporté le vin de ma cave et le bois de mon grenier. Bref, elle n'avait laissé que les gros meubles, les chaises de paille et de fer de mon lit. Pillage entier, complet.

L'ami Jean semblait consterné.... j'étais ravi. Que c'est beau, cette nudité décente! Ah! ma chère maison, te voilà donc nettoyée! En même temps, je balayais les rubans, les cheveux, les vieux restes de la créature, et j'aurais brûlé du sucre sur ma pelle à demi-rougie.... elle avait emporté la pelle, avec le sucre et le sucrier.

Jean m'embrassa de toutes ses forces.

« Bonne leçon! me dit-il, tu ne l'as pas payée trop cher! »

Et je m'en fus souper chez lui.

Nous entrions alors, sans le savoir, dans les heures sombres de 1848. Peu de jours nous séparaient encore du grand cataclysme, et dans mon désert j'ignorais les menaces du temps présent. Jean, plus que moi, en eut le pressentiment; il vivait dans l'atmosphère intelligente, dans le va-et-vient de la fortune publique; il savait, d'instinct, le contre-coup de toutes les émotions de la tribune et du journal. Un matin, que j'étudiais comme à l'ordinaire, il vint à moi en me disant :

« Je suis ruiné! Ma maison de banque a suspendu ses payements; j'y perds ma place, et quelques actions que j'avais ramassées. Ce qui me console un peu, c'est de penser à la grimace de Mlle Véronèse, si, dans huit jours, elle se présente à notre guichet pour toucher *ses dividendes*. Ah! que j'ai bien fait d'insister devant elle sur l'inévitable progrès de nos papiers de crédit. Je suis bien sûr que la dame ne s'en est pas défaite.... Il voulait rire, il riait tristement. Quant à moi, je n'étais rien moins que malheureux de cette perte ; elle ne me faisait pas plus pauvre, et me vengeait.

« A quoi penses-tu? me dit mon ami Jean.

— Mon ami, je pense à ceci : d'abord à te tirer d'affaire, ensuite aux prédictions que m'a faites une devineresse il n'y a pas longtemps. Tu n'y crois pas, je n'y crois guère, c'est convenu ; cependant elle m'a dit : 1° Que je serais la dupe d'une coquine ; 2° que je serais volé, et très-content d'être volé. Voici déjà deux prédictions qui s'accomplissent, et j'attends patiemment le reste. Et comme en ce moment Jean était très-attentif, je lui contai que la sorcière avait ajouté : « Tu seras général ! Tout couvert de sang, tu prendras une citadelle, enfin beaucoup de fortune et d'honneurs, et longue vie aussi, puisque je serai le dernier à payer mon passage sur le pont du Carrousel. » Malheureusement, la sorcière ajoutait : « Tu mourras dans le treizième arrondissement ! » Voilà ma peine, et je la trouve horrible, à présent que j'en suis sorti.

— Et la sorcière a-t-elle dit aussi que tu étais un grand artiste?

— Elle l'a dit, en propres termes.

— A-t-elle parlé de tes succès dans le monde?

— Elle en a parlé.

— Je vois que c'est une vraie sorcière, et puisque tu veux venir en aide à ton ami Jean, l'imprudent, qui a dénaturé ta fortune et qui t'a conduit aux endroits où se rencontrent les Véronèse, eh bien! je t'en vais fournir le moyen, un moyen qui nous fera vivre à l'aise tous les deux, en attendant que tu sois général.

— Et que je fasse un petit héritage, ajoutais-je.

— Ah oui! j'avais oublié l'héritage! »

Au même instant j'étais en mesure d'obéir à mon ami Jean, le bon conseiller : il n'y avait rien de si facile à faire. Un grand succès avait accueilli les polkas et les contredanses exécutées dans les salons de Terpsychore ; l'ami Jean avait publié à bas prix cette musique, sous le nom du grand musicien Hermann, qu'il avait inventé, et les marchands de musique écrivaient de toutes parts, à meinherr Hermann, pour obtenir la suite de ses compositions, qui avaient le plus grand succès sur les deux rives du Rhin allemand.

« C'est peu de chose à trouver, disait Jean, et ça nous donnera le temps d'attendre. En avant donc! Tu me donneras l'idée, et j'y mettrai les doubles croches. Tu ne sais pas à quel point tu es habile, ingénieux, léger, rêveur, amoureux. L'Europe entière te le dira, obéissante à tes contredanses. Je sais bien que tu rougirais d'être un si petit musicien, de régner dans le salon de Flore, et de faire tourner Frantz le soldat avec Ketly la laitière, oui ; mais qui le saura jamais ? Ce n'est pas moi qui veux le dire, et le bonhomme Hermann couvrira de son grand nom notre humble marchandise. Allons, est-ce fait, est-ce dit ?

— C'est fait, c'est dit, mon ami Jean ; et je n'eus qu'à chercher dans mes cahiers épars mes petites compositions printannières. Avril dans sa fleur, mai dans sa joie, et juillet, plein de soleil et de moissons, m'avaient inspiré mille choses oubliées : élégies, aspirations vers l'idéal, rêveries, passions, souffrances.... L'ami Jean, sur son cornet, les tournait en choses dansantes, et tous les mois il composait un cahier de musique nouvelle. On ne se méfiait pas de ce nouveau venu : maître Hermann ; au contraire, comme il était bonhomme, et ne se fâchait ni des emprunts, ni des plagiats, chacun puisait à pleines mains, dans ses *Echos du Tyrol*. La Grande-Chaumière et le Vaudeville, et la Closerie des Lilas, voire le mélodrame, enfin tout ce qui chante, hurle ou danse à Paris, mettait à contribution les *Echos du Tyrol*. Ça se vendait et ça réussissait, que c'était une bénédiction. Jean raffolait de son maître Hermann. Nous lui devions notre pain quotidien, notre argent de poche, et la satisfaction des petits caprices de deux honnêtes gens qui, volontiers, vivent de peu.

— La bonne idée et la bonne invention ! disais-je

à mon ami Jean. Cette heureuse supercherie eût duré quelque temps encore, si l'équilibre européen l'eût permis.

Mais la révolution de Février éclatant dans un ciel serein, soudain plus de danses, plus de chansons; le grand bruit des tempêtes publiques imposa silence aux *Echos du Tyrol.* Heureusement que nous avions eu quelque prévoyance, et que nous avions devant nous tout un trimestre. Ici je trouve en mon souvenir le mois de juin et ses fatales journées. Partout l'émeute et la menace. Aux confins de la ville, et sur la limite extrême des faubourgs, s'élevèrent, en vingt-quatre heures, des barricades. J'étais en mon logis, lorsqu'au deuxième jour je vis entrer Jean, mon camarade. Il était accompagné d'une vingtaine de citoyens de bonne volonté, résolus à défendre la ville attaquée.

« Il nous faut, me dit-il, tes armes et tes tambours. J'en suis fâché pour ton trophée, on te le rendra plus tard. »

En même temps, il distribuait mes sabres, mes épées, mes pistolets, le schako même et le manteau de mon grand-père. Il gardait pour lui-même un des fusils, et quant à l'autre :

« Holà! m'écriai-je, holà, mes maîtres! celui-ci, je le garde, et je marche avec vous, messieurs! »

Jean me regardait, comme il eût regardé un phénomène.

« Ah! reprit-il, c'est beau ce que tu fais là. Sois donc notre chef et conduis-nous. Je me mis à leur tête, l'arme au bras. Au bruit de mes deux tambours, les gardes nationaux, réveillés par notre exemple, ouvrirent leurs portes et nous suivirent en bel ordre. Il me sembla que j'avais grand'peur; mais mon ami Jean me regardait, et je ne voulais pas lui donner mauvaise opinion de mon courage. Au détour de la rue, une femme en habit de cantinière, et marchant au pas militaire, se plaçait à mon côté, coude à coude; je reconnus la Bérésina.

« Tu es bien le petit-fils du major, me dit-elle; il savait bien ce qu'il faisait, le brave homme, en t'apprenant à tenir une épée, à charger un fusil. Courage, on te regarde, et je marche avec toi! »

Disant ces mots, son œil était plein de flammes, et, la tête haute, elle en eût remontré au grenadier le plus intrépide. Elle avait encore bon pied, bon œil et bonne dent; l'odeur de la poudre et le bruit de la fusillade l'auraient réveillée chez les morts. Elle était née sous la tente, au bruit du canon, aux hennissements des chevaux de guerre. Elle avait eu pour berceau un bonnet de grenadier, et pour langes la flamme d'un drapeau autrichien. Je me sentais tout ragaillardi en la voyant près de moi; il me semblait qu'un peu de vaillance de mon grand-père avait passé dans mon âme, et pourtant, lorsqu'à l'extrémité du faubourg j'aperçus la barricade à la hauteur du premier étage de deux maisons que les insurgés avaient changées en citadelles, je pâlis affreusement, je sentis mes genoux fléchir. La Bérésina m'offrit un petit verre en me disant tout bas : « Il n'y a plus à reculer. » Puis elle vida son tonneau autour d'elle en chantant le refrain de Béranger :

> J'ai donné gratis à Pantin,
> Tintin, tintin, tintin.
> . . . .

Sa bonne humeur me fit honte. Un général passait, qui lui dit :

« Cantinière, avez-vous gardé ma part?

— Buvez, mon général.

— Où donc est l'officier?

— Le voilà! dit la Bérésina en me montrant; il nous mènera.

— *Général,* me dit l'autre avec un bon sourire, il faut donner l'exemple. Attaquez la barricade, et vous serez soutenu par la troupe.

— En avant! » cria la Bérésina.

Et nous voilà marchant sous la mitraille. J'avais les yeux fermés, conduit et poussé par la foule. Au sommet de la barricade, un homme orné d'une écharpe rouge commandait; je le reconnus à sa balafre, il me reconnut sans doute à ma pâleur. C'était M. de l'Étourneau! Il prit le fusil d'un des siens, et, me visant tout à l'aise, il fit feu. Je réponds par un coup mortel.... il tombe aux pieds de la barricade. Hélas! la pauvre Bérésina était touchée, et pendant que la troupe, mêlée à la garde nationale, abattait la forteresse et délogeait la garnison, la Bérésina me disait : « Adieu, je m'en vais. Tu trouveras dans mon baril la fortune de ton grand-père et la mienne. Enterre-moi au bruit que nous aimons, au bruit des tambours. » Elle expira. Jean et moi, nous l'emportâmes en mon logis, sur un brancard. Deux jours après, le général, en souvenir de la cantinière, et par respect pour ma gloire, envoyait quarante tambours à ses funérailles. Nous trouvâmes que déjà l'humble fosse était ouverte, à côté des huit pieds de gazon accordés au major. Un formidable roulement retentit sur le léger cercueil. Heureusement que mon père était trop loin pour l'entendre : « Adieu ! » disais-je à tous ces morts, qui m'avaient élevé, aimé, protégé, défendu.

Je descendais la longue avenue de ces tombeaux, lorsque Jean, me frappant sur l'épaule : « Allons! *général*, dit-il, la sorcière avait raison ; tu as pris la *citadelle* après une affaire sanglante, et maintenant *l'héritage!* » En rentrant chez moi, nous trouvâmes l'héritage : il était enfermé dans le double fond du baril de la vivandière. « Bon cela! reprit maître Jean ; la rente est à 50 fr.; je rachète avec cet argent les rentes que t'avait recommandées ton père, et j'ajoute à ton jardin la prairie. Il faut que tu saches aussi que mon banquier va reparaître et nous payerons! Déjà nos papiers valent quelque chose, et Mlle Véronèse en pourrait facilement tirer quelques louis.

Grâce à Dieu, le temps se calma; les pavés rentrèrent à la place qu'ils n'auraient pas dû quitter. Tout se refait vite en France. On m'appelait, dans mon quartier : « le sauveur! » Un de mes voisins, le propriétaire des maisons dont l'émeute s'était emparée, me vint chercher pour donner des leçons de musique à sa fille. A peine elle avait dix-huit ans, j'en avais déjà trente-six; mais elle me trouvait je ne sais quoi d'héroïque; elle m'avait vu dans la poudre et dans la fumée, et puis c'était une intelligence. Elle aimait la musique et la comprenait, si bien qu'elle devint ma femme, et que j'eus pour témoin mon ami Jean, que dis-je? M. le *banquier* Jean Bernard. Désormais, une vie exempte de soucis, la maison bien habitée, les enfants dans le jardin, le pré adjacent changé en verger normand; la flûte et le violon qui font retentir le timide écho des *Échos du Tyrol*, heureusement ressuscités, vraiment c'étaient là bien des fêtes à l'ombre heureuse et fidèle de cette honnête épouse que l'émeute m'avait donnée.... La sécurité seule manquait à tous ces bonheurs, amoncelés sur ma tête.

Hélas! quand je me rappelais les menaces de la sorcière, et ces mots terribles : *treizième arrondissement!* je ne pouvais m'empêcher de frémir. En vain ma femme et mon ami Jean se moquaient de mes pressentiments :

« Mais, disaient-ils, puisque te voilà marié, père de famille, entouré de tes enfants et de tes maisons, comment peut-tu redouter le treizième arrondissement?

— Je n'en sais rien ; cependant, tout ce que la sorcière annonçait, je l'ai vu, coup sur coup, s'accomplir.... Pourquoi donc se serait-elle trompée sur tout le reste? »

Ils avaient réponse à mon objection, je le sais bien, mais enfin ils avaient beau dire et me calmer, rien ne pouvait apaiser mon inquiétude, ou m'en distraire, et je me forgeais des misères surnaturelles. Je me figurais tout bas que ma femme était frappée, et qu'elle mourrait d'une maladie de langueur, me laissant à moi-même, sans force et sans volonté, sous le joug d'une nouvelle Véronèse. Un peu de fièvre à mes enfants, j'avais la tête perdue.... Ils mourront, me disais-je, à la même heure que leur mère ! Ah! comme j'étais à plaindre et malheureux!

Un soir (j'avais laissé ma femme assez souffrante), je revenais avec le médecin que j'avais été chercher sur le minuit. Nous traversions en cabriolet le pont du Carrousel, et j'avais payé le passage, à l'instant même où sonna minuit.

« Ma foi, monsieur, me dit le receveur, une minute de plus, et vous eussiez gagné vingt centimes. Le passage est libre, à l'heure qu'il est ! »

Le coup fut terrible. Il me sembla que ma femme était morte.

« Hâtons-nous, disais-je au médecin, je veux l'embrasser une dernière fois. »

Je pleurais, je suffoquais ; il me parlait, comme on parle à un insensé. Le chemin n'en finissait pas.... mais enfin, nous arrivons.

O surprise ! la maison était illuminée. On eût dit que des voix d'en haut chantaient le refrain de ma ronde favorite :

> Bergère, bergeronnette,
> Dansons sur la gaie herbette.

A la porte, aux fenêtres, au balcon, des lampions, des guirlandes et des fleurs. J'entre, et je vois.... ma femme en sa robe *à retroussis*, et mes enfants tout bouclés ; l'ami Jean et sa femme ; et ma belle-mère et mon beau-frère, et tous les miens.... les domestiques joyeux, la table servie, une fête....

« O mon ami ! me dit ma chère Adèle en m'embrassant, tous les présages sont accomplis. Nous vivrons, c'est honteux à dire, et nous mourrons dans le treizième arrondissement. »

Ce même soir, en effet, toutes les barrières de Paris étaient tombées, et, depuis ce jour, Dieu soit loué! renommée intacte, humeur, considération, fortune, et pas une inquiétude et pas un nuage, en ce paradis du *treizième* arrondissement.

LES

FAUSSES CONFIDENCES

LES
FAUSSES CONFIDENCES.

Ceci est une histoire que racontait volontiers Mme du Hausset, la dame d'honneur de Mme de Pompadour :

Mme la marquise était un peu malade et je lui tenais compagnie. Elle habitait, dans les petits appartements creusés sous le trône même du grand roi, une chambre où elle faisait des nœuds en rêvant; vous savez que dans cette haute fortune et dans cet enchantement, voisin des fables, Madame est triste; elle se dédommage, quand elle est seule, de sa gaieté forcée en présence d'un maître inamusable, qu'il faut amuser à tout prix. Moi qui l'aime et qui ne la quitte guère, je lui lisais un livre éloquent de l'abbé Prévost, intitulé : *Les Amours du chevalier Desgrieux*. Le livre est charmant comme un livre d'amour; mais ce jour-là Madame était difficile à distraire de ses ennuis..., ce qui fit que tout d'abord elle n'écouta guère, et que bientôt elle n'écouta plus. « Lis toujours, me disait-elle d'une voix attristée, et ses beaux yeux errants, çà et là, à travers tant de magnificences, avaient fini par se plonger dans la longue allée du tapis vert, au delà de cette eau plate et sombre, qui sert de miroir au jardin.

— Madame n'écoute plus, lui dis-je ; et cette lecture la fatigue ?

— Non, fit-elle, continue ; et cependant, ma chère du Hausset, je pensais que nous étions bien bonnes, toi et moi, de nous affliger ainsi, sur le malheur de ce petit Desgrieux et de cette petite Manon qui, certes, ne valent pas la peine qu'on s'en occupe. Enfin, puisque M. le lieutenant de police entraîne cette fillette et son chevalier dans l'autre monde, il sait probablement ce qu'il fait. Ainsi, crois-moi, laissons-les partir, — s'ils s'aiment encore, eh bien, je voudrais être à leur place. Elle est mal vêtue, elle est exilée, elle est malheureuse, mais elle est libre, elle est aimée... aimée! et tu veux que je la plaigne, et j'ai vu le moment où tu pleurais ! Tiens, je suis folle. Allons, continue.... Au fait cela m'ennuie, et me fatigue un peu moins d'écouter que de parler. »

A ces mots, je reprenais le livre, et j'allais poursuivre le récit commencé, quand l'huissier de service annonça, de son humble voix, la maréchale de Mirepoix ! et M. le comte de Saint-Germain ! Madame, à ces noms, fit un signe ; elle se leva un peu sur sa chaise longue ; j'ajoutai un coussin, et, voilà Mme de Mirepoix, accorte et vive, comme on l'est à vingt ans, accourant avec cette vivacité charmante, qui est une de ses grâces. Elle était en demi-panier.... à peine un œil de poudre sur ses beaux cheveux bruns ; dans son chapeau de paille passé à son bras, elle apportait de belles cerises, moins fraîches que son visage, qu'elle avait cueillies en traversant le gentil verger de Trianon.

« Ah ! fit-elle, en se jetant à genoux près de Madame, où donc en sommes-nous, aujourd'hui ? Bon Dieu ! quelle tristesse ! et comme la voilà faite ! Qu'elle est pâle, attristée et malheureuse, et qu'elle est à plaindre ! Bon ! bon ! ne répondez pas, marquise, on sait tout : *il* aura grondé ce matin, ou plutôt, disons vrai... quelque nouvelle amourette ? Allons, calmons-nous, jalouse ; il vous reviendra, si vite et si repentant ! Après tout, le maître est le maître, et nous serons toujours la maîtresse heureuse, enviée et charmante. Ah ! fi ! la poltronne. Est-ce que rien saurait prévaloir contre ces deux yeux-là ? Ne craignez rien, les caprices de Louis passent comme une matinée de printemps : c'est vous seule qu'il aime. Il aime en vous l'esprit, les belles grâces ; il s'enchante à votre sourire et à votre beauté de Diane chasseresse. Courage, et croquez-moi ces belles cerises, humides encore de la rosée. »

A ces mots elle tendait son chapeau à Madame, qui se prit à sourire, en plongeant ses belles mains dans ce panier enrubanné.

« Bon cela, dit Madame en baisant la maréchale au front, vous avez raison, mignonne. Croquons des cerises, et laissons le chagrin, il n'est bon qu'à nous vieillir! »

Elle sourit... en soupirant, et, d'un air distrait, elle mangea quelques cerises ; la maréchale, à l'œil éveillé, et dans l'attitude exquise d'une admiration profonde pour la beauté de Madame, recevait les noyaux dans sa main... Cependant M. le comte de Saint-Germain était resté sur le seuil de la porte, afin ne pas troubler l'épanchement des deux amies; il regardait, avec la réserve d'un courtisan des petits appartements, ces deux femmes d'une beauté si différente. Diane et Flore, la rêverie et la gaieté, la reine et la bergère.... Elle s'aimaient autant.... pour le moins, que deux rivales, très-belles l'une et l'autre, peuvent s'aimer... à la cour.

Ce fameux comte de Saint-Germain, dont on a dit tant de fables, était le bienvenu chez Mme la marquise, et chez le roi lui-même. Il était beau, bien fait de sa personne, et d'un âge à rassurer les jaloux... sans trop effaroucher les coquettes.

Il était beau diseur, doué de toutes les façons élégantes, recherché dans ses habits, dans ses odeurs, dans son linge, dans ses bijoux; pétillant d'esprit quand c'était son tour à causer; écoutant très-bien, tout bourré qu'il était d'anecdotes les plus incroyables, qu'il racontait de l'air le plus naturel. Ajoutez qu'il avait le grand art de s'entourer d'un prestige étrange, en laissant croire qu'il était, pour le moins, aussi vieux, à lui seul, que la maison de Bourbon tout ensemble. — A l'en croire, il avait été très-lié avec le feu roi Pharamond; il avait tenu, plus d'une fois, en son petit castel, le prince Henri de Béarn *sur les genoux que voilà!*

Faut-il vous dire aussi que le grand succès de M. de Saint-Germain, et sa popularité sans égale, tenaient beaucoup à la richesse incroyable de ses dentelles, à cette jactance aventureuse d'une gaieté irrésistible, à la magnificence royale des diamants dont il était couvert? Ce jour-là même il en avait sur sa personne, pour des sommes fabuleuses; ses jarretières seules valaient plus de cent mille écus; dans une boîte d'or, que surmonte un émail de Petitot, il avait renfermé, en guise de tabac d'Espagne, une poignée de topazes, de rubis et d'émeraudes qui n'auraient pas déparé la couronne de France. Les dames, folles de tout ce qui brille, aimaient à voir resplendir, sous leurs yeux, dans leurs mains, toutes ces belles choses. A toutes ces causes réunies : le désœuvremement de la favorite, l'ennui de la journée, l'absence du maître, et l'oisiveté du lieu, le comte de Saint-Germain fut le bienvenu chez madame de Pompadour.

On causa quelque temps au hasard, véritable causerie entre deux rivales, très-occupées au fond de l'âme, des plus grands intérêts de leur fortune et de leur beauté, habiles à dissimuler la gravité de la situation, sous les grâces légères du discours. On en vint au livre que nous lisions tantôt quand madame la maréchale était entrée, et la marquise elle-même, non pas sans une certaine hésitation, finit par convenir que c'était une histoire attachante, que les honnêtes femmes pouvaient lire, en dépit de l'étrangeté du sujet.

« Je suis de votre avis, madame, et cette petite Manon me paraît avenante, reprit M. de Saint-Germain; son camarade est le plus amoureux du monde, et l'abbé Prévost accomplissait un grand tour de force en rendant supportables, pour les dames les plus réservées, au milieu de la grâce, et des élégances de Versailles, les amours d'un escroc et d'une fille. Oui, la tâche était difficile, et sans nul doute à cette histoire de Manon Lescaut j'aurais été pris, tout le premier, sans une aventure étrange, et qui m'a mis en garde, ô! pauvre dupe que j'étais! contre les inventions les plus autorisées de messieurs les romanciers et de messieurs les poëtes, ces sublimes menteurs. »

A ce mot *aventure!* aussitôt vous eussiez vu ces deux ennuyées dresser l'oreille, à la façon du cheval de guerre, au premier bruit du clairon. « Une aventure! oui-da, mon cher comte, s'écria Madame avec un geste d'une domination irrésistible, prenez garde à vos rêveries. Je suis bien nerveuse, aujourd'hui; je suis peu crédule, et votre histoire, n'eût-elle que deux cents ans de date, vous ferez bien de la garder, pour un autre jour.

— Oui, oui, s'écria Mme de Mirepoix, en portant à son cou le bras de Madame, vous avez raison, ma chère. Ce vieux comte séculaire, avec ses histoires de l'autre monde, finira par nous donner des attaques de nerfs. Avec cet homme-là on ne sait plus quel âge on peut avoir; il recule, à mesure que nous avançons dans la vie; il gagne un jour, quand nous perdons une journée... et voyez-le, souriant, calme, imperturbable, odieux, à force de sang-froid! Laissez donc là vos contes qui sentent le moisi, mon bon seigneur, et si vous voulez nous dire, à toute force, une histoire, eh bien! racontez-nous l'anecdote d'après-demain, mais pas plus tard. »

M. de Saint-Germain, qui avait su mettre (et même un peu plus) madame la maréchale de Mirepoix dans les intérêts de sa renommée, et partant de sa fortune, supporta, philosophiquement, cette boutade, et, s'appuyant sur le bord de la fenêtre, où grimpait un rosier du Bengale, chargé de boutons à peine ouverts :

« Hélas ! madame, je suis bien à plaindre avec vous ; si je parle d'*hier*, je ne suis plus qu'un homme de l'autre monde ; si je vous raconte une histoire de demain, je suis un sorcier, bon, tout au plus, à jeter dans un grand feu. Mieux vaut me taire, et d'autant que mon récit, à six mois de date, est d'un médiocre intérêt.

— C'est à savoir, reprit Madame, que vous mourez d'envie de raconter votre histoire ; eh ! dites-la, une fois pour toutes, et si nous sommes contentes de vous, nous vous permettrons de prendre une belle cerise dans le joli panier que voilà. »

Le comte alors, sans se faire prier davantage :

« Madame a connu, dit-il, le marquis de Saint-Gilles !

— Je l'ai connu ; c'était un grand d'Espagne assez beau, pour un Espagnol ; deux yeux noirs qui brillaient comme des charbons ardents ; il a été huit jours à la mode, ici ; le roi ne pouvait s'en passer ; je le vois encore avec son froufrou de guitare, et son roucoulement de romances andalouses. Au fait, qu'est-ce que cela prouve que je l'aie ou non connu, et M. le comte de Saint-Germain aurait-il la prétention de me donner un rôle en son récit ?

— Nous vous avertissons, monsieur le tricentenaire, reprit la maréchale, que nous ne voulons pas être de cette histoire-là.

— Comme aussi telle n'est pas mon intention, madame la maréchale, reprit le comte de Saint-Germain ; mais j'ai fait, depuis longtemps, cette remarque : pour peu que l'on ait connu, ou seulement entrevu, de l'histoire ou du roman que l'on raconte, un des héros, aussitôt le récit doublera de valeur. Je suis donc très-content que Votre Altesse ait souvenance du marquis de Saint-Gilles, ambassadeur du roi d'Espagne à la Haye, avec cela : grand d'Espagne de la première classe, et chevalier de la Toison-d'Or, enfin tout à fait incapable absolument de rien inventer.

— Non, certes, reprit la marquise, et pas même ses chansons.

— J'étais donc, madame, à la Haye, en simple curieux, et je dînais, en petit comité, chez M. le marquis de Saint-Gilles ; il était, ce soir-là, aussi préoccupé que s'il se fût agi de la conquête du Nouveau-Monde. Il soupirait ; j'ai vu le moment où Son Excellence était plus pâle encore que de coutume.

— Ici, monsieur, je vous arrête, s'écria la maréchale. Si vous faites jamais pâlir ce visage-là, vous aurez fait une chose aussi difficile que d'ôter sa tache au diamant du roi, comme vous avez fait, l'autre jour.

— Remarquez bien, madame la maréchale, reprit le comte de Saint-Germain, que je suis loin de parler des roses et des lis de cette joue extra-moricaude. Eh Dieu! vous croyez toujours que l'on jette des pierres dans votre jardin. Cependant rien n'est plus vrai : monsieur l'ambassadeur était fort préoccupé, le soir dont je parle. Après le dîner, nous nous promenions, dans le très-petit salon d'une des plus grandes maisons de la Haye, lorsque monseigneur, me prenant par le bras : — Mon cher comte, me dit-il, vous voyez un malheureux ambassadeur qui se trouve en cruel embarras.... J'ai connu, autrefois, le marquis de Moncade, un des hommes les plus riches et les plus considérés de toutes les Espagnes, l'ami du roi, et, ce qui vaut mieux, l'ami de la reine, le propre neveu du grand inquisiteur de Séville, un de ces hommes qu'on est heureux et fier d'obliger. Or, justement, je me trouve dans l'impossibilité de rendre à M. de Moncade, le service le plus signalé que pût demander un personnage de sa sorte à un homme tel que moi. »

Ici M. de Saint-Germain s'arrêta, et, se tournant vers la maréchale, qui écoutait, bouche béante, la main tendue, et ses précieux noyaux de cerises dans le creux de cette main, faite pour tenir un sceptre :

« Que ne m'interrompez-vous? lui dit-il, madame la maréchale, voici déjà cinq minutes que je parle, et vous ne dites mot.

— Si l'on ne vous dit pas encore *halte-là!* reprit la dame, il faut vraiment que je ne vous écoute guère. Que vous parliez ou non, c'est tout un ; parlez, ne parlez pas, ça vous regarde. Enfin, soyez sûr que l'on vous coupera la parole, aussitôt que vous nous ennuierez. »

M. de Saint-Germain continua :

« Quand M. le marquis de Saint-Gilles eut soupiré tout à son bel aise et fait deux ou trois tours : « Jugez vous-même, s'écria-t-il, si je dois éprouver un grand ennui! J'ai reçu depuis huit jours, par un courrier à sa livrée, une lettre du marquis de Moncade, et dans cette lettre, écrite à coup sûr, de sa main, ce noble seigneur me raconte, en des termes à fendre un cœur de rocher, qu'il est le père d'un fils unique, le seul espoir de son nom et de l'avenir de sa maison. Ce jeune homme est un jeune homme accompli, et si j'en crois son signalement, peu de jeunes gens lui peuvent être comparés. « Il vient d'avoir quinze ans; son œil est bleu, sa tête est fine et plus jeune même que son âge. Par un caprice qui lui va bien, il porte ses propres cheveux, d'un blond cendré (beauté rare pour un Espagnol), et qui bouclent naturellement. Il a la main blanche et vive d'une Andalouse, et le bras vigoureux d'un toréador.

« Que *te* dirais-je ? (de *grand* à *grand* on se tutoie) il est bien pris dans sa taille élégante ; il est bon musicien et bon poëte ; dans l'ensemble de ses études et de ses travaux, on reconnaîtrait plusieurs parties de l'homme d'État et du capitaine.

« A dix ans, il était déjà colonel du régiment de la reine. Il a beaucoup d'esprit, d'éloquence, avec beaucoup de gaieté, d'entrain, de courage et de naturel.... toutes les vertus et plusieurs des vices indispensables au gentilhomme : actif, bon vivant, beau joueur, tenant convenablement une épée, et généreux comme un roi. Bref, un vrai miracle. ... Eh bien ! l'amour a démenti toutes ces promesses de la nature, et déjoué les meilleures combinaisons de la fortune. Hélas ! ce malheureux jeune homme, héritier d'un si grand nom et réservé à ces illustres destinées, s'est amouraché follement d'une jeune personne qu'il a rencontrée en bonne bourgeoisie, au milieu de Paris.

« Voilà la chose ! En même temps (ajoutait notre ambassadeur), ce père, au désespoir, me fait le signalement de la jeune personne enlevée, enlevante, et la dame au moins vaut le monsieur.

« Imagine le plus beau visage.... on dirait une princesse du sang royal déguisée en marquise. (Ici *madame* a souri de son plus charmant sourire.) Ainsi faites, ces deux créatures du printemps et du bon Dieu, naturellement ils s'aiment, elle et lui, de toutes leurs forces; jeunes tous deux, beaux tous deux; à eux deux, ils ne font pas trente-deux ans.

« Mais voilà le malheur : le comte de Moncade, épris de cette belle flamme, a tout sacrifié à cette passion insensée; il a renoncé à toutes les gloires de l'épée; il a déchiré ses titres de noblesse; il a brisé son écusson; il a vendu meubles, diamants, tableaux; il a mangé ses terres; il a mis en gage même sa toison d'or, que le duc Médina-Cœli avait portée. O ciel ! il a renoncé au pardon, à la générosité, aux bienfaits de son père; enfin, pour mettre un comble inouï à ces incroyables folies, et plutôt que de renoncer aux fantaisies qu'il pouvait accomplir, ce fils ingrat, ce gentilhomme, oublieux de tous ses devoirs, a disparu avec son infante, qu'il doit épouser, si le mariage n'est déjà fait.... il en a signé de son sang la promesse formelle !

« Si bien, ajoutait ce marquis désespéré, que me voilà privé de mon cher fils.... Hélas! oui, privé à tout jamais! Où donc retrouver l'héritier de ma grandesse, et dans quelle misère il est tombé? Je n'en sais rien! En vain, j'ai mis les plus adroits espions à ses trousses; il est habile à tel point, je devrais dire il est si complétement amoureux, qu'on a fini par perdre absolument ses traces. Tout ce que je sais, et j'en suis sûr, c'est qu'il n'est pas en France; il n'est pas en Angleterre, et je le crois en Hollande.

« Ainsi, je te prie et supplie, mon cher cousin (car les grands d'Espagne sont parents), accepte le soin paternel de faire chercher dans toute la Hollande, et par tous les moyens, mon enfant prodigue et sa maîtresse. Allons! songe à ma peine, et fais cela toi-même, avec le concours de tous les agents de l'ambassade! Il ne faut épargner ni le soin, ni la dépense, et quand tu les auras rejoints, elle et lui, fais en sorte, par tous les bons procédés qu'il te sera possible d'imaginer, qu'ils reviennent à des sentiments meilleurs.

« Sois indulgent et facile à l'héritier de ma jeunesse. Représente à cet enfant prodigue et charmant le désespoir de son père, la douleur de sa famille, le chagrin de son oncle, dont la rancune est redoutable ; enfin, s'il le faut, parle au nom du roi. A tout prix (m'entends-tu?) sauve-le de lui-même et de sa funeste passion.

« Quant à la jeune fille, elle est, dit-on, si jolie, et je sais, de bonne part, que nous ne devons pas la traiter comme une perdue! Elle appartient à des gens honorables; elle est honnête et chaste, elle l'était, du moins, jusqu'au jour malheureux.... pour elle et pour moi. où elle aima mon fils. Il faut la sauver, pour que l'œuvre de mon fils délivré, soit complète et sans reproche. Ainsi qu'elle renonce à devenir la comtesse de Moncade; qu'elle remette entre tes mains la promesse imprudente que lui a faite son amant de la conduire à l'autel, elle peut être assurée de toutes nos bonnes grâces. Dieu merci, l'Espagne et la France ne manquent pas de bons maris pour une fille de son état, et pour peu que tu la trouves digne de notre intérêt et de notre estime, je t'autorise à lui compter dix mille louis en avance sur sa dot, qui doit lui suffire à épouser un chevalier de Calatrava. Ceci dit, mon cher marquis, je n'ai plus d'espoir qu'en ta prudence, en ta bonté; prends en pitié la prière d'un père au désespoir. »

Telle était la lettre que le marquis de Moncade écrivait au marquis de Saint-Gilles, et que le marquis de Saint-Gilles me lisait, en s'abandonnant aux plus amères réflexions.

« Mais, mesdames, reprit le comte de Saint-Germain, après une pause d'un instant, je m'aperçois que mon vieux récit ne vous touche guère, et je pense qu'il serait bon d'en remettre la fin aux premières vapeurs. »

A ces mots, Madame fit un soubresaut.

« Comte, dit-elle, je ne sais personne qui soit aussi taquin que vous. Vous voyez bien qu'on vous écoute, et beaucoup mieux que vous ne le méritez. Finissez donc, ou bien pas de cerises!

— Madame, reprit le comte, s'il vous plaisait de m'en octroyer une seule, en avancement d'hoirie, il est sûr et certain que mon récit en irait mieux. »

Madame, sans répondre, prit une cerise, et la posa, de sa main blanche, sur les lèvres du conteur.

« C'est cent fois plus que ne vaut son histoire! » ajouta Mme de Mirepoix.

Le comte alors reprit son discours :

« Quand je vis ce pauvre ambassadeur en si piteux état, vous comprenez bien, Madame, que j'eus grande envie, au fond de l'âme, de l'aider et de le servir.... Cependant, monsieur le marquis, comment retrouver ces deux beaux fugitifs?

— Hélas! reprit le marquis, je les fais chercher partout, dans Amsterdam, dans Rotterdam, ici même; il n'est pas un recoin de la Hollande où je n'aie envoyé.... Point de nouvelles! J'en perdrai la tête. Que vont penser Moncade, et la reine, et le roi?... Je suis perdu! »

Moi alors, voyant tout ce désespoir, et touché de cette peine :

« Monseigneur, repris-je, en me levant dans un moment d'enthousiasme et d'inspiration, pour peu que nos deux amants soient à la Haye, ou même à vingt lieues d'ici, je vous réponds que dans vingt-quatre heures je les aurai découverts et ramenés dans la bonne voie. Ayons donc bon courage, et s'ils échappent à mon zèle, vous pouvez répondre : A coup sûr, les deux amoureux que vous cherchez.... ne sont pas chez les Hollandais.

— Faites cela, vous me rendrez la vie et le repos, s'écriait le marquis; j'ai toujours entendu dire que vous étiez un peu sorcier, monsieur de Saint-Germain, mais si vous venez à bout de ce problème, eh bien! vous n'aurez pas de plus chaud partisan que moi. »

Notre conversation se fût prolongée assez longtemps, mais le salon se remplissait de toutes sortes de gens qui venaient pour saluer Son Excellence, et je sortis de ce logis, raisonnablement préoccupé, j'en conviens, de la promesse que j'avais faite, et des insurmontables difficultés que je m'étais chargé d'aplanir.

« En ce temps-là le théâtre de la Haye était un vrai théâtre; il possédait une cantatrice, une merveille qui se nommait la Gabrielli. Vous ne l'avez jamais entendue, ainsi vous ne saurez jamais la toute puissance de la musique italienne, confiée à cette voix sans égale! La beauté de la dame ne gâtait en rien son talent; le vif éclat de ses yeux s'accordait, parfaitement, avec l'inspiration dont son âme était remplie. Elle chantait comme on chante dans le ciel.... ou bien comme on chante, ici quand le théâtre est dressé dans le cabinet des médailles, et que Sa Majesté daigne applaudir l'accent, la voix, la taille, les bras divins de la *prima donna*. »

Ici encore un sourire de Mme de Pompadour.

« Flatteur! dit-elle au comte ; mais vous méritez bien la seconde cerise. »

Elle se contenta, cette fois, de lui présenter le chapeau. Le comte prit la cerise :

« Elle ne vaut pas l'autre, dit-il.

— Bon! dit la maréchale de Mirepoix, vous allez voir, maintenant, qu'il faudra donner à manger à monsieur. »

Le comte s'inclina :

« Cette Gabrielli, reprit-il, tenait sous le charme et sous l'enchantement de la plus vive admiration, tout ce parterre de marchands et de marins; les femmes pleuraient, les hommes se taisaient : on eût dit que la salle entière avait un seul cœur, un seul regard, pour mieux comprendre et pour mieux voir le miracle. Et moi-même, incertain de ce que j'avais à faire, et cherchant encore mon plan de bataille, je me rendis au théâtre. On jouait, ce même soir *la Serva Padronna*, cette merveille, où brillait naguère Mlle Véronèse, un beau nom en peinture, en chanson, en opéra-comique. La Gabrielli se montrait si vivante et si charmante dans les fanfreluches de Zerbinette que, sans songer aux soucis de l'heure présente, je m'abandonnais à l'ivresse générale, applaudissant comme un écolier. Bonté divine! et jugez de ma stupeur, voici tout à coup, par grand hasard, au bout de ma lorgnette, et dans le recoin d'une loge obscure, que je décou-

vre, ô miracle! deux beaux jeunes gens, la fille et le
garçon en petit habit, jolis comme deux amours,
qui chuchotaient, qui se regardaient, et qui com-
plotaient, à voix basse, et serrés *moi* contre *toi*,
toi contre *moi*, plus loin du théâtre et de tout ce
qui s'y chantait, en ce moment, que si la Gabrielli
eût été la Guimard, et que Paesiello se fût appelé
M. Rameau! Vous jugez de ma surprise et de ma
joie à ce spectacle imprévu! Qui donc étaient ces
deux amoureux, si jolis, si mignons, si contents,
oubliant à se contempler l'un l'autre, de se mêler à
l'enthousiasme universel?

« La jeune dame avait beau se cacher sous de
longues coiffes, le jeune monsieur voilait en vain
d'une main prudente la moitié de son visage....
Oh! les amoureux, les oublieux, les imprudents!.... Je les reconnus du premier coup d'œil!
Voilà qui va bien! voilà qui me charme, et me contente! Il n'y avait que ces deux amoureux, je ne
dis pas dans le monde (ici, le comte salua Madame,
qui lui rendit son salut), mais dans toute la Hollande, pour se parler de cette voix basse et charmante, avec accompagnement de sourires et d'é-
clairs dans toute cette frénésie que soulève, autour
de soi, la belle voix d'une jeune femme inspirée....
En ce moment, toute mon attention se porta dans
la loge mystérieuse où cette fillette et ce garçon
étaient blottis, comme deux tourtereaux dans leur

duvet; enfin je m'inquiétai de ces deux amoureux à ce point que la Gabrielli fut, m'a-t-on dit, d'assez maussade humeur pendant la dernière moitié du second acte. Elle était un peu semblable à toutes les femmes, qui ne comprennent pas qu'un homme, quel qu'il soit, s'amuse à regarder autre part que de leur côté.

— Vous êtes un peu fat, monsieur le comte, reprit la maréchale de Mirepoix.

— Je ne le suis plus, madame, répondit M. de Saint-Germain, depuis que j'ai l'honneur d'approcher du soleil levant; on est trop humilié par ici, pour être un fat.

— Allons, dit Madame, on sait bien que vous voulez une troisième cerise : eh bien! prenez-la vous-même, dit Madame, oubliant de présenter au comte le chapeau qui les contenait.

— J'y perdrais trop, s'écria M. de Saint-Germain, en retirant sa main, comme s'il eût été piqué d'un serpent; la première cerise m'a dégoûté de toutes les autres.

— Que ceci vous apprenne à n'être pas gourmand, reprit Mme de Pompadour, et cependant honni soit qui s'arrête en son chemin.... continuez.

— Donc la pièce était à peine achevée, et la Gabrielli apparaissait au milieu des fleurs (c'est toujours M. de Saint-Germain qui parle), je quittai ma loge, en toute hâte, et, bien caché dans mon manteau, je me mis à suivre, en rasant la muraille complaisante, le couple fugitif. Le vent était vif; le ciel pluvieux tombait, goutte à goutte; il n'y avait pas une étoile au firmament, à peine une lanterne au coin de chaque rue. Ah! le froid de la bise, et quel chemin! Les voitures fuyaient au loin; les fallots des bourgeois attardés disparaissaient, peu à peu, comme autant d'étoiles à pied. J'en ai le frisson, à me rappeler ce froid hollandais; mais quoi? nos deux jeunes gens auraient été bien en peine de dire s'il faisait du vent, ou s'il tombait de la pluie? Ils allaient, se tenant par la main, courant, s'arrêtant, se regardant, causant tout bas, pour se dire, en mille accents joyeux, toujours les mêmes choses, perdant et retrouvant leur chemin, sans le demander. Enfin ils arrivent dans une assez mauvaise rue, à l'enseigne de *l'Amiral Tromp*, le même amiral dont Rembrandt a fait le portrait, lequel portrait appartient à S. A. R. monseigneur le duc d'Orléans. Il eût fallu les voir, ces oiseaux bleus, quand ils eurent trouvé leur porte en courant.... du pas léger du printemps! Lui gai comme avril, elle active et contente comme le mois de mai! — Allez, allez, leur disais-je tout bas, vous voilà pris, mes pauvres oiseaux bleus. Tenez, madame, en les voyant si contents, si complétement heureux, l'envie me prit de leur dire :

« Enfants, voilà ma bourse, aimez-vous, allez-vous-en, bien loin, bien loin d'ici ! »

— *Sancte Germane, ora pro nobis!* s'écria madame la maréchale.

— *Amen!* répéta Madame, en chantant d'un ton quelque peu nasillard, pour imiter le cardinal de Rohan, le premier aumônier.

— Mais, mesdames, reprit le comte de Saint-Germain, j'ai appris, depuis cinq ou six cents ans déjà, à me méfier de mon premier mouvement; c'est une science qui convient aux hommes sensés, et que les femmes ont bien tort de ne pas apprendre; elle les défendrait de bien de sottises. Sauver ces deux amoureux, à quoi bon? C'était les abandonner à la ruine, à l'isolement, aux remords, aux regrets, à toutes les déceptions de l'amour. Les séparer, et les ramener, quand leur tendresse est au comble, dans la voie droiturière, il n'y avait pas de plus grand service à leur rendre! Oui, vraiment, je les sauve, et je les arrête, au moment où ils ne peuvent pas s'aimer davantage! Quelle nourrice eût rêvé une chance plus heureuse, pour son cher nourrisson?

« Voilà quelles furent mes pensées, pendant que je revenais chez M. l'ambassadeur d'Espagne, à cette heure avancée; on me dit que monseigneur était couché, et je crois qu'il dormait déjà, oublieux des saints devoirs de l'amitié. Au premier mot que je fis de lui parler, ses gens me refusent sa porte ; j'insiste, on le réveille, et tout plongé qu'il est encore dans les chastes délices du premier sommeil, je lui raconte ma découverte. Il écoute, il regarde, il se récrie, il se croit le jouet d'un songe.

— Est-ce possible! ô ciel! ô miracle! est-ce bien vrai? Nous les tenons! nous les tenons! Çà, ma garde, mes flambeaux, mon carrosse et ma livrée, et que tout le monde soit sur pied! — On obéit, on accourt, monseigneur passe en riant son habit de gala et se couvre de tous ses ordres. Au même instant, les portes de l'hôtel s'ouvrent à deux battants, nous montons en carrosse, et nous voilà, à deux heures du matin, au grand galop, dans cette ville honnête et si calme, qu'un rien dérange et réveille. Au bruit des roues, à l'éclat des torches, au bruissement de ce cortége inaccoutumé.... les bourgeois, réveillés en sursaut, crurent un instant que la mer rompait ses digues, et que la Hollande en aurait pour six pieds d'eau salée au-dessus du niveau de l'Océan.

« Avec le bruit de la foudre et la vivacité de l'éclair, nous arrivâmes au seuil de *l'Amiral Tromp*, et nous nous arrêtâmes d'une façon solennelle, à la porte de cette hôtellerie, endormie et ronflante, ou depuis le commencement de la Haye et du monde, on n'avait jamais vu venir si brillante compagnie, à pareille heure, en si magnifique appareil. A peine arrêtés sous l'enseigne (elle criait, l'enseigne, et l'amiral *Tromp*, réveillé en sursaut, nous jetait des regards irrités), notre heiduque et nos valets de pied se mettent à frapper de toute leur force.

— Holà ! eh ! la maison !... Bref, ils appelaient de cette façon impérieuse qui porte la terreur dans l'âme de toutes les maisons coupables, et plus encore des maisons innocentes.

— Qui va là? dit enfin l'hôtelier, prudemment retranché derrière sa porte fermée aux verroux.

— Ouvrez ! répondent les voix furieuses, ouvrez à monseigneur l'ambassadeur ! Aussitôt la porte roule en gémissant sur ses gonds, mal graissés, et l'hôte, son bonnet à la main, l'épouvante sur le visage :

— Que peut un pauvre hère comme moi, pour le service de Monseigneur. »

« L'ambassadeur était descendu de voiture, les hommes de sa suite restaient à cheval; six heiduques l'entouraient, armés de leurs cannes à pomme d'argent.

— Nous savons, *m'sieu*, dit Son Excellence à l'aubergiste stupéfait, que vous avez donné asile au fils de monseigneur le marquis de Moncade et à sa maîtresse, et je viens, au nom du roi mon maître, tirer de vos mains et de votre hôtellerie, ce jeune seigneur. Vous êtes, véritablement, un grand coupable, mais je veux bien vous dire que si vous obéissez, vous éviterez le châtiment qui vous revient. »

L'hôtelier, de plus en plus troublé, atteste à deux mains! ses grands dieux qu'il est innocent du crime dont on l'accuse, que sa maison est destinée aux pauvres gens, et aux plus chétifs voyageurs. En même temps il apporte son livre ouvert, et tout couvert de noms inconnus. Parmi ces noms, nous remarquons *M. et Mme Benoît, venant de Paris.* — Benoît de qui? Benoît de quoi? Ces deux voyageurs, habitaient depuis quelques jours une modeste chambre au troisième étage, et du côté le moins fastueux de la maison.

A ce nom de *Benoît*, M. l'ambassadeur se met à sourire.

« Ah! mes gaillards, disait-il, monsieur Benoît! madame Benoît!...Je vous tiens! » En même temps, il fait signe qu'on le conduise, il marche, et nous le suivons..... deux torches éclairaient cet escalier silencieux. Nous montons sans bruit, nous montons toujours, enfin, tout au bout d'un corridor immense, à l'angle où tout finit, l'hôtelier nous désigne une porte basse, et qui disparaît dans la muraille complice du fruit défendu! Chut!... chut!... nos deux amoureux étaient là!

« Ah! mesdames, quel silence enchanté dans cette chambre.... et d'autant plus que, dans les chambres voisines, tout ronflait abominablement.

On eût dit d'un nid d'oiseaux, surpris par l'orage. Hélas! maudit que je suis, pour t'avoir dénoncée à ces fils de l'inquisition, pauvre et mignonne chambrette, enfouie et cachée, mystérieuse, amoureuse.... L'ambassadeur lui-même hésitait à surprendre ainsi ces deux pauvres enfants dans le piége où ils étaient tombés. L'hôtelier, qui avait servi sous le roi Guillaume, nous regardait d'un air attendri. A la fin, M. de Saint-Gilles, honteux de sa propre émotion, frappe à la porte, et d'un ton moins sévère qu'il n'eût voulu :

« Ouvrez, monsieur Benoît, ouvrez-nous ; nous sommes des amis qui vous cherchons, depuis huit jours, des amis, entendez-vous, et des serviteurs de la jolie Mme Benoît! »

Quel homme câlin, ce monsieur l'ambassadeur! Cependant, rien ne venait de cette chambre obscure? Pas de réponse, et pas un bruit! Pourtant nous comprenions, tant nous étions éveillés, le drame intime qui se passait dans ce taudis charmant!

Certes, les pauvres enfants s'étaient éveillés en sursaut! Ils cherchaient à se reconnaître en cette nuit profonde, à s'entendre au milieu de ce grand silence!

« Et qu'allons-nous faire?

— Et que vas-tu devenir? »

— Ouvrez, monsieur Benoît! Ouvrez, madame

Benoît ! Évitons le scandale et le bruit ; croyez-moi, » disait la même voix, qui commençait à s'enfler... Mais rien ! Le tombeau n'est pas plus sombre et plus sourd !

A la fin, cependant, la porte, à peine touchée, et frémissante au contact d'une invisible main, s'ouvre, ou plutôt s'entr'ouvre. Alors nous nous précipitons, l'ambassadeur et moi, et nous voyons, bonté du ciel ! un spectacle à fendre le cœur. Le jeune homme, à demi nu, tirait hardiment son épée ; il avait la flamme à son regard, le dédain était à ses lèvres ; ses beaux cheveux blonds étaient jetés en arrière... image vivante du désespoir.

« Messieurs, dit-il, n'approchez pas, ou je vous tue ! » En disant ces mots, il était très-beau et très-fier ; mais quand il vit qu'il avait affaire à deux hommes de sang-froid, que l'un de ces hommes était un très-grand seigneur, et parlait, au nom du roi son maître, il se calma. Puis, abaissant son épée avec une grâce pleine de force, il attendit.

« Monsieur de Moncade, lui dit M. de Saint-Gilles d'une voix calme, il n'est plus temps de feindre, et nous savons qui vous êtes. Je suis, moi, l'ambassadeur d'Espagne, je viens, paternellement, mais aussi très-sérieusement, vous parler au nom de votre père, au nom du roi, mon maître et le vôtre. Un instant d'égarement, jeune homme imprudent, vous a fait oublier ce que vous deviez au roi, à vous-même, au nom glorieux que vous portez. Vous avez renoncé au nom de vos ancêtres, et maintenant vous voulez les déshonorer par un mariage indigne de vous. Voilà pourquoi je suis venu, moi, le représentant du roi d'Espagne, et l'ami de votre noble père, afin de vous ramener au devoir comme un gentilhomme; au besoin pour vous y contraindre, si vous étiez, ce qu'à Dieu ne plaise, assez endurci pour ne plus écouter la voix de l'honneur. Donc, choisissez, ou de me suivre en allié et fidèle sujet du roi, ou d'obéir à la force. Il faut absolument que vous soyez, cette nuit même, ou mon hôte, ou mon prisonnier ! ».

A ces paroles sans réplique (eh! que répondre à la force, à l'autorité, au nombre enfin?) le jeune homme, éperdu, se demandait s'il était le jouet d'un songe? Il restait là, sur son lit défait, plein de trouble et de confusion. Il hésitait, il regardait, il cherchait à se défendre; il était, tour à tour, hardi, furieux, timide et suppliant.

« Monsieur, disait-il enfin, écoutez-moi, je vais tout vous dire, et vous comprendrez ma peine! Oui, monsieur, vous l'avez dit, je ne m'appartiens plus, je suis l'esclave et l'amoureux d'une aimable fille qui n'a que moi seul au monde, et sur ma foi j'aime mieux mourir, que de l'abandonner. Ainsi il parlait, si triste et si malheureux! Cependant ses beaux yeux se remplissaient de larmes, sa voix sanglotait. Il s'appuyait sur son épée avec rage et son épée, heureusement pour lui, se brisa sous l'effort.

— Jeune homme (ici vous reconnaissez l'ambassadeur), il n'y a pas de faute sans rémission, pour peu qu'on s'en repente, et Dieu soit loué! qui n'a pas voulu que votre maîtresse ait porté, même un seul jour, le titre et la couronne des marquises de Moncade. Ah! jeune homme, un pareil mariage, y pensez-vous? Un Moncade, un Mendoce, un descendant des rois d'Aragon, qui signe une promesse à quelque aventurière! Oui-da! mais cette promesse accomplie était votre perte à tous les deux. Heureusement que je vous tiens, et, par ma toison! vous ne m'échapperez pas! »

J'oubliais, madame, en tout ceci, de vous dire (au surplus vous vous en doutez), qu'il y avait dans cette chambrette un lit en serge orange, dans lequel un homme seul eût été mal à l'aise. Les rideaux de ce lit s'étaient fermés à notre approche; au premier geste de M. de Saint-Gilles pour s'emparer de son prisonnier, soudain les rideaux s'entr'ouvrent, et nous voyons s'élancer, splendide, à travers ses larmes, oh! mais là, dans l'appareil de la Junie, une jeune femme d'une merveilleuse beauté.

A peine elle songea à se couvrir d'un manteau de nuit, et, les pieds nus, les bras nus, sa belle tête couronnée de ses cheveux noirs, sa fière poitrine haletante et palpitante d'effroi, la voilà qui se jette à nos pieds :

« Non, non, dit-elle, en joignant, l'une à l'autre, une main des petits appartements, une main du grand couvert, deux mains du salon de la Paix, — ô monseigneur, monseigneur, pas de violence! Épargnez mon amant, épargnez-le, châtiez-moi; moi seule, hélas! je suis coupable! Hélas! c'est moi qui l'ai perdu, c'est moi qui l'ai entraîné! »

En même temps elle se relevait comme une lionne blessée à mort, elle se jetait au cou de son amant, et d'un geste convulsif :

« O mon pauvre ange, ô ma chère passion! mon amour! mon enfant! tout ce que j'aime, ici-bas, il faut donc nous quitter! »

Et pleurante, et les mains jointes, ses beaux cheveux défaits tombant sur sa blanche épaule, elle se jetait à nos pieds :

« O messieurs, messieurs! pardon! pardon! Tenez, je ne l'aime plus, je ne veux plus le voir, je me sacrifie! Adieu, Moncade, adieu, mon enfant, adieu tout ce que j'aime; adieu, laisse-moi! va-t'en! va-t'en, laisse-moi, laisse-moi! »

Elle le repoussait, le retenait, le reprenait, l'embrassait, l'étouffait!

Quels sanglots! quels gémissements! Un tigre ou M. le lieutenant criminel eût été touché de ce désespoir.... Nous restions immobiles et muets à ces plaintes, à cette voix émue, à ce délire, à ces mots entrecoupés, à ces cris, à ces larmes, à ce geste égaré, à cette innocente beauté qui se croyait à l'abri du regard, parce qu'elle relevait son chaste manteau, qui retombait toujours ! En même temps, elle allait à sa cassette, elle en tirait un portrait, des lettres, un parchemin.

« O mes lettres adorées ! et elle les déchirait ; ô portrait de mon amant ! » et elle le plaçait sur son cœur !

Puis, d'un geste plus calme, elle déployait le parchemin, et elle le lisait tout haut :

« *Je jure de te prendre pour ma légitime épouse, moi, le comte de Moncade !*... Sa femme ! Hélas ! ô mon cher amant, mon petit marquis, mon grand d'Espagne ! Il faisait de moi sa femme, sa comtesse ! Hélas ! hélas ! ô damnée, ô malheureuse, ô pauvrette que je suis !... »

Ses belles mains se plongeaient dans sa fraîche et blanche poitrine ; sa voix se perdait dans les sanglots, ses yeux pleins de larmes se perdaient dans ses longs cheveux.

Elle pleura longtemps, repoussant son amant qui la voulait consoler ! Nous étions tous fort émus ! A la fin, quand elle fut calmée, elle se souvint qu'elle était à peu près nue, et, reculant de six pas.

« Voici, dit-elle, le lien le plus cher qui me tenait à la vie ; adieu messieurs, soyez contents, tous nos liens sont brisés ! »

Avec un geste de reine, elle nous tendit le parchemin.... Nous hésitions à l'accepter.

Alors ce fut au tour du jeune homme : il se précipita dans les bras de sa maîtresse, et les mots les plus tendres, et les promesses les plus sacrées, et les serments, et les larmes de la douleur !...

« Un baiser mon ange, un baiser ma vie ! encore, encore ! »

Il lui baisait les mains ; il buvait ses larmes sur son beau visage ; il l'appelait des noms les plus tendres ; il disait : ma femme et mes amours ! Puis, par un effort désespéré, il se précipita hors de la chambre en disant qu'il allait mourir. Déjà même il relevait le tronçon de son épée... elle retint sa main vengeresse, elle se blessa à cette lame brisée ! Hélas ! madame, j'ai vu couler ce beau sang juvénile ! J'ai vu se rougir cette jambe divine ! A la fin, elle tomba dans un fauteuil, mourante, inanimée, oh ! morte ! et sans pousser un seul cri.

Si bien qu'il fallut entraîner le jeune homme, et le jeter dans le carrosse de M. l'ambassadeur ; à peine si M. de Saint-Gilles eut le temps de me dire :

« En vérité, nous sommes bien cruels, et cette fille est digne d'un trône ! Ne la quittez pas, mon cher comte, avant qu'elle soit un peu consolée. Donnez-lui, c'est le vœu du marquis, mille louis pour sa dot, et si ce n'est pas assez, ajoutez cinq cents louis, je prends tout sur moi. Pauvres enfants! pauvres enfants!... Nous avons été pourtant comme cela!... »

A ces mots il me laisse avec la belle, et, suivi de ses gens, il monte en son carrosse, emmenant le jeune homme avec lui.

Le comte de Saint-Germain nous raconta tout ce passage en levant les yeux vers le ciel; il parlait d'une voix émue, et la marquise, qui pleurait facilement, se mit à fondre en larmes. Mme de Mirepoix, elle-même, se sentait aussi touchée, que si elle eût assité au *Père de Famille*, de notre ami Denis Diderot, mais elle ne voulut pas convenir de son émotion; son rôle, était d'être toujours de bonne humeur. Le roi Louis XV l'appelait *sa gaieté!* Madame l'appelait *son arc-en-ciel*. C'était vraiment une aimable femme, espiègle au besoin, prudente et cachée, et ne disant jamais que la moitié de ce qu'elle voulait dire; enfin faite exprès pour vivre à la cour, et pour tirer (pour le moins) son épingle du jeu perpétuel de toutes ces ambitions.

« Mais quelle diable d'histoire vous nous débitez depuis une heure, et dans quel style, seigneur centenaire, s'écria la maréchale : c'est amusant comme un opéra de Marmontel!

— S'il vous plaît, madame, dit le comte, ce n'est pas la fin de l'histoire!

— Ce n'est pas là toute l'histoire? eh! parlez

donc, malheureux! s'écria Madame, en séchant ses larmes, du revers de sa main!

Ses yeux brillaient d'un feu très-doux, en ce moment.... elle se vit dans une glace qui était en face d'elle, et sourit à ce rêve de sa beauté, qui s'en allait tous les jours.

« Non, mesdames, reprit le comte de Saint-Germain, pour mon propre honneur cette véridique histoire ne s'arrête pas à ces douleurs. Pendant que M. de Saint-Gilles, à force d'avis, de conseils et de tendresse, ramenait un peu de calme et d'espoir dans l'esprit du jeune amoureux, je consolais, de mon mieux, la timide et très-inconsolable veuve. Elle fut bien souffrante et bien éplorée le reste de la nuit. Il me fallut panser son pied blessé, et elle me laissa faire, hélas! sans trop savoir ce que je faisais. Au point du jour elle se réveilla dolente, mais assez forte pour monter en chaise de poste; elle voulait s'éloigner, au plus vite, de ces lieux, témoins de son triomphe et de ses amours, de sa douleur et de sa honte. Elle me permit, pourtant, de l'accompagner, d'abord jusqu'à Bruxelles, et bientôt de Bruxelles à Paris, où le voyage aidant, l'absence et la causerie appelant l'oubli, qui est le souverain remède à ces grandes passions, j'eus la joie inespérée et l'intime contentement de la laisser plus tranquille, et même, au besoin, consolée. O les femmes! les femmes! Je revins à la Haye, en faisant de grands : *hélas!* sur la fausse éternité et la trop réelle vanité des passions.

A mon retour, je touchais à la frontière de France, lorsqu'il me sembla entrevoir, dans une berline armoriée, emportée à six chevaux, la figure intelligente du jeune comte de Moncade. J'appelle et je crie : *Arrête! arrête!* la voiture ne passa que plus vite. Notre amoureux courant la poste, et sur la route de Paris?... Il y avait là tout un mystère, que je tentais, mais en vain, de m'expliquer. Le relâcher si vite, est-ce donc là une chose prudente, et M. de Saint-Gilles ne sait-il pas tous les dangers qui attendent son néophyte? Enfin, j'arrive à la Haye, et ma première visite est pour l'ambassadeur. Certes, après le service que je lui avais rendu, je devais m'attendre à quelque réception royale. On m'annonce.... A mon nom, monseigneur reste muet et silencieux. J'entre, et pas un mot d'amitié.... Je salue.... à peine il me rend un signe de tête! A la fin, toute son indignation se fait jour, avec des cris de possédé :

« Ah! malédiction sur nous, disait monseigneur, quelle école, eh! quelle école! Où donc est-il le vagabond? Qu'avez-vous fait de cette malheureuse? Volés, perdus, pillés, déshonorés! »

Il faisait des gestes à perte de vue; il attestait la terre et le ciel; il se tordait les mains; il s'arrachait les cheveux.

A la fin, sa colère, apaisée un instant par sa violence même, lui permit de me raconter tout ce qu'il avait fait *pour M. le marquis de Moncade.* Il l'avait entouré d'honneurs et de caresses; il l'avait habillé de pied en cape; il l'avait présenté à tout le monde comme un père son propre fils; il avait traité ce jeune intrigant avec tant de bonté; il avait obéi à ses moindres caprices; il avait confié Mme l'ambassadrice à sa garde; il avait joué tout le jeu qu'il avait voulu et à tous les jeux, même il s'était laissé gagner tout l'argent que cet aigrefin avait voulu gagner. Bien plus, comme il ne voulait pas que le *pauvre enfant* fût sevré, tout d'un coup, de ce violent amour qui faisait sa vie, il avait sollicité, lui, l'ambassadeur du roi catholique! la pitié et la consolation des belles dames, pour ce jeune homme pris sans vert.... et ces dames s'étaient montrées miséricordieuses. Que n'avait-il pas fait, juste ciel! Enfin, au bout d'un mois, le jeune homme, repentant, corrigé, et, qui mieux est, consolé, avait senti le besoin de revoir son père et sa patrie. Oui! son *père* et sa *patrie!*

A ces mots des plus espagnols, l'ambassadeur avait pleuré de joie, et il avait renvoyé le fils de son ami, le marquis de Moncade, dans sa meilleure voiture; enfin il lui avait tant donné en nippes, en bijoux, en argent, en épée, en magnificences, qu'un vrai père, à coup sûr, ne ferait pas mieux, pour monsieur son fils aîné.

« Mais, disais-je au comte, pourquoi tant vous chagriner, monseigneur? Vous avez rendu un fils à son père, un colonel à son régiment, un serviteur à son roi. Tout ce que vous avez fait, vous l'avez fait à la prière d'un ami; toutes vos dépenses vous seront remboursées, si elles ne le sont déjà, et vous avez conquis un ami à la vie et à la mort. »

A ces mots, le marquis se cacha le visage !

« Ah ! taisez-vous ! s'écria-t-il, taisez-vous, un ami de ce petit brigand, un complice amoureux de cette aventurière ne dirait pas mieux que vous ne dites ! Et comme à ce coup-là, j'allais me fâcher, pour tout de bon, il me passa une lettre que j'ai lue, une seule fois, et que je sais par cœur :

« J'ai lu, mon cher marquis, avec un grand étonnement, le très-pathétique récit que vous me faites dans votre dernière lettre, et si je vous réponds si tard, c'est que j'étais dans une de mes terres, en Portugal. Hélas! mon ami, plût au ciel que j'eusse un fils, tel que celui que vous m'avez trouvé! Mais le ciel m'a refusé cette consolation, et j'ai perdu mon fils, bien avant qu'il fût entré dans l'âge des folies. Vous avez donc été, j'imagine, la dupe d'un habile aventurier et de sa complice; mais il n'est pas juste que vous supportiez tant de pertes. Vous avez voulu obliger le marquis de Moncade, c'est au marquis de Moncade à tout réparer, et je vous prie, instamment, de m'envoyer la note des frais que ces dérangements vous ont causés. Je vous connais, vous serez encore assez malheureux de cette mésaventure, à laquelle j'ai gagné, moi qui vous parle, de ne pas pouvoir mettre en doute votre bonne et sincère amitié. »

Dans un *post-scriptum*, le marquis de Moncade suppliait M. de Saint-Gilles de ne pas donner suite à cette escroquerie, *il ne faut pas trop la blâmer*, disait-il, *si véritablement ces deux jeunes gens s'aiment de tout leur cœur*.

A cette lecture écrasante, il me sembla (vous allez rire), il me sembla que j'allais me trouver mal. Je fus abasourdi de l'aventure; je me vis, tout d'un coup, mêlé aux risées de l'Europe, et, laissant monseigneur à ses réflexions désobligeantes, je me retirai tout honteux. Six jours après (je n'avais pas revu l'ambassadeur), on me remit une petite lettre d'une grosse écriture. — *A M. le comte de Saint-Germain :*

« Tu n'es pas habile autant qu'on le croit, mon cher magicien, et cette fois, ta science est grandement en défaut. Que dirait-on à Paris, si l'on savait que le fameux comte de Saint-Germain a pris Manon pour une princesse, et son ami Desgrieux pour un prince déguisé? »

La lettre était signée *Manon*, et, plus bas un

grand D orné d'un *nez*, comme on n'en voit guère qu'aux portraits de Polichinelle.

Je portai cette lettre à M. de Saint-Gilles, et ma foi! il en rit beaucoup; ma mésaventure et le mépris de ces petites gens, le consolaient de sa méprise.

« Ah! dit-il, vous aussi, vous avez donné dans le panneau! Pendant que je me ruinais en festins et en présents pour le prince charmant, vous étiez aux genoux de la princesse, et vous faisiez des folies pour l'infante.... Nous sommes à deux de jeu, mon maître; et cependant, autant que je m'en souvienne, il me semble que je vous dois quelque argent.

— Une bagatelle! monseigneur, Votre Excellence m'avait chargé de donner quinze cents louis à la belle.

— Mille louis, monsieur, et pas un *zeste* avec, c'est à prendre ou à laisser.

— Va donc pour mille louis, monseigneur, mais je vous jure, sur l'honneur, que j'y perds quatre-vingt-dix-neuf louis.... J'y mets du mien. »

Quand l'histoire fut achevée, il y eut un instant de grande hésitation dans l'auditoire; nos deux dames ne savaient pas encore si elles devaient rire ou se fâcher?

« C'est affreux, s'écria Madame, être ainsi trompée, et se voir escroquer ses larmes! Cette indigne petite Manon, qui l'eût dit? Cet innocent chevalier!... Qui se serait jamais imaginé?... Et moi qui avais la bonté de m'intéresser à leur sort....» Comme elle parlait ainsi, Madame jouait avec la boîte du comte ; la boîte s'ouvrit, et voilà toutes ces pierreries qui roulent sur le tapis royal, fleurdelisé aux Gobelins !

A la vue de ces trésors, Mme de Mirepoix pousse un cri, et les noyaux des cerises mangées par Madame, que la maréchale tenait encore dans sa main, vont rouler sur le tapis, pêle-mêle avec les diamants.

M. de Saint-Germain ramassa un de ces noyaux.

« Madame la maréchale, dit-il, je vous donne toutes ces pierreries contre ce trésor. »

Vous jugez de l'étonnement de ces dames.

« C'est une folie, disait Madame !

— C'est sublime, ce que vous faites là, » reprenait la maréchale.

Comment eût fini ce débat? On ne sait ; mais en ce moment Madame, qui était aux écoutes (hélas ! la pauvre femme, toute sa vie s'est passée à écouter.... à attendre....), entendit quelqu'un venir!...

Au bruit de ces pas trop connus, elle pâlit, elle rougit; elle repoussa son amie qui était auprès d'elle. Les diamants et les noyaux de cerise, ramassés en toute hâte, furent enfermés dans la boîte d'or. Le comte de Saint-Germain, qui était à genoux, venait de se relever avec la promptitude alerte d'un jeune homme.... Il était temps!

C'était Sa Majesté le roi Louis XV qui montait d'un pas pénible le petit escalier des petits appartements.

Sa Majesté jeta un coup d'œil assez vif sur ces trois personnes, comme si elle eût cherché à découvrir quelque mystère. Le regard de ce monarque ennuyé offrait un singulier mélange de hardiesse et d'hésitation. Ainsi brille un éclair dans le nuage! Ironie, esprit, confusion!

« Marquise, dit-il en saluant la maréchale, vous voilà bien animée, et peut-on savoir, sans indiscrétion, le sujet de ce grand courroux qui brille en vos yeux?

— Sire! dit Madame en se levant dans l'attitude heureuse du plus charmant respect, nous dénonçons à Votre Majesté un insigne menteur, nommé l'abbé Prévost, qui nous a fait pleurer comme des femmes de procureurs sur les amours de Mlle Manon et de M. Desgrieux. Voici M. de Saint-Germain qui a connu particulièrement ces deux héros, et qui n'en dit pas grand bien, que je sache. Ainsi l'abbé Prévost nous a trompées, il nous a menti, il nous a volé nos larmes.... et cinq ou six mois de Bastille.... »

On sait que le roi Louis XV recherchait de préférence les plaisanteries funèbres; cela lui plaisait de parler, à tout propos, de morts, de funérailles, de cadavres, de cimetières. Ces notes lugubres, jetées parmi les chansons de sa vie, produisaient un effet étrange, dont il ne se rendait pas trop compte, mais qui servaient d'affreux soulagement à ses ennuis. Quand donc il entendit parler de l'abbé Prévost, le roi sourit de son sourire le plus lugubre.

« Hélas! marquise, j'en suis bien fâché, mais cette fois, malgré toute ma bonne volonté de vous complaire, il n'y a pas de Bastille et de cachet qui tienne, et vous permettrez que Mlle Manon fasse son petit chemin sur l'âne qu'elle monte. L'abbé Prévost est mort....

— Et enterré, reprit la maréchale en riant aux éclats.

— Et *écorché vif*, » ne vous déplaise, madame, répliqua Sa Majesté.

Et comme il vit que ces deux femmes, peu habituées à ces frissons de la mort, tremblaient déjà sans trop savoir ce qu'il allait leur dire, il prit place sur la chaise de Madame, et raconta d'une voix aiguë et stridente, avec les plus longs détails, comment l'auteur de *Manon Lescaut* s'en revenait, tout pensif, à son presbytère, à travers la forêt de Chantilly; comment le pauvre homme fut pris d'une syncope, et comment il fut transporté sur la table d'un cabaret.

« On envoya chercher le frater du village; cet homme accourut, et, voyant un cadavre, il se mit en train de le dépecer, affaire de voir de quelle mort il était mort? Oui-da, nos petites dames, ce monsieur coupe *à tort et à travers* poussa son bistouri aussi loin qu'un bistouri peut aller, et cependant l'abbé ne disait mot; seulement, quand ce curieux impertinent voulut couper les vaisseaux du cœur, il sentit la main du cadavre qui l'arrêtait! Le mort lui disait : *Corbleu! vous me faites mal!* » Le roi parla longtemps sur ce ton-là, s'amusant des terreurs de Madame, et lui-même aussi, pâlissant pour son propre compte, à ces détails funèbres qui le poursuivaient jusque dans son sommeil.

« C'est à en avoir l'eau à la bouche! » ajoutait la maréchale de Mirepoix.

L'après-souper fut brillant (on soupait pour se reposer de l'étiquette du *grand couvert*); il y avait ce soir-là une grosse cour : M. le cardinal de Bernis, M. d'Argenson, M. le comte de Broglie, le duc d'Aumont, le duc de Richelieu, M. de Montmartel, M. et Mme de Gontaut, M. de Marigny, le frère de Madame; le chevalier de Montaigu, M. le duc d'Ayen, qu'on appelait bénévolement le Voltaire de Versailles; le duc de la Vallière, le chevalier Colbert, le comte de Laigle, le chevalier d'Hénin, chevalier de Madame, oui, son domestique, un prince! de la maison de Chimay! Il y eut aussi le vieux maréchal de Luxembourg, le chevalier du Muy, M. de la Vauguyon, le docteur Quesnay, notre ami; M. de Soubise, M. de Saint-Florentin, M. Turgot, un jeune maître des requêtes de la plus belle figure et des plus grandes espérances.

Les dames n'étaient pas moins choisies: Mmes de Brancas, de Marsan, de Soubise; Mme d'Amblimont, dont chaque dame était jalouse, belle et fraîche.... une Aurore, et qui portait, fière comme une duchesse, un collier de perles donné par le roi; Mme d'Esparbès, une amie de Madame; Mme de Crillon, les deux princesses de Chimay, Mme d'Estrades, la duchesse de Luynes.

On joua gros jeu; le comte de Saint-Germain fit des merveilles au pharaon. Il gagnait, en riant, des sommes immenses; le roi, qui se séparait difficilement de ses louis d'or, paraissait très-mécontent de la fortune aveugle qui le laissait, lui, le roi, pour passer à Saint-Germain!

Sur les dix heures entra dans le salon de la favorite M. le duc de Choiseul : il était l'âme et l'esprit de la cour.

« Sire, dit-il, j'apporte à Votre Majesté de quoi tenir le jeu de M. de Saint-Germain.... deux places de fermiers généraux.

— J'en prends une, dit le roi, et je vous donne l'autre, duc de Choiseul.

— Vous plaît-il, monsieur de Saint-Germain, dit le duc, de me jouer cette charge contre quelque chose d'ensorcelé? »

Le comte de Saint-Germain, tirant de son doigt une bague montée d'un noyau de cerise :

« Ma bague, dit-il, contre ce talisman ! »

M. de Choiseul regardant la bague :

« Qu'est-ce que cela, Sire? dit le ministre à son maître?... autrefois M. de Saint-Germain changeait le bois en diamant, le voici maintenant qui prise un noyau de cerise à l'égal du *Régent* ou du *Sancy!* Voilà certes un mystère que votre Académie des sciences aurait peine à expliquer. »

Et comme à ces mots le comte de Saint-Germain remettait précieusement sa bague à son doigt :

« Au fait, reprit le duc de Choiseul, c'est peut-être là son talisman. Ce diable d'homme aurait gagné. »

La conversation tomba sur ce propos, le comte de Saint-Germain de moitié avec la maréchale, attentive à son jeu, la marquise attristée et pensive, le roi ne songeant à rien, chacun se taisant, l'or circulant (avec l'ennui) de main en main.

C'étaient là pourtant les journées les plus heureuses du roi Louis XV, et de Mme de Pompadour.

LES
INSOMNIES D'EUTYPHRON

LES
INSOMNIES D'EUTYPHRON.

« Qui pourrait dire, ô dieux et déesses! tous les travaux accomplis par mon bras, surmontés par mon courage? Hélas! malheur sur moi, qui me meurs enveloppé de ce tissu ourdi par la main des Furies ; il s'attache à mon flanc ; il déchire mes entrailles et tarit les sources de ma vie. Ainsi mon sang s'épuise et mon corps se consume en proie à l'horrible fléau. Tous les efforts des monstres dont j'ai purgé la terre, et le Centaure, et les géants, et tant de nations barbares reléguées aux bornes du monde n'ont pas inventé de supplice égal à cette robe de Déjanire. » Voilà par quels discours, empruntés aux *Trachiniennes* de Sophocle, un des rhéteurs de la ville d'Athènes, Eutyphron, exhalait sa plainte et s'efforçait de soulager le mal dont il était dévoré. Quand il avait bien épuisé les douleurs d'Hercule au mont Œta et l'éloquence de Sophocle, il allait au vieil Eschyle, et, rencontrant Prométhée au sommet du Caucase, sous la griffe ardente du vautour, Eutyphron récitait les plaintes de Prométhée : « O supplice ! ô misère attachée à mon foie ! Il revient chaque jour, le terrible vautour, ressaisir sa proie éternellement renaissante. En vain j'appelle à mon aide la mort toute-puissante, elle est sourde, et mon corps, livré à cette horrible pâture, sous les ardeurs d'un soleil dévorant, trempe goutte à goutte les rochers du Caucase ! »

Aux plaintes du malheureux Eutyphron accourut enfin Mercure, le dieu des fêtes et des funérailles. Il avait adopté la maison du rhéteur, son ami, pour y déposer, à son retour des sombres bords, son caducée et ses ailes, de la couleur du Ténare. Aussitôt qu'il avait fait passer le Styx, par qui les dieux eux-mêmes n'oseraient se parjurer, à toutes ces âmes confiées à sa garde, il redevenait moins qu'un dieu, plus qu'un homme, et s'en allait chercher les aventures d'ici-bas, parfaitement oublieux des vents, des nuées, des courants rapides, des flots bruyants de la mer, du fleuve neuf fois replié sur lui-même, et des mauvaises réceptions de Pluton.

« Me voilà, dit le dieu à ce pauvre Athénien tout perclus par le rhumatisme ; allons, parle, on t'écoute, et réponds vite ; j'ai hâte de rentrer dans la vie et d'admirer l'éclat doré du soleil. »

Alors Eutyphron, retenant sa plainte :

« Ami, dit-il, tu sais si je suis un citoyen paisible, un homme innocent, si j'ai vécu dans une condition privée et loin des affaires publiques, sans jamais songer aux commandements, aux magistratures, aux fonctions d'orateur, à toute espèce de dignités ! Voilà pourquoi je ne comprends rien à la mauvaise humeur de Jupiter-Hospitalier, de Jupiter-Conservateur. Il m'accable en ce moment de toutes les peines ; j'étais si libre et si content naguère dans mon petit enclos, parmi mes livres, calme et bien portant, riche et sage à la fois. Tout à coup un dieu ennemi m'a soufflé je ne sais quelle ambition d'entrer, avant de mourir, dans l'Aréopage, et de me mêler à la foule heureuse et glorieuse des poëtes, des orateurs, des romanciers, des philosophes, des beaux esprits adoptés de Minerve. Insensé ! Malheureux que j'étais ! L'Aréopage à mon aspect a fermé ses portes ; il n'a pas voulu m'entendre ; à peine s'est-il inquiété de l'humble nom que j'ai gagné par quarante ans de labeurs, et je suis rentré chez moi plein de honte et de tristesse. Au même instant j'ai senti retomber sur ma tête innocente tous les malheurs que peut contenir ce terrible tonneau de Jupiter, où sont renfermées toutes nos misères, et me voilà, moi, l'habitué des fertiles jardins de Cythérée, étendu sur ce lit d'insomnie où je subis tout ensemble et le vautour de Prométhée et la robe de Déjanire. En vain j'invoque Apollon, qui sait guérir tous les maux des mortels en y appliquant le remède; en vain j'appelle à mon secours Chiron le Centaure, habile à mêler l'huile aux sucs salutaires; Apollon est sourd à mes vœux; le Centaure a répondu qu'il n'y avait pas de remède à mon mal. Hélas! je suis perdu, je suis perdu! Plus d'espoir, plus de récompense, et plus de chansons sur ma flûte ingénue. O dieux et déesses! j'ai perdu le bruit charmant des paroles sonores; je ne reverrai plus Agrigente et ses belles campagnes; je n'irai plus labourer dans le champ des muses, en marchant vers le temple de Delphes.... Me voilà tout courbé sous la main de fer de la nécessité. »

A ce discours d'Eutyphron son hôte, le bon Mercure se trouva, chose étrange! attentif et touché.

« Mon pauvre ami, dit-il à l'infortuné qui se tordait sous la douleur, ne sais-tu donc pas que les dieux eux-mêmes ne pourraient dire le nombre infini des maux dont les hommes sont tourmentés? Les deux tonneaux qui contiennent les prospérités et les colères de Jupiter, pas un mortel n'en verra le fond. C'est la volonté des dieux; à chacun sa peine; ils ont châtié le divin Esculape, qui avait osé ressusciter le jeune Hippolyte. Apprends donc à souffrir avec constance; obéis au temps; évite l'excès même de la plainte; maintiens ton âme, et rappelle-toi que celui-là qui met la mort au nombre des maux se condamne à la redouter toute sa vie. Enfin, triste ambitieux des plus difficiles honneurs, de quel droit as-tu donc oublié cette modération, compagne de la justice, qui jusqu'alors te servait de rempart? Comment donc! le sort t'avait fait citoyen d'une ville si grande et d'un si bon renom pour sa sagesse et sa puissance, au milieu d'une patrie honorée, honorable; enfant, tu avais suivi, à la même heure, l'école du Portique et celle d'Aristote, entouré des souvenirs et des exemples de tant de grands hommes : Polémon, Xénocrate et Crantor; tu vivais en homme libre, uniquement occupé de plaire à peu de gens, de cultiver ton intelligence et d'obéir à tes honnêtes passions.... Tout à coup, tu renonces à tant de bienfaits pour courir après des grandeurs qui t'évitent; et quand tu rentres en ton logis, au premier mal qui te frappe, en châtiment de ton ambition, on n'entend que ta plainte au fond des enfers! N'es-tu pas honteux de ta faiblesse? A quoi donc t'ont servi les leçons de Zénon ton maître? Où donc est ta patience, et qu'as-tu fait de ton courage? Enfin, te voilà bien avancé, quand tu nous auras rompu la tête à réciter les vers des poëtes, ces hommes dangereux que Platon chasse à bon droit de sa république! Oh! faible corps! mais surtout esprit malade, âme accablée! Il te manque, Eutyphron, la santé morale ; il te manque une âme incapable de fléchir. Certes Philoctète était malade, et cependant quand tu l'entends se plaindre et pousser des gémissements de Vénus blessée par Diomède, es-tu donc tenté de le plaindre? Il se porte aussi bien que toi, Philoctète ; il ne souffre que d'un pied. Ses yeux, sa tête, ses entrailles, ses poumons, tout va bien; mais son courage est à bout comme le tien, et lui et toi, vous n'êtes guère dignes de sympathie et de respect.

« Cependant tu n'auras pas invoqué vainement l'amitié que je te porte, et quand je devrais m'attirer la colère de Jupiter, qui n'en saura rien, je puis du moins te donner cette allégeance. Écoute. Avant demain, quand tu auras bien étudié cette douleur triste, dure et fâcheuse, contre nature, et difficile à supporter, j'en conviens (Mercure, ainsi parlant, caressait ses talons luisants comme un marbre), tu seras le maître de t'en défaire, au hasard, si tu veux, sur le premier venu, ou mieux encore, en choisissant ta victime, et surtout te souvenant qu'il y a quelque chose de pire ici-bas que la douleur : c'est la honte. »

Ayant ainsi parlé, Mercure, ami des vivants, gardien des morts, s'échappe, oubliant dans un coin les attributs de sa divinité.

Resté seul, en proie au feu ardent qui le dévore, Eutyphron se sent quelque peu soulagé par la permission qui lui est accordée de se délivrer de sa peine, en la donnant au premier qui passe, et il s'en fût délivré à l'instant même, si le dieu prévoyant ne lui eût pas imposé ces quelques heures pour réfléchir :

« Non, se dit-il, je n'irai pas jeter le mal qui me dévore au premier venu, et je veux savoir au moins le nom de ma victime. Il serait injuste en effet de lancer cette flèche empoisonnée au milieu de la foule, et quelles seraient ma honte et ma douleur si, par trop de hâte, j'accablais de mon propre mal mon vieux père, ou ma nourrice, accourus à ma plainte ? O la triste et funeste action si je frappais, sans le vouloir, le magistrat qui monte à son tribunal, pour faire à chacun bonne justice ! l'amoureux qui vole à ses amours, l'ouvrier qui court à sa tâche, ou le poëte, esprit qui donne à la leçon morale une immortelle consécration ! Passez, devins ; passez, prophètes ; je vous respecte, orateurs ; philosophes, aux dieux ne plaise que mon mal injuste vous arrête en vos sentiers ! Je ne veux rien du hasard ; même pour être un homme alerte et bien portant, je ne veux pas m'exposer à frapper l'enfant sur le seuil de son école, et la vierge qui porte en procession le voile de Minerve autour de l'Acropolis, dans les grandes Panathénées. Je veux donner ma peine à qui la mérite... Allons, j'y suis; je vais réveiller sous sa rude étreinte quelque tyran endormi, qui sourit comme eût fait Hiéron, le bon prince, ami des poëtes.... Réveiller le tyran de Syracuse ou le tyran de Phalère, quoi de plus juste?... Eutyphron, que vas-tu faire? Il dort; laissons-le dormir. Prends garde qu'à son réveil ne se réveillent en même temps l'intempérance, la cruauté, l'avarice. Il dort; le taureau de Phalaris fait trêve à ses mugissements.... Eutyphron, ne réveillons pas le taureau qui dort. Mieux vaudrait, que t'en semble? affliger de ton mal ton inconstante voisine, la perfide Théoxène, dont la beauté funeste et charmante a perdu tant de jeunes Athéniens et mis à mal tant de vieillards! Son sourire est un mensonge et sa caresse une menace. Elle écoutait naguère avec son doux rire tes molles élégies, et ses yeux te promettaient la plus douce récompense. Inconstante comme l'onde, elle a changé. Tant pis pour la coquette! Elle va connaître enfin l'insomnie, et les jeunes gens, et les vieillards la voyant si malade : « Allons saluer, diront-ils, Myrto, blonde comme les blés. » C'en est donc fait, me voilà délivré de ce mal affreux par l'ingrate et belle Théoxène.... O Vénus! qu'ai-je dit? quelle menace injuste! Elle est ma voisine, et chaque matin, quand vient le jour, il m'est donné de saluer le front de Théoxène rayonnant de grâce et de beauté. Elle est perfide, elle a raison; elle est parjure, et c'est son droit. Moi, cependant, son voisin dédaigné, j'ai ma part dans les guirlandes que l'amour attache à sa porte, et je puis me chanter tout bas toutes les chansons qu'on lui chante. Ah! Théoxène! enchantement du toit que j'habite; aimable aspect et douce voix, digne de se mêler aux chœurs des vierges thébaines, ce n'est pas moi qui veux te réduire à verser tant de larmes, à passer tant de nuits dans l'insomnie et dans la solitude. On raconte que le divin Esculape employait le son des flûtes pour apaiser la fièvre; or, toutes les flûtes de la cité de Minerve chantent en ce moment sous les fenêtres de Théoxène, enguirlandées de toutes les fleurs où le printemps empourpré a déployé ses plus vives couleurs. Donc, vivez et régnez en paix, ma belle Athénienne. On va chercher une autre victime expiatoire à qui donner ces craintes, ces afflictions, ces troubles de l'âme et d'un corps misérable appliqué à la torture. »

Puis se retournant encore une fois sur son lit misérable :

« Heu! disait-il, j'aurai bien de la peine à me défaire honnêtement de ce mal sans pitié. Le dieu a raison; prenons garde à la honte, aux regrets; prenons garde à l'injustice. Il n'est point d'apaisement à la douleur la plus violente qui nous relève à nos propres yeux d'une action mauvaise. »

En ce moment, il vint à penser qu'il avait, à lui appartenant, un esclave qui n'avait plus que le souffle. Il l'avait acheté à beaux deniers comptants. Cet homme était sa chose ; il pouvait à volonté l'envoyer chez les morts.

« C'est cela ; j'ai ma proie, il me doit son âme et son corps. Donc, cette fois, il n'y a rien à redire. »

Et néanmoins, comme il cherchait en son âme et conscience à justifier la droiture et le caractère parfait de cette action, il entendit ce pauvre hère, au second chant du coq, sortir de sa couche, et retenant son souffle et le bruit de ses pas, entrer dans la salle basse où chaque matin il pétrissait et cuisait le pain de chaque jour. Cet homme était vieux, accablé par les ans et par l'esclavage ; il n'avait jamais connu son père et sa mère. Il avait eu des enfants qu'on avait vendus en bas âge, avec la femelle infortunée qui les lui avait donnés. Jeune homme, il avait servi chez les Spartiates, qui l'enivraient par force et le mêlaient à leurs îlotes gorgés de vins et de viandes, afin d'être une leçon de tempérance aux enfants de Lacédémone. Il n'y avait rien de plus misérable ici-bas que ce vieil esclave, et lorsque Eutyphron vint à penser à tant de misères :

« Oh ! là, dit-il, je n'aurais jamais le courage d'infliger à ce malheureux une douleur qui m'est insupportable à moi-même, à moi qui suis encore assez fort pour la porter. »

En même temps il prêtait une oreille attentive au travail matinal de ce pauvre homme ; il entendait sa plainte involontaire à chaque effort de ce pain qu'il fallait pétrir.

« Et qui donc me nourrira demain? reprit le malade, où donc trouver un autre esclave attentif, dévoué, laborieux?... »

A ces mots, Eutyphron se retourna encore une fois sur sa couche, en se félicitant d'être un esprit maître absolu de soi-même.

« Ah! comme on rirait dans Athènes, et dans le gymnase de Polémon, se disait-il, si l'on savait que je subis cette horrible torture à la place de mon esclave Calliclès! »

Il avait d'autant plus de mérite en ceci, que la douleur, devenue intolérable en ce moment, faisait rage autour de toutes ses jointures; ses os craquaient, ses veines se gonflaient, la sueur ruisselait de son front, son cœur battait dans sa poitrine à la briser. Cette fois l'homme était vaincu; le philosophe était aux abois. Il fallait se défaire absolument de cet hôte insupportable. Alors, par une inspiration d'en haut, le pauvre Eutyphron se crut délivré de sa peine et sans être obligé de tomber au rang de ces créatures *méprisables* (c'est un mot de Zénon) qui ne savent pas commander à la douleur. Il y avait sous les toits décriés de la belle Théoxène un grenier, ouvert à tous les vents, dans lequel se cachait, comme un renard dans sa tanière, ou comme un serpent dans son trou fangeux, un certain Mélitus, biographe de son métier, le digne ami d'Anitus et de Licon, calomniateur de profession, comme avait été son père ; un délateur des plus honnêtes gens ; Mélitus, du bourg de Pithos, aux yeux glauques, à la barbe rare, aux cheveux plats, un coquin, habitué à jeter son insulte et sa bave aux sentines. Il n'avait pas d'autre pain que la calomnie, et pas d'autre espoir que le mensonge. Homme habile à dénaturer les sentiments, les espérances, les vertus, même les vices, il était l'effroi de la ville, et la haine des Athéniens.

« Ah ! pour le coup, se disait Eutyphron, en menaçant du doigt la fenêtre où vacillait une lueur lugubre, je tiens ma victime, et cette fois je ne crains pas d'être démenti par ma conscience. En voilà un, ce Mélitus, du bourg de Pithos, la patrie des calomniateurs, qui ne saurait échapper au châtiment que je lui garde, non plus qu'aux vengeances de Némésis. Il va payer enfin tous ses crimes : les honnêtes gens accusés, le peuple ameuté, les supplices injustes, l'honnêteté trahie et toutes les cruautés qu'entraînent après soi la trahison de la plume et les lâchetés de la parole. En ce moment, je ne sais pas quelle est ta victime et quelle honnête vie appartient à ton stylet, honnête Mélitus; mais je sais bien que tout à l'heure, au point du jour, je serai libre, et, semblable au divin Achille, Achille aux pieds légers, j'irai te contempler sur ton grabat, la face livide, et tout ton corps livré à ces douleurs sans forme et sans nom. Je te tiens! je te tiens! »

Et comme en ce moment la douleur semblait exaspérée, Eutyphron riait de la sentir si violente :

« A moi, disait-il, toutes les furies! Ah ! qu'on est heureux de tant souffrir! »

Plus l'heure avançait, plus semblaient certains le triomphe et la vengeance d'Eutyphron le goutteux. Déjà dans le ciel blanchissant se montraient les premières clartés du jour. Mélitus cependant griffonnait paisiblement son injure.

« Encore un instant, se disait Eutyphron, le destin, de ses clous de diamants, enchaînera ce misérable et le poignard tombera de ses mains. Ainsi meurent les Archiloque, les Anitus, les Mélitus, les insulteurs publics. »

Mais à l'instant même où le blond Phœbus montait sur son char, une réflexion suprême éclaira la conscience et l'esprit du bonhomme Eutyphron :

« Quoi donc, se disait-il, à l'heure où nécessairement il faut que la douleur soit vaincue, à moins que je ne succombe; au moment où je vais recevoir la récompense de mon courage et de ma patience, un Mélitus, un coquin du dernier ordre obtiendrait le prix de la douleur, cette douleur sacrée, enfant de mes veilles et de mon travail, qui sort de mes veines et de mon sang! Le rhumatisme insensé, ce terrible gladiateur avec lequel j'ai lutté, non pas sans gloire et sans courage, un Mélitus, peut-être, aurait l'honneur d'en triompher ! Quoi donc, toutes ces forces de ma vie et de ma raison s'en iraient là-haut dans ce taudis de la pauvreté malsaine, végéter sans pitié, sans gloire et sans résistance, sur les membres délétères de ce lâche et de cet énervé, qui ne saura répondre à la douleur que par des pleurs efféminés et de honteux gémissements ! Ce serait donc en vain que déjà je me suis soumis à l'habitude, cette excellente maîtresse dans l'art de souffrir ; en vain que j'aurais résisté à toutes ces violences avec une grande énergie, et de façon à conserver ma propre estime ! Je perdrais le fruit de ma lutte énergique, uniquement pour le triste plaisir de châtier un malheureux qui ne sait pas que je le châtie ! Au contraire, un hasard nous ferait rencontrer face à face, il aurait le beau rôle, et ce serait à moi à baisser les yeux devant lui.... Voilà ce qui ne sera pas, je l'espère, et je ne laisserai point mon âme abandonnée à ces grandes lâchetés. »

Ayant ainsi parlé, Eutyphron se replia sur lui-même; il retint sa plainte; il contint sa colère; il résolut de laisser son âme en paix, si son corps était en souffrance.

« Et loin de moi la crainte, et loin de moi le chagrin; je garderai pour mon compte la bonne réputation de ma douleur. Une honnête douleur est un lien entre les hommes; elle ajoute à l'amitié des amis, à l'intérêt des honnêtes gens, au respect de la cité; elle honore le travail, elle est une excuse au repos; plus elle est violente, et plus elle est courte. Bien portée et dignement soufferte, la douleur touche à la dignité de l'homme, et celui-là est un lâche qui la déverse à son voisin, quel qu'il soit. Enfin, quel mot plus horrible, à tout prendre: « Après moi, que tout périsse!... »

Eutyphron s'endormit sur ces réflexions salutaires. Il vit en songe un des sages de la Grèce qui lui disait:

« Gloire à toi, qui as vaincu un si grand mal par la modération, la tempérance et la justice! Honneur à toi, qui n'as pas voulu te garantir par une si triste précaution, et t'es maintenu dans l'honnêteté, dans l'ordre et dans le devoir! »

Sur le midi revint Mercure, et, retrouvant tant de calme et de paix où il avait rencontré tant de fièvre et d'agitation:

« Bon, se dit-il, les voilà qui dorment, Eutyphron et sa douleur; elle et lui, les voilà calmés et contents. Il en sera quitte, à son réveil, pour n'avoir qu'un *seul cothurne à ses pieds*, comme autrefois le fier Jason lorsqu'il allait à la conquête de la Toison d'or. »

TABLE.

Les oiseaux bleus. — Le poëte et le capucin.......   3
La peine du talion............................   19
Les harpagons................................   89
Théodora....................................   191
Le treizième arrondissement...................   221
Les fausses confidences......................   299
Les insomnies d'Eutyphron....................   347

FIN.

PARIS. — IMPRIMERIE GÉNÉRALE DE CH. LAHURE,
Rue de Fleurus, 9.

Librairie de **L. Hachette et C**ie, boulevard St-Germain, **77**, à Paris.

BIBLIOTHÈQUE
DES CHEMINS DE FER.
FORMAT GRAND IN-16 OU IN-18 JÉSUS.

About (Edm.): Germaine. 1 vol. 2 fr.
— Le roi des montagnes. 1 vol. 2 fr.
— Les mariages de Paris. 1 vol. 2 fr.
— L'homme à l'oreille cassée. 1 v. 2 fr.
— Maître Pierre. 1 vol. 2 fr.
— Tolla. 1 vol. 2 fr.
— Trente et quarante. 1 vol. 2 fr.
— Voyage à travers l'exposition universelle des beaux-arts. 1 vol. 2 fr.
Achard (Am.): Histoire d'un homme. 1 vol. 2 fr.
— La famille Guillemot. 2 fr.
— La Sabotière. 1 vol. 1 fr.
— Le Clos-Pommier. 1 vol. 1 fr.
— Les filles de Jephté. 1 vol. 2 fr.
— Les misères d'un millionnaire. 2 vol. 4 fr.
— Les séductions. 1 vol. 2 fr.
— Les vocations. 1 vol. 2 fr.
— L'ombre de Ludovic. 1 vol. 1 fr.
— Madame Rose; — Pierre de Villerglé. 1 vol. 1 fr.
— Maurice de Treuil. 1 vol. 2 fr.
— Noir et blanc. 1 vol. 2 fr.
Ancelot (Mme Eug.): Antonia Vernon ou les jeunes filles pauvres 1 vol. 2 fr.
Andersen: Le livre d'images sans images. 1 vol. 1 fr.
Anonymes: Aladdin ou la lampe merveilleuse. 1 vol. 50 c.
— Anecdotes du règne de Louis XVI. 1 vol. 1 fr.
— Anecdotes du temps de la Terreur. 1 vol. 1 fr.
— Anecdotes historiques et littéraires, racontées par Brantôme, l'Estoile, Tallemant des Réaux, Saint-Simon, Grimm, etc. 1 vol. 1 fr.
— Assassinat du maréchal d'Ancre, avec un Appendice extrait des mémoires de Richelieu. 1 vol. 50 c.
— Djouder le Pêcheur, conte traduit de l'arabe par MM. Cherbonneau et Thierry. 1 vol. 50 c.
— La conjuration de Cinq-Mars, récit extrait de Montglat, Fontrailles, Tallemant des Réaux, Mme de Motteville, etc. 1 vol. 50 c.
— La jacquerie, précédée des insurrections des Bagaudes et des Pastoureaux, d'après Mathieu Paris, Froissart, etc. 1 vol. 50 c.
— La mine d'ivoire, voyage dans les glaces de la mer du Nord, traduit de l'anglais. 50 c.

— La vie et la mort de Socrate, récit extrait de Xénophon et de Platon. 1 v. 50 c
— Les émigrés français dans la Louisiane. 1 vol. 1 fr.
— Le véritable Sancho-Pansa ou Choix de proverbes, dictons, etc. 1 vol. 1 fr.
— Pitcairn, ou la nouvelle île Fortunée. 1 vol. 50 c.
Araquy (E. d'): Galienne. 1 vol. 1 fr.
Arnould (Arthur): Les trois poëtes. 1 vol. 1 fr.
Arnould-Frémy: La comédie du printemps. 1 vol. 2 fr.
Assollant: Brancas; — Les amours de Quaterquem. 1 vol. 2 fr.
— Deux amis en 1792. 1 vol. 2 fr.
— Jean Rosier; — Rose d'amour; — Claude et Juliette. 1 vol. 2 fr.
— La mort de Roland. 1 vol. 2 fr.
— Marcomir, Histoire d'un étudiant. 1 vol. 2 fr.
— Scènes de la vie des États-Unis. 1 vol. 2 fr.
Auerbach: Contes, traduits de l'allemand par M. Boutteville. 1 vol. 1 fr.
Aunet (Mme Léonie d'): Étiennette; — Sylvère; — Le secret. 1 vol. 1 fr.
— Une vengeance. 1 vol. 2 fr.
— Un mariage en province. 1 vol. 1 fr.
— Voyage d'une femme au Spitzberg. 1 vol. 2 fr.
Barbara (Charles): L'assassinat du Pont-Rouge. 1 vol. 2 fr.
— Les orages de la vie. 1 vol. 2 fr.
— Mes petites-maisons. 1 vol. 2 fr.
Bast (Amédée de): Contes à ma voisine. 1 vol. 2 fr.
— Les Fresques, contes et anecdotes. 1 vol. 2 fr.
Belot (Ad.): Marthe; — Un cas de conscience. 1 vol. 1 fr.
Bernardin de Saint-Pierre: Paul et Virginie. 1 vol. 1 fr.
Bersot: Mesmer, ou le Magnétisme animal, avec un chapitre sur les tables tournantes. 1 vol. 1 fr.
Berthet (Élie): La bête du Gévaudan. 1 vol. 2 fr.
— La falaise Sainte-Honorine. 1 v. 2 fr.
— Le spectre de Châtillon. 1 vol. 2 fr.
— Odilia 1 vol. 2 fr.
Bertrand (Léon): Au fond de mon carnier. 1 vol. 2 fr.
Bombonnel (Ch.): Le tueur de panthères. 1 vol. 2 fr.

AVR. 63.

Brainne (Ch.) : *La Nouvelle-Calédonie*, voyages, missions, colonisation. 1 v. 1f.
Bréhat (Alfred de) : *Les filles du Boër*. 1 vol. 2 fr.
— *René de Gavery*. 1 vol. 2 fr.
Brueys et **Palaprat** : *L'avocat Patelin*. 1 vol. 50 c.
Builhié-Laplace : (A.) *Les soirées d'été*. 1 vol. 2 fr.
Camus (évêque de Belley) : *Palombe, ou la femme honorable*, précédée d'une étude sur Camus et le roman au XVIIe siècle, par H. Rigault. 1 v. 50 c.
Capendu (Ern.) : *Le chasseur de panthères*. 1 vol. 2 fr.
Caro (E.) : *Saint Dominique et les Dominicains*. 1 vol. 1 fr.
Castella (H. de) : *Les squaters australiens* 1 vol. 2 fr.
Castellane (comte de) : *Nouvelles et récits*. 1 vol. 1 fr.
Cervantès : *Costanza*, traduit par L. Viardot. 1 vol. 50 c.
Chapus (E.) : *Le turf, ou les courses de chevaux*. 1 vol. 1 fr.
Chateaubriand (vicomte de) : *Les martyrs et le dernier des Abencérages*. 1 vol. 2 fr.
Claveau : *Nouvelles contemporaines*. 1 vol. 1 fr.
Cochut (A.) : *Law, son système et son époque*. 1 vol. 2 fr.
Colet (Mme) : *Promenade en Hollande*. 1 vol. 2 fr.
Corne (H.) : *Le cardinal Mazarin*. 1 volume.
— *Le cardinal de Richelieu*. 1 vol. 1 fr.
Delessert (B.) : *Le guide du bonheur*. 1 vol. 1 fr.
Delestre-Poirson : *Un ladre*. 1 vol. 1 fr.
Demogeot (J.) : *Les lettres et l'homme de lettres au XIXe siècle*. 1 vol. 1 fr.
— *La critique et les critiques en France au XIXe siècle*. 1 vol. 1 fr.
Des Essarts : *François de Médicis*. 1 vol. 2 fr.
Deslys (Charles) : *Le Mesnil-au-Bois*;
— *La mère Jeanne*. 1 vol. 2 fr.
— *Les compagnons de minuit*. 1 v. 2 fr.
Desplaces (Ernest) : *Le canal de Suez*. 1 vol. 1 fr.
Didier (Ch.) : *50 jours au désert*. 1 volume. 2 fr.
— *500 lieues sur le Nil*. 1 vol. 2 fr.
— *Séjour chez le grand-chérif de la Mekke*. 1 vol 2 fr.
Du Bois (Ch.) : *Nouvelles d'atelier*. 1 vol. 2 fr.
Énault (L.) : *Alba*. 1 vol. 1 fr.
— *Christine*. 1 vol. 1 fr.
— *Frantz-Muller;* — *Le rouet d'or* — *Axel*. 1 vol. 2 fr.
— *Hermine*. 1 vol. 2 fr.
— *L'amour en voyage*. 1 vol. 2 fr.
— *La vierge du Liban*. 1 vol. 2 fr.
— *Nadéje*. 1 vol. 2 fr.
— *Pêle-mêle*. 1 vol. 2 fr.
— *Stella*. 1 vol. 2 fr.
— *Un amour en Laponie*. 1 vol. 2 fr.
Erkmann-Chatrian : *Contes fantastiques*. 1 vol. 2 fr.
Ferry (Gabriel) : *Costal l'Indien*, scènes de l'indépendance du Mexique. 1 vol. 3 fr.
— *Le coureur des bois, ou les chercheurs d'or*.
Première partie. 1 vol. 3 fr.
Deuxième partie. 1 vol. 3 fr.
— *Le vicomte de Châteaubrun*. 1 v. 2 fr.
— *Les squatters;* — *La clairière du bois des Hogues*. 1 vol. 1 fr.
— *Scènes de la vie mexicaine*. 1 v. 3 fr.
— *Scènes de la vie militaire au Mexique*. 1 vol. 1 fr.
Féval (Paul) : *Le poisson d'or* 1 vol. 2 fr.
Figuier (Louis) : *La photographie au salon de 1859*. 1 vol. 50 c.
Figuier (Mme Louis) : *Les sœurs de lait*. 1 vol. 1 fr.
— *Mos de Lavène*. 1 vol. 1 fr.
— *Nouvelles languedociennes*. 1 v. 1 fr.
Florian : *Les arlequinades*. 1 vol. 50 c.
Forbin (comte de) : *Voyage à Siam*. 1 vol. 50 c.
Forgues : *Le rose et le gris*. 1 vol. 2 fr.
Fortune (Robert) : *Aventures en Chine, dans ses voyages à la recherche du thé et des fleurs*; traduit de l'anglais. 1 vol. 1 fr.
Fraissinet (J. L.) : *Le Japon contemporain*. 1 vol. 2 fr.
Galbert (de Bruges) : *Légende du bienheureux Charles le Bon*. 1 vol. 50 c.
Gaskell (Mme) : *Cranford*, traduit de l'anglais par Mme Louise Sw.-Belloc. 1 vol. 1 fr.
Gautier (Théophile) : *Caprices et zigzags*. 1 vol. 2 fr.
— *Italia*. 1 vol. 2 fr.
— *Jean et Jannette;* — *Les roués innocents* 1 vol. 2 fr.
— *Le roman de la momie*. 1 vol. 2 fr.
— *Militona*. 1 vol. 2 fr.
Gérard (J.) : *Le tueur de lions*. 1 v. 2 fr.
Gerstäcker : *Aventures d'une colonie d'émigrants en Amérique*, trad. de l'allemand par X. Marmier. 1 vol. 1 fr.
Giguet (P.) : *Campagne d'Italie*, avec une carte gravée sur acier. 1 vol. 1 fr.
Gobineau (le comte A. de) : *Voyage à Terre-Neuve*. 1 vol. 2 fr.
Goethe : *Werther*, traduit de l'allemand par L. Énault. 1 vol. 1 fr.
Gogol : *Nouvelles choisies* (1° *Mémoires d'un fou;* 2° *Un ménage d'autrefois;* 3° *Le roi des gnomes*), trad. du russe par L. Viardot. 1 vol. 1 fr.
— *Tarass Boulba*, traduit du russe par L. Viardot. 1 vol. 1 fr.
Gonzalès (Emm.) : *Les frères de la côte*. 1 vol. 2 fr.
Goudall (Louis) : *Le martyr des Chaumelles*. 1 vol. 1 fr.
Guillemard : *La pêche en France*. 1 volume illustré de 50 vignettes. 2 fr.

Guillemin : *Simples explications sur les chemins de fer* 1 vol. 3 fr.
Guizot (F.) : *L'amour dans le mariage*, étude historique; 7ᵉ édit. 1 vol. 1 fr.
Les ouvrages suivants ont été revus par M. Guizot :
— *Édouard III et les bourgeois de Calais*, ou les Anglais en France. 1 volume. 1 fr.
— *Guillaume le Conquérant*, ou l'Angleterre sous les Normands. 1 vol. 1 fr.
Guizot (G.) : *Alfred le Grand*, ou l'Angleterre sous les Anglo-Saxons. 1 volume. 2 fr.
Hall (capitaine Basil) : *Scènes de la vie maritime*, traduites de l'anglais par Am. Pichot. 1 vol. 1 fr.
— *Scènes du bord et de la terre ferme*, traduites par le même. 1 vol. 1 fr.
Hauréau (B.) : *Charlemagne et sa cour*, portraits, jugements et anecdotes. 1 vol. 1 fr.
— *François Iᵉʳ et sa cour*, portraits, jugements et anecdotes. 1 vol. 1 fr.
Hawthorne : I. *Catastrophe de M. Higginbotham*. II. *La fille de Rapacini*. III. *David Swan*, contes trad. de l'anglais par Leroy et Scheffter. 1 vol. 50 c.
Héquet (G.) : *Mme de Maintenon*. 1 v. 2 f.
Julien (Stanislas) : *Contes et apologues indiens*. 2 vol. 4 fr.
— *Nouvelles chinoises*. 1 vol. 2 fr.
Karr (Alph.) : *Clovis Gosselin*. 1 v. 1 fr.
— *Contes et Nouvelles*. 1 vol. 2 fr.
— *Le chemin le plus court*. 1 vol. 1 fr.
La Baume (Jules) : *jeunesse*. 1 vol. 1 fr.
Laboulaye (Ed.) : *Abdallah, ou le trèfle à quatre feuilles*. 1 vol. 1 fr.
— *Souvenirs d'un voyageur (Marina, le Jasmin de Figline, le Château de la vie, Jodocus, don Ottavio)*. 1 vol. 1 fr.
La Fayette (Mme) : *Henriette d'Angleterre, duchesse d'Orléans*. 1 vol. 1 fr.
Lamartine (A. de) : *Christophe Colomb*. 1 vol. 1 fr.
— *Fénelon*. 1 vol. 1 fr.
— *Graziella*. 1 vol. 1 fr.
— *Gutenberg*. 1 vol. 50 c.
— *Héloïse et Abélard*. 1 vol. 50 c.
— *Le tailleur de pierres de Saint-Point*. 1 vol. 2 fr.
— *Nelson*. 1 vol. 1 fr.
La Landelle (G. de) *La meilleure part*. 1 vol. 2 fr.
Las Cases (comte de) : *Souvenirs de l'empereur Napoléon Iᵉʳ*, extraits du *Mémorial de Sainte-Hélène*. 1 v. 2 fr.
Laurent de Rillé : *Olivier l'orphéoniste*. 1 vol. 1 fr.
La Vallée (J.) : *La chasse à tir en France*; avec 30 vig. 1 vol. 3 fr.
— *La chasse à courre en France*, avec 40 vign. 1 vol. 3 fr.
— *Les récits d'un vieux chasseur*. 1 volume. 2 fr.
Lavergne (Alex. de) *L'aîné de la famille*. 1 vol. 2 fr.

Le Fèvre-Deumier (J.) : *Études biographiques et littéraires*. 1 vol. 1 fr.
— *OEhlenschlager, le poëte national du Danemark*. 1 vol. 1 fr.
— *Vittoria Colonna*. 1 vol. 1 fr.
Legouvé (E.) : *Béatrix*. 1 vol. 1 fr.
— *Édith de Falsen*; 6ᵉ édit. 1 vol. 2 fr.
Lennep (Van) : *La dame de Wardenbourg*. 1 vol. 2 fr.
Léouzon-Leduc : *La Baltique*. 1 v. 2 fr.
— *Les îles d'Aland* 1 vol. 50 c.
Lesage : *Théâtre choisi contenant : Turcaret et Crispin rival de son maître*. 1 vol. 1 fr.
Louandre (Ch.) : *La sorcellerie*. 1 v. 1 fr.
Marchand Gérin : *La nuit de la Toussaint. Il cantatore*. 1 vol. 2 fr.
Marco de Saint-Hilaire (E.) : *Anecdotes du temps de Napoléon Iᵉʳ*. 1 vol. 1 fr.
Marcoy (Paul) : *Souvenirs d'un mutilé*. 1 vol. 2 fr.
Martin (Henri) : *Tancrède de Rohan*. 1 vol. 1 fr.
Masson (Michel) : *Les contes de l'atelier*. 1 vol. 2 fr.
— *Une couronne d'épines*. 1 vol. 2 fr.
Méray (Antony) : *Violette*. 1 vol. 1 fr.
Mercey (F. de) : *Burk l'étouffeur; —Les frères de Stirling*. 1 vol. 1 fr.
Merruau (P.) : *Les convicts en Australie*. 1 vol. 1 fr.
Méry : *Contes et nouvelles*. 1 vol. 1 fr.
— *Héva*. 1 vol. 1 fr.
— *La Floride*. 1 vol. 2 fr.
— *La guerre du Nizam*. 1 vol. 2 fr.
— *Les matinées du Louvre; — Paradoxes et rêveries*. 1 vol. 1 fr.
— *Nouvelles nouvelles*. 1 vol. 1 fr.
Michelet : *Jeanne d'Arc*. 1 vol. 1 fr.
— *Louis XI et Charles le Téméraire*. 1 vol. 1 fr.
Michiels (Alfred) : *Les chasseurs de chamois*. 1 vol. 2 fr.
Monnier (Marc) : *Les amours permises*. 1 vol. 2 fr.
Monseignat (C. de) : *Le Cid Campéador, chronique extraite des anciens poëmes espagnols*, etc. 50 c.
— *Un chapitre de la Révolution française, ou Histoire des journaux en France de 1789 à 1799*. 1 vol. 1 fr.
Montague (lady) : *Lettres choisies*, traduites de l'angl. par P. Boiteau. 1 v. 1 fr.
Morin (Fréd.) : *Saint François d'Assise et les Franciscains*. 1 vol. 1 fr.
Mornand (F.) : *Un peu partout*. 1 volume. 1 fr.
Muller (Eugène) : *La Mionette; — La ronde du loup*. 1 vol. 1 fr.
Mussard (Mme Jeanne) : *Mieux vaut tard que jamais*. 1 vol. 2 fr.
Nadaud (G.) : *Une idylle*. 1 vol. 2 fr.
Pallu (Léopold) : *Les gens de mer*. 1 vol. 2 fr.
Perron d'Arc (Henry) : *Les champs d'or de Bendigo*. 1 vol. 2 fr.
Pichot (A.) : *Les mormons*. 1 vol. 1 fr.

Poë : *Nouvelles choisies* (1° le Scarabée d'or; 2° l'Aéronaute hollandais); trad. de l'anglais par A. Pichot. 1 v. 1 fr.
Pouchkine (A.) : *La fille du capitaine*, trad. du russe par Viardot. 1 vol. 1 fr.
Prévost (l'abbé) : *La colonie rocheloise*, nouvelle extraite de l'Histoire de Cléveland. 1 vol. 1 fr.
Quicherat (Jules) : *Histoire du siège d'Orléans*. 1 vol. 50 c.
Reclus (Élysée) : *Voyage à la Sierra-Nevada de Sainte-Marthe*. 1 vol. 2 fr.
Regnard : *Le joueur.* 1 vol. 50 c.
Renaut (Émile) : *Rose André;* — *Un Van Dyck;* — *Le filleul du notaire.* 1 vol. 2 fr.
Révoil (B. H.) : *Chasses dans l'Amérique du Nord.* 1 vol. 2 fr.
— *Pêches dans l'Amérique du Nord.* 1 vol. 2 fr.
Reybaud (Mme Ch.) : *Clémentine.* 1 v. 2 f.
— *Deux à deux.* 1 vol. 2 fr.
— *Espagnoles et Françaises.* 1 vol. 2 fr.
— *Hélène.* 1 vol. 1 fr.
— *Faustine.* 1 vol. 1 fr.
— *La dernière Bohémienne.* 1 vol. 1 fr.
— *Le cabaret de Gaubert.* 1 vol. 1 fr.
— *Le cadet de Colobrières.* 1 vol. 2 fr.
— *Le moine de Châalis.* 1 vol. 2 fr.
— *L'oncle César.* 1 vol. 1 fr.
— *Mlle de Malepeire.* 1 vol. 1 fr.
— *Misé Brun.* 1 vol. 1 fr.
— *Sydonie.* 1 vol. 1 fr.
Rivière (Henri) : *Pierrot;* — *Caïn.* 1 vol. 1 fr.
Robert (Adrien) : *Contes excentriques.* 1 vol. 2 fr.
— *Nouveaux contes excentriques.* 1 volume. 2 fr.
Saint-Félix (J. de) : *Aventures de Cagliostro.* 2ᵉ édition. 1 vol. 1 fr.
Saint-Hermel (de) : *Pie IX.* 1 vol. 50 c.
Saintine (X.-B.) : *Un rossignol pris au trébuchet;* — *Le château de Génappe;* — *Les trois reines.* 1 vol. 1 fr.
— *Antoine, l'ami de Robespierre.* 1 vol. 1 fr.
— *Le mutilé.* 1 vol. 1 fr.
— *Les métamorphoses de la femme.* 1 volume. 2 fr.
— *Une maîtresse de Louis XIII.* 1 volume. 2 fr.
— *Chrisna.* 1 vol. 2 fr.
— *Contes de toutes les couleurs.* 1 v. 2 fr.
— *La belle cordière et ses trois amoureux.* 1 vol. 2 fr.
Saint-Simon (le duc de) : *Le Régent et la cour de France sous la minorité de Louis XV, portraits, jugements et anecdotes extraits littéralement des Mémoires authentiques du duc de Saint-Simon.* 2ᵉ édition. 1 vol. 2 fr.
— *Louis XIV et sa cour*, portraits, jugements et anecdotes extraits littéralement des *Mémoires* authentiques du duc de Saint-Simon. 3ᵉ édit. 1 v. 2 fr.
Sand (George) : *André.* 1 vol. 1 fr.
— *Narcisse.* 1 vol. 2 fr.
Sarasin : *La Conspiration de Walstein*, épisode de la guerre de Trente ans, avec un Appendice extrait des *Mémoires* de Richelieu. 1 vol. 50 c.
Sédaine : *Le Philosophe sans le savoir.* 1 vol. 50 c.
Serret (Ern.) : *Clémence Oge.* 1 v. 2 fr.
— *Élisa Méraut.* 1 vol. 1 fr.
— *Francis et Léon.* 1 vol. 2 fr.
— *Les coudées franches.* 1 vol. 2 fr.
— *Perdue et retrouvée.* 1 vol. 2 fr.
— *Une jambe de moins.* 1 vol. 2 fr.
Sollohoub (comte) : *Nouvelles choisies* (1° Une aventure en chemin de fer; 2° Les deux étudiants; 3° La nouvelle inachevée; 4° L'ours; 5° Serge), trad. du russe par E. de Lonlay. 1 vol. 1 fr.
Sterne : *Voyage en France à la recherche de la santé*, traduit de l'anglais par A. Tasset. 1 vol. 50 c.
Thackeray : *Le diamant de famille et la jeunesse de Pendennis*, traduits de l'anglais par A. Pichot. 1 vol. 1 fr.
Thévenin (Ev.) : *Entretiens populaires* 1ʳᵉ série, 1 fr.; 2ᵉ série, 2 fr.; 3ᵉ, 2 fr.
Tresca : *Visite à l'exposition universelle de Paris en 1855.* 1 fort volume in-16 de 800 pages, contenant des plans et des grav. 1 fr.
Ubicini : *La Turquie actuelle.* 1 v. 2 fr.
Ulbach (Louis) : *Les roués sans le savoir.* 1 vol. 2 fr.
Viardot (L.) : *Souvenirs de chasse.* 1 vol. 2 fr.
Viennet : *Fables complètes.* 1 vol. 2 fr.
Vitu (A.) : *Contes à dormir debout.* 1 vol. 2 fr.
Voltaire : *Zadig.* 1 vol. 50 c.
Wailly (J. de) : *Henriette;* — *Les mortes aimées.* 1 vol. 2 fr.
Wailly (Léon de) : *Stella et Vanessa.* 1 vol. 1 fr.
— *Angelica Kauffmann.* 2 vol. 4 fr.
— *Les deux filles de M. Dubreuil.* 2 volumes. 4 fr.
Weill (Alex.) : *Histoires de village.* 1 vol. 2 fr.
Wey (Francis) : *Gildas.* 1 vol. 2 fr.
— *Le bouquet de cerises;* — *Souvenirs de l'Oberland.* 1 vol. 2 fr.
Yvan (Dʳ) : *De France en Chine.* 1 v. 1 fr.
— *Légendes et récits.* 1 vol. 2 fr.
Zschokke (H.) : *Alamontade, ou le galérien*, traduit de l'allemand par E. de Suckau. 1 vol. 50 c.
— *Jonathan Frock*, traduit par le même. 1 vol. 50 c.

Paris. — Imprimerie de Ch. Lahure, rue de Fleurus, 9.

LIBRAIRIE DE L. HACHETTE ET Cie

Boulevard Saint-Germain, 77, à Paris

NOUVELLE
COLLECTION DE ROMANS

Format in-18 Jésus

A 3 FRANCS LE VOLUME

EN VENTE

ABOUT (Edmond) : *Madelon.* 2e édition. 2 volumes.

ACHARD (Amédée) : *Les Coups d'épée de M. de la Guerche.* 2 volumes.

BARBARA : *Ary Zang.* 1 vol.

BERTHET (Élie) : *Les Catacombes de Paris.* 2 volumes.

BRADDON (Miss M.-C.) : Œuvres traduites de l'anglais av[ec] l'autorisation de l'auteur, par Ch. Bernard Derosne, 14 v[ol.]
    Chaque roman se vend séparément :
  Aurora Floyd. 2 vol.
  Lady Lisle. 1 vol.
  La Trace du Serpent. 2 vol.
  Le Capitaine du Vautour. 1 vol.
  Le Secret de Lady Audley 2 vol.
  Le Testament de John Marchmont. 2 vol.
  Le Triomphe d'Éléanor. 2 vol.
  Ralph, l'Intendant. 2 vol.

ÉNAULT (Louis) : *En Province.* 1 vol.

ERCKMANN-CHATRIAN : *L'Ami Fritz.* 1 vol.

FÉVAL (Paul) : *Les Habits noirs.* 2 vol.

JANIN (Jules) : *Les Oiseaux bleus.* 1 vol.

www.ingramcontent.com/pod-product-compliance
Lightning Source LLC
Chambersburg PA
CBHW060554170426
43201CB00009B/773